能源市场知识

INTRODUCTION OF ENERGY MARKET

张粒子 张洪 等 编著

中国电力出版社
CHINA ELECTRIC POWER PRESS

内容提要

中国即将迈入全面建设社会主义现代化国家的新发展阶段，能源行业也进入了清洁低碳转型加速期。为推动中国能源行业的高质量发展，需要进一步深化能源体制改革和加速能源市场建设。本书吸取和借鉴了国外成熟能源市场的丰富经验，结合中国能源行业发展和能源市场建设的现状，对能源市场、电力市场的重要概念进行了梳理和明确，并对相关的市场理论和方法进行了介绍。本书对于正确认识并参与中国能源市场，尤其是电力市场具有现实的参考意义。

图书在版编目（CIP）数据

能源市场知识 / 张粒子等编著 . —北京：中国电力出版社，2021. 4（2025.12 重印）
ISBN 978-7-5198-4889-7

Ⅰ . ①能… Ⅱ . ①张… Ⅲ . ①能源经济—通俗读物 Ⅳ . ① F407.2-49

中国版本图书馆 CIP 数据核字（2020）第 156722 号

出版发行：中国电力出版社
地　　址：北京市东城区北京站西街 19 号（邮政编码 100005）
网　　址：http：//www.cepp.sgcc.com.cn
责任编辑：曹　荣（010-63412560）　马　丹（010-63412725）
责任校对：黄　蓓　王海南
装帧设计：北京宝蕾元科技发展有限责任公司
责任印制：钱兴根

印　　刷：三河市万龙印装有限公司
版　　次：2021 年 4 月第一版
印　　次：2025 年 12 月北京第七次印刷
开　　本：710 毫米 ×1000 毫米　16 开本
印　　张：16.5
字　　数：257 千字
定　　价：49.00 元

《能源市场知识》
编 委 会

主　编　张粒子

副主编　张　洪

编　委（以姓氏笔画为序）

丁肇豪　王丛丛　王　涛　丛　野

许传龙　李　化　李雲建　杨　萌

张冠华　唐成鹏　陶文斌

序

改革开放以来，中国的能源事业取得了举世瞩目的历史性成就，能源生产和供应能力大幅提升，能源结构日趋多元化和清洁化，能源加工转换效率大幅提高，能源市场化改革稳步推进，形成以“一带一路”能源合作为引领的全方位国际能源合作，为中国经济持续快速发展、人民生活水平不断提高提供了强力保障和巨大动力。

当前，世界能源和电力的发展正处于深刻的变革时期，加速全球能源转型，实现绿色低碳发展，已经成为国际社会的一致认识和共同使命。中国能源和电力的发展则面对能源安全保障、能源环境治理和应对全球气候变化三大问题的严峻挑战，正处于新一轮的体制改革过程中，各项体制机制改革稳步推进，能源市场化步伐不断加快，为推进经济高质量发展和新兴产业发展提供了坚实支撑和保障。

尽管中国的能源市场化改革和建设取得了很大的成就，但与发达国家相比，中国能源市场建设还存在一些不尽如人意的地方，主要表现在：能源市场体系还不尽完善，尚未建立有效竞争的市场结构；能源治理模式和方式仍需改进，与能源市场机制之间矛盾重重；能源资源配置效率有待提高，市场配置的决定性作用还不明显；能源价格形成机制尚不能充分体现能源的商品属性等。因此，中国能源市场与十九大报告中提出的“建设现代化经济体系”的要求还存在一定距离，迫切要求加快能源市场的发展和建设，通过加强基础性市场制度建设、提高市场参与者素质、完善能源价格机制、发展多层次能源市场体系，构建各能源品种市场协调发展的新格局，为服务国民经济又好又快发展提供强有力的支撑。

然而，受中国能源和电力行业长期施行计划机制等因素的影响，很多人对能源市场相关的概念、知识和原理的认识存在较大的偏差或误区，这就造成在能源和电力市场建设过程中，行业管理者、市场参与者、行业研究人员在一些问题上会产生分歧，难以达成一致。与此同时，随着近年来中国能源市场建设，尤其是电力市场建设的快速推进和逐步深入，能源市场已经成为推动能源行业生产力发展和改变现有生产关系的主要动力，各种产品、规则、机制、业态和模式都在以前所未有的速度发生着剧变。因此，对能源市场的管理者和市场参与者进行更全面的能源市场知识更新也是能源市场健康发展非常重要的方面。

本书是有关能源市场知识的著作，由华北电力大学张粒子教授团队编著。全书在吸取和借鉴国外成熟市场经验的基础上，结合中国能源行业和能源市场发展的现状，对能源市场、电力市场的重要概念进行梳理和明确，并对相关的市场理论和方法进行介绍，是一本难得的能源市场参考书籍。本书具有三个鲜明的特点。一是体例新颖，本书既考虑到专业性，又兼顾到普及性，从能源市场的视角阐释了能体现基础性、前沿性与宏观性的若干知识点，既提供了一个能源市场发展的总体知识框架，又是一本可随需查阅的有益工具书。二是内容全面，本书不仅系统地介绍了传统能源品种市场，也涉及了可再生能源市场、能源金融市场和市场操作行为等新兴研究领域，在电力市场和电价部分融入了编著者在该领域的研究成果。三是深入浅出，本书把艰深复杂的能源市场知识，用通俗的语言描述出来，有益于能源行业从业人员从新的角度认识、理解能源市场，也有益于促进中国能源市场和电力市场的发展建设。

周大地

2020 年 8 月

前　言

能源是人类生存和社会发展的重要物质基础，能源安全是一个关乎国家经济发展稳定的全局性、战略性问题，对国家繁荣发展、人民生活改善、社会长治久安至关重要，也是国家安全的重要组成部分。随着资源优化配置范围的不断扩大，能源安全本质上已经从“生产—供应”型的“供给安全”模式向“贸易—金融”型的“价格安全”模式转变，而能源价格是能源市场运行的最直接结果。能源安全模式的本质变化表明，一个国家/地区能源市场的运行状况决定并反映了该国/地区的能源安全状况，因此，规范有序的能源市场和运行机制是确保能源商品有序流动、平衡供求关系、保障供给安全的基础。

2014年6月，中央财经领导小组第六次会议专门研究了中国能源安全战略，习近平总书记特别强调推进能源体制改革，抓紧制定电力体制改革和石油天然气体制改革总体方案，启动能源领域法律法规立改废工作。在这次会议精神的指引下，2015年3月，中共中央、国务院印发了《关于进一步深化电力体制改革的若干意见》(中发〔2015〕9号)，正式启动了中国新一轮的电力体制改革。2017年5月，中共中央、国务院印发了《关于深化石油天然气体制改革的若干意见》，再次提速中国在能源领域的体制机制改革。电能是二次能源，电力市场与其上游一次能源市场密切相关。鉴于电力体制改革、电力市场自身的复杂性，行业内对于电力市场及其相关的能源市场存在不同的认识和理解，在一定程度上给市场建设带来困扰。在这样的改革背景下，出版《能源市场知识》有利于市场各方对于能源市场，尤其是电力市场的理解，也有利于促进中国电力市场的建设。本书可供政府、咨询机构、能源市场相关从业人员阅读参考，也可作为高校和研究机构的能源、电力系统、电力市场等专业的研究生、大学高年级学生的参考书，同时也是关心中国能源和电力行业发展的公众普及读物。

本书在吸取和借鉴国外能源市场实践经验的基础上，对能源市场，尤其是电力市场的重要概念进行梳理和明确，对相关的市场理论和方法进行介绍，是编写组全体人员在各自专业领域多年研究工作基础上合作完成的。第一章绪论由张粒子和丛野共同撰写；第二章电力市场基本概念、第三章电价机制与阻塞管理由张粒子、丁肇豪、丛野和李雲建共同撰写；第四章国际典型电力批发市场由李化、张粒子、丁肇豪、王丛丛、杨萌和许传龙等共同撰写；第五章可再生能源电力市场由张洪和丁肇豪共同撰写；第六章煤炭市场由张冠华撰写；第七章原油及石油产品市场由张洪撰写；第八章天然气批发市场由陶文斌撰写；第九章能源金融市场及交易由王涛和唐成鹏共同撰写；第十章市场操纵行为由丁肇豪和李雲建共同撰写。本书由张粒子、张洪总撰。

本书由美国新时代能源集团能源市场交易中心主任李化先生提议，华北电力大学张粒子教授组织编著。诚挚感谢国内外能源市场领域众多专家的大力支持和帮助。首先，感谢中国电力科学研究院于尔铿教授、中国能源研究会常务理事张抗先生的鼓励和支持，我们才有信心开展这项编撰工作；感谢原国家电网有限公司教授级高工郭国川，一直关心、督促和直接指导本书的编著和出版工作，并提供了很多具体、有深度、有见地的意见和建议；感谢美国新时代能源集团能源市场交易中心主任李化先生和能源营销公司总监王丛丛参与大量的校订工作；感谢澳大利亚 AGL 能源公司原首席分析师刘东胜博士，对本书中澳大利亚电力市场的内容提供修改意见；感谢王昀昀、王进、李霄、霍箭、王林炎、金东亚、李先锋、张冠群、李瀛澜、黄涵颖、王路等研究生，为本书的编写进行了大量的资料整理工作；感谢中国电机工程学会能源系统专业委员会众多专家学者审阅书稿并提出了宝贵意见；感谢本书的编辑和出版人员，为本书顺利出版付出了大量精力。

本书借鉴和参考了张粒子教授主编的《电力市场基础知识》（国家能源局内部知识读本，张粒子等编著）及美国联邦能源监管委员会的《能源市场基础》（Energy Primer），引用了部分国内外专家学者的著述，谨此一并鸣谢。受编撰时间、资料收集和编者水平所限，书中难免存在疏漏和不足之处，恳请各位专家学者不吝赐教。

编者

2021 年 3 月

缩略词

AEMC：Australian Energy Market Commission，澳大利亚能源市场委员会

AEMO：Australian Energy Market Operator，澳大利亚能源市场运营机构

AER：Australian Energy Regulator，澳大利亚能源监管机构

AGC：Automatic Generation Control，自动发电控制

API：American Petroleum Institute，美国石油学会

ARR：Auction Revenue Right，拍卖收益权

ATC：Available Transmission Capacity，可用输电容量

AVC：Automatic Voltage Control，自动电压控制

BETTA：British Electricity Trading and Transmission Arrangements

BPA：Bonneville Power Administration，博纳维尔电力管理局

CAISO：California Independent System Operator，加州独立系统运营机构

CDEC：Economic Load Dispatch Center，（智利）经济调度中心

CEN：National Energy Coordinator，（智利）国家电力调度机构

CFD：Contract for Difference，差价合同

CNE：National Energy Commission，（智利）国家能源委员会

CME：Chicago Mercantile Exchange，芝加哥商品交易所

CRR：Congestion Revenue Right，阻塞收益权

CSP：Concentrated Solar Power，聚光太阳能热发电

DECC：Department of Energy and Climate Change，（英国）能源与气候变化部

DME：Dubai Mercantile Exchange，迪拜商品交易所

DOT：U. S. Department of Transportation，美国交通部

ECVN：Energy Contract Volume Notification，最终合同位置

EEG：Erneuerbare Energien Gesetz，德国《可再生能源法》

EEI：Edison Electric Institute，爱迪生电力协会

EIA：Energy Information Administration，（美国）能源信息署

ERCOT：Electric Reliability Council of Texas，得州电力系统运营机构

FERC：Federal Energy Regulatory Commission，联邦能源监管委员会

FIDeR：Final Investment Decision Enabling for Renewables，可再生能源最终投资决定

FiT：Feed-in Tariff，（固定）上网电价

FPN：Final Physical Notification，最终物理运行位置

FTR：Financial Transmission Right，金融输电权

ICE：Intercontinental Exchange，洲际交易所

IPE：International Petroleum Exchange，伦敦国际石油交易所

ISO：Independent System Operator，独立系统运营机构

ISO-NE：New England Independent System Operator，新英格兰独立系统运营机构

ITC：Investment Tax Credit，投资税抵扣

LMP：Locational Marginal Price，节点边际电价

LSE：Load Serving Entity，负荷服务企业

MISO：Midcontinent Independent System Operator，中部独立系统运营机构

MTM：Mark-to-Market，逐日盯市

NAESB：North American Energy Standard Board，北美能源标准委员会

NEM：National Electricity Market，（澳大利亚）国家电力市场

NEMMCO：National Electricity Market Management Company Limited，（澳大利亚）国家电力市场管理公司

NERC：North American Electric Reliability Corporation，北美电力可靠性委员会

NETA：New Electricity Trading Arrangements

NYISO：New York Independent System Operator，纽约州独立系统运营机构

NYMEX：New York Mercantile Exchange，纽约商品交易所
OASIS：Open Access Same-Time Information System，开放实时信息系统
OATI：Open Access Technology International，开放技术国际公司
OATT：Open Access Transmission Tariff，输电网开放服务价格表
OFGEM：Office of Gas and Electricity Markets，天然气与电力市场办公室
OPEC：Organization of Petroleum Exporting Countries，石油输出国组织
OTC：Over-The-Counter，场外交易
PFR：Primary Frequency Regulation，一次调频
PG&E：Pacific Gas and Electric Company，（美国）太平洋气电公司
PPA：Power Purchase Agreement，电力购买协议
PTC：Production Tax Credit，生产税抵扣
PV：Photovoltaics，光伏发电
RMR：Reliability Must-Run，可靠性必调
RO：Renewables Obligation，（英国）可再生能源义务
ROC：Renewables Obligation Certificate，（英国）可再生能源义务证书
RPI：Retail Price Index，零售价格指数
RPS：Renewable Portfolio Standard，可再生能源配额
RSI：Residual Supply Index，剩余供应指数
RTO：Regional Transmission Organization，区域输电系统运营机构
RUC：Reliability Unit Commitment，可靠性机组组合
SCE：Southern California Edison，（美国）南加爱迪生公司
SEC：U.S. Securities and Exchange Commission，美国证券交易委员会
SMP：System Marginal Price，系统边际电价
SPP：Southwest Power Pool，西南电力系统运营机构
StrEG：Electricity Feed-In Act，（德国）电力入网法
TCC：Transmission Congestion Credit，输电阻塞结余
TVA：Tennessee Valley Authority，田纳西流域管理局
WACC：Weighted Average Cost of Capital，加权平均资本成本

WAPA：West Area Power Administration，（美国）西部地区电力管理局

WSPP：Western Systems Power Pool，（美国）西部系统电力库

WTI：West Texas Intermediate，西得州中级原油

ZMP：Zonal Marginal Price，分区边际电价

目　录

第一章

绪论

能源是能够提供能量的资源，是可产生某种形式能量，或可做功的物质运动的统称。纵观人类社会发展的历史，能源不仅是人类生存和发展的重要物质基础之一，也是一个国家或地区经济社会发展的命脉。过去100多年里，发达国家先后实现了工业化，消耗了地球上大量的自然资源，其中包括大量的能源资源。当前，一些发展中国家正处于工业化阶段，这些国家的能源消费增长成为全球能源需求增长的重要组成部分。随着经济总量的不断提升，中国已经成为世界第一大能源生产国和消费国，并且参与国际能源市场的广度和深度日趋扩大和加深，在全球能源市场上的地位日益显著，发挥着决定性的作用。

中国能源行业过去很长一个时期实行的是计划管理体制。21世纪初兴起的电力体制改革，开启了中国探索电力市场化运营之路。尤其是2013年以来，国家不断推行能源领域的一系列市场化改革，深化电力体制改革，开展油气体制改革，推进煤炭供给侧改革等，电力、煤炭、石油和天然气等多个能源市场都在加速建设的过程中。煤炭、石油和天然气被称为一次能源，是能够直接消耗，也能够转化为其他能源形式（如电能）的能源。电能作为一种被广泛使用的二次能源，是由化石燃料、铀、水能、风能、太阳能和生物质能等一次能源加工转换以后得到的能源。以上各种能源产品的市场共同构成了能源市场。本书着重探讨以上主要能源品种的批发市场机制及能源相关的金融衍生品市场机制。

能源市场包括实物市场与金融市场。实物市场包含同能源生产、传输等环节相关的自然资源、基础设施、市场制度和市场参与者，同时也包含实体商品（如电能、天然气等）的交易、交割及结算等。金融市场涉及实物能源衍生出的金融产品的买卖行为，也包括市场结构与相关的制度安排、市场参与者、产品与交易，同时也具备其特有的供求驱动因素。一般而言，实物市场与金融市场可以通过产品类型和市场参与者意图两个方面来区分。实物市场合同涉及实物能源产品的交割，因此实物市场的交割通常涉及实物商品的生产与输送环节。金融市场合同通常不涉及电力、石油和天然气等实物商品的交割，取而代之的是现金的交割。

第一节　实物市场及其特性

实物市场的销售行为可分为零售和批发。面向终端用户的销售行为一般称为零售，其他所有销售行为均称为批发。

目前，在市场经济发达的国家，大多数的电力和天然气批发交易属于竞争性交易。也有一些国家或地区，政府对于电力和天然气市场实行基于提供服务成本的价格管制或准许收入管制。在竞争性市场中，价格在很大程度上由供需关系来驱动。能源实物市场的含义，就是通过市场机制在物理上实现能源生产、并且以合理的能源价格销售给消费者。

相比其他能源产品的竞争性市场，电力市场和天然气市场有一个显著的特点。从短期市场来看，无论是电力现货市场（Spot Market）还是天然气现货市场，除了部分大用户的需求略有弹性，消费者减少需求的能力有限，能源供应必须在任何地点保持与能源需求的实时匹配。这主要是源于电力和天然气已经成为现代生活的必需品，但电力和天然气难以在用户端经济地大规模储存，并且还需要通过电网和油气管网等专门设施输送，因此电力和天然气缺乏能源替代品。

对天然气来说，就意味着生产能力、传输能力，以及存储能力都需要按照潜在用户需求的最大值进行规划和建设，同时天然气的输送量也要能够随着需求变动而变动。天然气的存储方式有地下存储、地上存储及管存等方式。管存就是提升管道压力让同样空间能容纳更多气体分子。按常见的管道及相关设施来看，天然气在管道中的流动速度平均为每小时 40 千米，所以新供的天然气要花费数小时甚至数日才能到达目的地。这一特点让市场区域内的储气库升值，因为它能够大幅减少天然气送达消费者的距离和时间。对于电力系统，发电机组、输配电线路、变电站以及其他设施的规划和建设，必须能够满足接入电网的所有用户的最大用电需求。电能的存储方式有抽水蓄能、飞轮储能和电池等。抽水蓄能电站只能够建设在少数具备条件的地点，实现在用电负荷低谷时段用电将水从下库抽送至上库，在用电负荷高峰时段放水发电。尽管电池和飞轮等储能技术迅速发展，但是电能存储量仍然受到很大限制，且经济性不佳。

尽管消费者减少需求的能力有限，但随着储能技术、综合能源系统和智能电网等新技术和新业态的发展，将有很多需求侧电力资源被挖掘出来，电力和天然气市场的需求侧响应能力也将随之提高。

电力和天然气的实物市场能够通过以下维度进行细分。

（1）位置：区域（region）、节点（node）、子区（zone）和枢纽（hub）。

（2）时间尺度：分钟、小时、日、月、季和年。

（3）产品或服务类型：电力或天然气，输电或管道的容量及存储服务。

第二节 金融衍生品市场与交易

能源产业是资本密集型产业，需要金融市场来支持其日常的运行、交易和项目投资。参与金融市场的公司需要维持一定的信用评级，才能支撑其从日常交易到基础设施长期开发等公司运营活动。

金融市场是公司及个人投融资的场所。金融市场对能源产业的重要性主要表现在两个方面。首先，金融市场可以为公司日常运行提供资本来源；其次，一些与电力和天然气相关的产品，既可以在大宗商品市场中交易，也可以以衍生产品（derivative product）的形式在金融市场中交易。

同金属、稻谷、小麦一样，电力、石油和天然气可以作为大宗商品进行交易。虽然电力和天然气肉眼不可见，但是你可以通过打开、关闭阀门或开关来使用、停用和计量它们。大宗商品市场最早是农场主销售其产品的渠道，他们甚至可以在收获前预售一部分产量，以获得资本金维持日常运行。

大宗商品市场进一步发展为农场主（还有其他大宗商品厂商）提供了管理风险（尤其是价格不利变动的风险）的其他工具。这些金融工具由实物商品衍生而来，因此也被称作金融衍生品。自从出现之后，实物商品与金融衍生品的交易吸引了市场成员的参与，其中包括市场投机者，他们希望能够从价格变动中获利。

随着竞争性电力和天然气市场日趋成熟，投资者们将能源商品视为投资品，电力与天然气衍生品市场在过去十年有了爆发性增长。这些衍生品市场的交易，经常会反过来影响实物市场，这些影响将在第九章详细介绍。

第三节　市场操纵行为

凡是有市场的地方，就会有市场参与者试图通过操纵市场为自身谋求利益。这些行为损害了市场高效运行的功能，降低了其他市场参与者对市场的信心，并扭曲了市场交易结果。第十章将对部分此类行为进行介绍。

第二章

电力市场基本概念

第一节　供需曲线和市场均衡

供给是指一定时期内，生产者在某种商品所有可能的价格水平下，愿意且能够提供出售的商品数量。商品的供给曲线（Supply Curve）是该商品价格水平和供给量之间函数关系的几何图形表示。

需求是指一定时期内，消费者在某种商品所有可能的价格水平下，愿意且能够购买的商品数量。商品的需求曲线（Demand Curve）是该商品价格水平和需求量之间函数关系的几何图形表示。

在经济学中，任一个经济事务均处于各种经济力量的相互作用之中，如果各种力量相互制约或者抵消，那么该经济事务就处于相对静止状态，此状态称为均衡状态。市场均衡一般是指供给与需求均衡的市场状态。一种商品的均衡价格是指该商品的市场需求量等于市场供给量时的价格。在均衡价格水平下的供给或需求数量，被称为均衡数量（如图 2-1 所示）。当商品价格高于均衡价格时，供给将会有剩余，出现供大于求；相反，当价格低于均衡价格时，供给将会有短缺，出现供不应求。

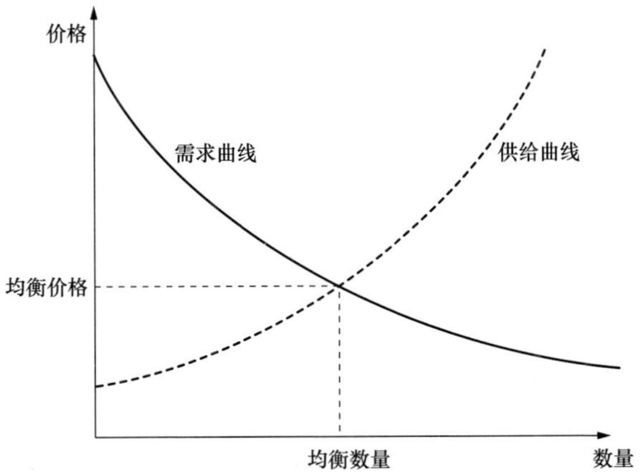

图 2-1　市场均衡

第二节　市场结构——竞争与垄断

在对市场经济进行分析的过程中，决定市场类型划分标准的因素主要有以下四个：第一，市场内厂商的数目；第二，厂商所生产的产品的差异程度；第三，单个厂商对市场价格的控制程度；第四，厂商进入或退出市场的难易程度。其中，第一个因素和第二个因素是最基本的决定因素，第三个因素是第一个因素和第二个因素的必然结果，第四个因素是第一个因素的延伸。根据这些因素，市场结构可以分为四类，分别是完全竞争市场（Perfectly Competitive Market）、垄断竞争市场（Monopolistic Competition Market）、寡头垄断市场（Oligopoly Market）和垄断市场（Monopoly Market）。市场类型的划分和特征见表 2–1。

表 2–1　市场类型的划分和特征

市场类型	厂商数目	产品差异程度	对价格的控制程度	进出一个市场的难易程度
完全竞争	很多	完全无差别	没有	很容易
垄断竞争	很多	有差别	一定程度	比较容易
寡头垄断	几个	少许差别或无差别	较大程度	比较困难
垄断	唯一	唯一产品，且无替代品	很大程度，但常常受到管制	很困难，几乎不可能

1. 完全竞争市场

完全竞争市场具有以下四个条件。

（1）市场内有众多的买方和卖方；

（2）市场内每一个厂商生产的商品是无差异的；

（3）所有的经济资源可以在各市场参与者间自由流动；

（4）市场内从事交易活动的参与者可以完整地掌握市场信息。

由此看来，在完全竞争市场中，每一个消费者或生产者都是既定市场价格的接受者，并且，生产厂商在长期市场均衡中经济利润为零。

然而，上述关于完全竞争市场条件的理论分析是一种理想状态。在现实中，真正完全符合以上四个条件的市场是不存在的。但是，通过对完全竞争市场条件的分析，可以得到该市场类型的市场机制及资源配置的基本原理，并且，上述模型也可以为其他市场类型的经济效率分析和评估提供参照。

2. 垄断竞争市场

垄断竞争市场是指有许多厂商生产和销售有差别的同种产品的市场，是处于完全竞争市场和垄断市场之间的一种市场类型。垄断竞争市场具有以下三个特征。

（1）企业生产有差别的同种产品，产品彼此之间都是非常接近的替代品；

（2）生产同种产品的企业数量非常多；

（3）企业的生产规模较小，进入和退出市场比较容易。

在现实生活中，这种市场结构非常普遍，在零售业和服务业中很常见。

3. 寡头垄断市场

寡头垄断市场又称为寡头市场，其特征是少数几家厂商控制产品在整个市场内部的生产和销售。寡头市场是一种较为普遍的市场类型。寡头市场形成的主要原因有几方面：某些产品生产规模较大，只有少数几家厂商垄断控制才容易取得最好的经济效益；行业内少数几家企业控制了产品生产中所需的基本资源；政府的扶植和支持等。寡头市场的成因和垄断市场是很相似的，只是在垄断程度上有所差异而已。

4. 垄断市场

垄断市场是指一个行业或某种商品完全处于被一家厂商所控制的状态的市场类型。在垄断市场下不存在任何的竞争因素，垄断厂商可以控制行业内商品的生产和市场的销售，因此，垄断厂商也就具备了操控市场价格的能力。

垄断市场的形成有四方面的原因。

（1）独家垄断厂商完全控制了某种商品的全部生产资源或基本资源；

（2）独家垄断厂商拥有生产某种商品的专利权；

（3）独家垄断厂商拥有政府的特许；

（4）自然垄断现象。自然垄断现象通常出现在具有下述生产特点的行业。一方面，商品生产的规模较大，具体体现在要求产量大，相应生产设备的运行水平较高，以至于市场内的商品只有由一个企业生产时，才有可能达到这样的生产规模。另一方面，只要发挥这一企业在这一生产规模上的生产力，就可以满足整个市场对该种产品的需求。在这类商品的市场发展中，行业内总会有某个厂商凭借雄厚的经济实力或其他优势，最先达到要求的生产规模，从而实现垄断整个行业的生产销售的目标。

5. 市场集中度

在上述四种市场类型的基础上，为了更加精细地衡量市场的竞争性和垄断性，人们通过使用市场集中度指数来对市场结构和市场力（或称市场支配力）进行量化。传统产业组织理论以市场集中度作为反映市场竞争程度高低的最重要的指标，它的基本逻辑是市场集中度较高，表明大部分的销售额或经济活动被较少一部分企业所控制，从而使这一小部分企业拥有相当的市场力，特别是价格支配力，因此，市场的竞争性较低。经济学家曾经提出和使用了许多市场集中度指标来反映和研究市场份额在不同企业间分布的状况，在反垄断经济分析中，常用的市场集中度指标有绝对集中度指数（Concentration Ratio，CR_n 指数）和赫芬达尔—赫希曼指数（Herfindahl–Hirschman Index，HHI 指数，或称赫芬达尔指数）等。除了市场集中度指标以外，人们还经常使用熵指数（Entropy index）、洛仑兹曲线（Lorenz Curve）、基尼系数（Gini Coefficient）、剩余供应指数（Residual Supply Index，RSI 指数）、勒纳指数（Lerner Index，LI 指数）等市场力评价指标。

绝对集中度指数是指市场中在规模上处于前几位的企业，其生产、销售、资产或职工的累计数量占整个市场的生产、销售、资产、职工总量的比重。其计算公式为：

$$\mathrm{CR_n} = \sum_{i=1}^{n} X_i \Big/ \sum_{i=1}^{N} X_i \tag{2-1}$$

其中，X_i 为按照资源份额大小排列的第 i 位企业的生产额、销售额、资产额或职工人数，N 为市场上企业的总数目（计量买方集中度时指买方的数目），$\sum_{i=1}^{n} X_i$ 表示前 n 位企业的生产额、销售额、资产额或职工人数之和。CR_n 接近于 0 意味

着最大的 n 个企业仅供应了市场很小的部分。相反地，CR_n 接近于 1 意味着非常高的集中程度。实际操作中，CR_n 指数比较容易计算，而且这一指标又能较好地反映产业内生产集中的状况，显示市场的垄断和竞争的程度，因此使用得较为广泛。但是 CR_n 指数仅仅反映了产业中规模最大的前几位企业的市场集中程度，单凭这一指数难以把握产业内全部企业的规模分布状况。

随后，人们开始使用赫芬达尔—赫希曼指数来测量市场集中度。HHI 指数是一个行业中各市场主体所占行业总收入或总资产百分比的平方和，其计算公式为：

$$\mathrm{HHI}=\sum_{i=1}^{N}S_i^2 \tag{2-2}$$

其中，N 为产业内的企业数，S_i 代表 i 企业的市场份额。从理论上说，HHI 指数的范围处于 0 和 1 之间。当市场由一家企业独占时，HHI=1。当市场上有 N 家企业规模相当时，HHI=1/N。当市场上企业数量非常多，并且企业的规模都较为接近，此时每个企业的市场份额都非常小，HHI 指数将趋向于 0。除了随企业数量发生变化之外，HHI 指数也会随着企业市场份额的分布而发生变化，并且对于市场份额排名前几位的企业的市场份额变化尤为敏感。HHI 指数很好地弥补了 CR_n 指数无法把握产业内全部企业的规模分布状况的缺陷，在市场集中度的研究中，作为一个能综合反映产业内企业规模分布的指标而被广泛应用。

在实际应用中，由于通常用百分比的形式来表示市场份额，为了方便计算，就将其值乘以 10000 予以放大来表达 HHI 指数。此时，HHI 指数的取值范围的上限就变成了 10000。其计算公式为：

$$\mathrm{HHI}=10000\times\sum_{i=1}^{N}S_i^2 \tag{2-3}$$

有些国家或地区主要使用 HHI 指数来评价市场结构及其变化。美国司法部（Department of Justice，DOJ）是使用 HHI 指数开展反垄断经济分析最多的机构之一。根据美国司法部和联邦贸易委员 2010 年联合发布的《横向兼并指南》（Horizontal Merger Guidelines），市场根据 HHI 指数的大小，分为高于 2500，1500 至 2500，和低于 1500 三类。与此同时，针对潜在的横向兼并，美国司法部设立了相关的干预标准。例如，当兼并案例引起市场 HHI 指数上升不足 100 时，通常认为兼并不会产生反竞争效果，因此不需要进行进一步调查；当兼并案例引起市场 HHI 指数上升 100 至 200，且兼并后市场 HHI 指数高于 2500 时，则通常认为可能会影响市场竞争，需要美国司法部介入并进行审查；当兼并案例引起市场 HHI 指数上升超过 200，且兼并后市场 HHI 指数高于 2500 时，美国司法部会直接推定该兼并案例将会带来市场力的问题。如果有充分的证据表明该兼并不会增强市场力，那么上述的推定也有可能会被推翻。

第三节　消费者剩余、生产者剩余和社会总福利

消费者剩余是指消费者在购买一定数量的某种商品时，愿意支付的最高总价格和实际支付的总价格之间的差额。消费者剩余衡量了买者自己感觉到所获得的额外利益。消费者剩余可以用几何图形来表示，也就是需求曲线之下，市场价格线之上的面积。

生产者剩余是指厂商在提供一定数量的某种产品时实际接受的总支付和愿意接受的最小总支付之间的差额。生产者净剩余通常用市场价格线之下、厂商的供给曲线之上的面积来表示（如图 2-2 所示）。

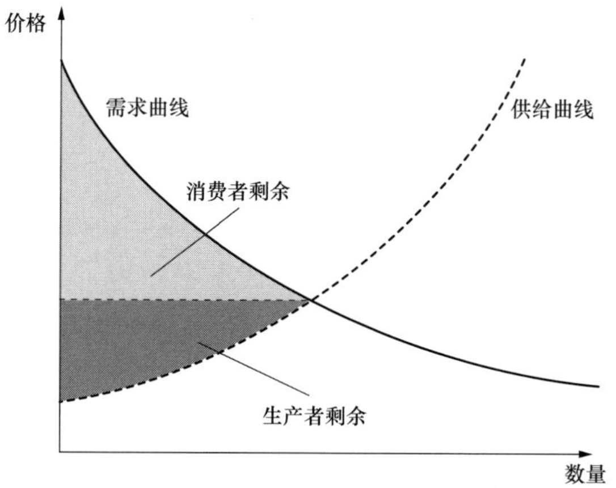

图 2-2　经济剩余

社会总福利是指消费者净剩余和生产者剩余的总和。从几何的角度看，社会总福利等于需求曲线之下、供给曲线之上的区域。

第四节　拍卖理论

拍卖（Auction）有着非常悠久的历史，早在古巴比伦王国就已经出现。然而，经济学家对拍卖开始研究的时间比较晚，直到 20 世纪 50 年代，拍卖才开始引起经济学家的关注，并且逐渐成为很多经济学问题的研究工具。目前，世界各国都广泛地采用拍卖的方式来出售古董、艺术品、政府公债、土地、企业资产等，这些拍卖物往往具有独特性、潜在价值大等特点。电力市场中也广泛采用拍卖的方式来进行电力资源的配置和定价。

从经济学的角度来说，拍卖本质上是建立在拍卖物持有人、多个竞买者对拍卖物价值信息不完整、不对称情景下，集体决定拍卖物分配及其价格的过程。拍卖理论是对拍卖机制和拍卖行为研究的总称，涉及了信息经济学、博弈论和机制设计理论等多个微观经济学的新兴研究领域，同时也为这些理论研究提供了非常好的实验平台。

在拍卖理论中，需要区分两个概念：估价和出价（也称为报价）。估价是竞买者对拍卖物的自我评估的价值，属于上面提到的私有信息；出价是竞买者根据自己的能力、喜好和推断，为竞争拍卖物所实际提供的价格。

在拍卖理论中，研究最多并被广泛运用的拍卖机制有 4 种基本类型。

一是英式拍卖（English Auction），也称为升价拍卖（Ascending Auction）。竞买者不断抬高价格，直到没有人愿意出更高的价格为止；出价最高的人按照自己的出价获得拍卖物。在英式拍卖中，每个竞买者的最优策略都是不断地参与出价，直到该出价等于他对于拍卖物的真实估价为止。因此，英式拍卖总是估价最高的竞买者获得拍卖物，从而能够实现资源的最优配置。

二是荷兰式拍卖（Dutch Auction），也称为降价拍卖（Descending Auction）。拍卖主持人先提出一个较高的价格，然后开始逐渐降低价格，直到有竞买者愿意接受主持人的价格为止，该竞买者按照主持人提出的最后价格买下拍卖物。在荷兰式拍卖中，很多竞买者往往都持观望态度，期待价格进一步降低，因此现场竞争气氛并不热烈，所以也称为“无声拍卖”。荷兰式拍卖主要运用在鲜花、农产品等交易中，并且因著名的荷兰郁金香拍卖而得名。

在荷兰式拍卖中，每个竞买者在决定是否接受主持人当前的价格时，一方面受自己对拍卖物估价的影响，另一方面还受到他对其他竞买者估价推断的影响。然而，这种推断有可能是错误的，估价最高的竞买者在等待降价的过程中，拍卖物被其他的竞买者买下，使前者不能够获得拍卖物，此时资源配置的结果并不是最优的。

三是一级价格密封拍卖（First Price Sealed-Bid Auction）。每个竞买者分别向拍卖主持人递交密封的出价，因此各竞买者均不知道其他竞买者的出价情况。在所有竞买者提交出价后，主持人对所有出价进行解密，出价最高的竞买者按照他自己所递交的出价赢得拍卖物。

在一级价格密封拍卖中，竞买者并不会使用自己对拍卖物的真实估价作为出价，而会使用比自己真实估价更低的出价，从而降低赢得拍卖物时所支付的价格。因此，一级价格密封拍卖也存在拍卖物资源错配的可能性，并不是总能实现对资源的最优化配置。

四是二级价格密封拍卖（Second Price Sealed-Bid Auction）。和一级价格密封拍卖一样，每个竞买者分别向拍卖主持人递交密封的出价，各竞买者均不知道其他竞买者的出价情况。在所有竞买者提交出价后，主持人对所有出价进行解密，出价最高的竞买者按照所有竞买者出价中的第二高价格赢得拍卖物。这种拍卖方式是经济学家维克里在 1961 年提出来的，因此也称为维克里拍卖（Vickrey Auction）。

在二级价格密封拍卖中，每一个竞买者最优的选择是说实话，即将自己对拍卖物的真实估价作为出价。如果偏离这个选择，则有可能失去赢得拍卖物的机会，或者最终支付超过自己真实估价的价格。因此，这种机制总是能够让估价最高的竞买者获得拍卖物，从而实现拍卖物的最优配置。

通过对上述 4 种拍卖机制的比较，维克里提出了著名的“等价收益定理”，即在一定的假设条件下，英式拍卖和二级价格密封拍卖是等价的，并且都能实现最优的资源优化配置；而荷兰式拍卖和一级价格密封拍卖是等价的，可能存在资源配置无效率的情况。

除此之外，各国学者还提出了许多其他的拍卖方式，例如说多项目拍卖（Multi-item Auction）、结合拍卖（Combinatorial Auction）、多属性拍卖（Multi-attribute Auction）、多单元拍卖（Multi-unit Auction）、多阶段拍卖（Multi-stage Auction）等。

第五节 博弈论和策略性行动

博弈论是研究在策略性环境中如何进行策略性决策和采取策略性行动的科学。策略性环境是指每个人进行的决策和采取的行动都会对其他人产生显著的影响。策略性决策和策略性行动是指每个人要根据其他人可能的反应来决定自己的决策和行动。它们不同于非策略性的环境、决策和行动。在非策略性环境中，每个人在决策和行动时，无须考虑这些决策和行动对其他人的影响，以及由此而引起的其他人的反应。

从上述定义可以看出，博弈论是分析寡头市场中厂商行为的一个恰当工具。因为在前述的四种市场类型中，寡头市场是典型的策略性环境。在寡头市场中，每个厂商的产量在全行业的总产量中都占有一个较大的份额，这使得每个厂商的产量和价格变动都会对其他竞争对手以至整个行业的产量和价格产生举足轻重的影响。因此，每个寡头厂商在采取某项行动之前，必须要先推测或掌握自己这一行动对其他厂商的影响，以及其他厂商可能做出的反应，然后才能在考虑到这些反应方式的前提下采取最有利的行动，所以每个寡头厂商的利润都要受到行业中所有厂商决策相互作用的影响。

第六节 电力市场的概念

在电力行业实行市场化改革后，电力市场特指标准化电力产品或服务的集中交易市场或交易平台，也可扩展到电力金融衍生品交易市场。在这些市场之中进行的电力交易称为场内（电力）交易，在这些市场之外进行的双边电力交易称为场外（电力）交易；电力产品或服务主要包括电能量、（发电）容量、调频和备用等辅助服务、输电服务等；开展这些电力产品交易的市场，分别称为电能量市场、容量市场、辅助服务市场、输电权市场等。电力市场除了可以按照交易标的分类，还可以按照时间维度再细分。

广义上，电力市场泛指一个地区或电力系统范围内，电力供给和电力需求及其关系（包括电力资源配置的市场机制和政策措施、场内电力交易和场外电力交易、实物电力交易和电力金融衍生品交易等）。

从市场交易主体（销售主体和销售对象）的角度和电力销售环节上，电力市场有批发市场（Wholesale Market）与零售市场（Retail Market）之分。电力批发市场的市场主体主要是发电企业和售电企业及负荷集聚商；电力零售市场的市场主体是售电企业和终端电力用户。

在电力批发市场中，主要的电力交易产品是电能量。按照时间维度，电力交易类型可分为中长期交易、短期交易和即时交易［见《中共中央国务院关于进一步深化电力体制改革的若干意见》（中发〔2015〕9号）（简称9号文）］，在9号文配套文件《关于推进电力市场建设的实施意见》中简化为中长期交易和现货交易，将月内至运行日前两天的电力交易归为中长期交易，将日前和日内交易归为现货交易。

标准化电力中长期合同，如实物期货合同、实物远期合同，在电力交易机构的交易平台上进行集中交易；非标准化电力中长期合同，以场外双边交易方式签订，与场外电力衍生品交易（如差价合同）统称为远期合同。通常，与期货、远期等中长期交易相对应的即时交易称为现货交易。电力现货交易主要包括日前、日内和实时（平衡）交易，分别采用不同的交易规则，因而形成日前市场、日内市场和实时（平衡）市场。

目前国内的电力交易机构负责运营电力中长期交易市场，主要开展多年、年、季、月、周等日以上电能量交易；电力调度中心负责运营电力现货市场，开展日前、日内、实时电能量交易和备用、调频等辅助服务交易。

一、电力交易品种

1. 中长期电力交易

电力中长期交易是指在未来某一时期内交割电力产品或服务的交易，通常指实物电力交易，需要实物交割（Physical delivery）。电力中长期交易有时也泛指电力衍生品交易，只进行财务交割，即依据现货等市场成交价对应的金额进行交割，如差价合同（Contract for Difference，CFD）。电力中长期交易可以在电力交易所或期货交易所交易，也可以通过经纪公司在场外交易（Over-The-Counter，OTC），还可以是双边协商交易。

中长期双边交易（包括通过 OTC 经纪公司进行的交易）可以签订非标准化的远期合同。非标准化的远期合同通常是指中长期实物合同，即买卖双方可以自行约定合同条款，规定在未来某一时期按照指定的价格和其他交易条件交收指定数量电能或对应金额，也可以是指财务合同，如非标准化的差价合同。但是，非标准化的远期合同不易于再交易，流动性较差，因而期货交易所也开展标准化远期合同交易。

期货交易所组织标准化合同的集中竞价交易和连续撮合交易，包括执行期为 1 个月及以上的标准化差价合同、标准化远期合同、期货合同、期权合同等。从合同的交割期跨度看，国外电力市场实践中主要开展有多年、年、季、多月、月等本月以后交割的电力中长期交易。在合同签订日所在月份内交割的合同通常称为短期合同，包括在本日或下日内交割完毕的现货双边合同。目前国内电力市场中，将在合同签订日所在月份内至运行日前两天交割的合同，归为中长期合同，日前和日内交易都是在集中竞价的现货市场进行。

电力差价合同是一种金融合同，根据事先约定的合同价格和合同交割期对应的市场价格（如现货价格）之差进行结算。交易双方签订电力差价合同的目的，是为了对冲市场价格（如现货市场价格）波动引起的财务风险。

电力期货合同属于标准化电力远期合同，以特定价格进行买卖，在将来某一特定时间开始交割，并在特定时间段内持续等量交割。电力期货合同需要在期货交易所中集中交易，并由交易所集中作为所有买卖合同的交易对家，因此交易卖家并不知道自身成交单所对应的买家身份，交易买家也不知道自身成交单对应的卖家身份。电力期货合同交割方式一般为现金交割，但在美国，也可以在临近结算期时选择要求实物交割。期货合同的结算分为两段，在最后交易日之前，实行每日无负债结算制度，即逐日盯市（Mark-to-Market，MTM）；在最后结算日，基于最后交易日的期货结算价格与合同月的现货平均价格（每小时为基准）的差值进行结算。

2. 短期电力交易

短期交易相对中长期交易而言，指一种在临近交割期开展的商品或服务的交易，包括在本日或下日内交割完毕的现货交易。

3. 即时电力交易

即时交易是指滚动交易（或连续交易），按当时价格即时成交的交易种类。

在英国电力交易所（APX）提供的每天基荷和峰荷产品、周末产品和块组合产品也采用了集中撮合的即时交易方式。

二、电力交易方式

1. 双边交易

在电力市场中，双边交易（Bilateral Transaction）是指买卖双方通过协商进行电力相关交易，确定成交量及价格，并签订合同。交易有明确的、一对一的买卖主体。

2. 集中竞价交易

在电力市场中，集中竞价交易是指市场交易主体通过集中交易平台进行的电力相关交易。电力市场集中竞价交易有单一购买者模式，即多家发电厂商竞价出售电能，而买家只有一个。如英国电力库（Power Pool）的日前交易、澳大利亚电力实时交易、美国 PJM 电力系统运营机构（PJM Interconnection，PJM）的电力实时交易，欧洲的实时平衡交易等。还有多买家、多卖家竞价交易的电能量现货市场，如美国 PJM 等的电能量日前市场、欧洲各区域电力市场的电能量日前和日内市场等。

日前交易市场（简称日前市场）和实时市场的集中竞价通常采用英式拍卖——

“增价拍卖”方式。日内市场的集中竞价通常采用滚动交易（连续交易）方式。

3. 拍卖交易

拍卖交易分英式拍卖和荷兰式拍卖，前者也称为“增价拍卖”，后者亦称为“减价拍卖”。在“增价拍卖”过程中，拍卖标的物的竞价按照竞价阶梯由低至高，依次递增，当到达拍卖截止时间时，出价最高者成为竞买的赢家（即由竞买人变成买受人）。

电力日前市场通常采用英式拍卖方式。在不考虑电网安全约束和发电机组出力技术约束的情况下，日前市场集中竞价方式主要有以下两种。

（发电方）单侧、单向报价（即只报卖出价）的日前市场中，每天在市场规则规定的时间之前，发电方通过电子交易平台提交次日各时段（以 1 小时或半小时为一个时段）的报价（包括电力和价格），交易平台对卖方报价进行汇总，形成供给曲线；然后，以日前系统分时负荷预测值作为各时段需求，根据卖方报价由低到高买入，直至使各时段的电力需求被满足，交易平台发布各时段的市场出清结果和市场电价。发电方提交次日各时段（以 1 小时或半小时为一个时段）的匿名报价（包括电力和价格），通常可以是由多个功率段构成的功率—价格曲线。

双侧、单向报价的日前市场中，每天在市场规则规定的时间之前，买方和卖方通过电子交易平台提交次日各时段（以 1 小时或半小时为一个时段）的报价（包括电力和价格），交易平台对买方和卖方报价进行汇总，形成各时段的供给曲线和需求曲线；然后，根据卖方报价由低到高买入，直至使各时段的电力供给曲线与需求曲线相交，相应的价格被称为市场均衡价格，即为市场电价，交易平台发布各时段的市场出清结果和市场电价。

在分散式电力市场中，日前市场和实时平衡市场（Real-time Balancing Market）也可采用双侧、双向报价，即在市场规则规定的时间之前，市场主体通过电子交易平台可同时提交某一交易时段的电力买入报价和电力卖出报价，交易平台对市场主体报价进行汇总，形成该时段的供给曲线和需求曲线；然后，根据卖出报价由低到高买入，直至使各时段的电力供给曲线与需求曲线相交，得到市场均衡价格（市场电价）；交易平台发布各时段的市场出清结果和市场电价。同一市场主体提交的电力买入价格应低于电力卖出价格。

三、电力产品市场细分

电力批发市场专指发电机组（发电厂商）和大用户、供（售）电商之间进行大宗电力交易的市场，包括电力（实物）中长期交易市场和电力现货市场。电力零售市场是指供（售）电商和中小用户（以及不愿意参与电力批发市场的大用户）之间进行电力交易的市场。

电力批发市场的市场交易主体一般包括发电厂商、售电商（代理不直接参与电力批发市场的电力用户）和电力大用户以及电力交易商。其中，电力交易商是指不拥有任何发电资产和电力用户的电力批发市场参与者。

由于电力发用实时平衡的特性，一个开展发电竞争的互联电网，需要建立一个统一的电力现货市场。电力现货市场的细分产品市场包括电能量日前、日内和实时（平衡）市场及调频、备用等辅助服务市场。

1. 电力日前市场

在国际电力市场实践中，电力日前交易是指在电网调度执行前一天开展的针对次日 24（或 48）个时段的电力交易，每个交易时段为 1 小时或 30 分钟。中国试点建设的电力现货市场中，电力日前市场以 15 分钟为一个交易时段，每天 96 时段。组织开展电力日前交易的电子交易平台称为电力日前交易市场，简称日前市场（Day-ahead Market，DAM）。日前市场有日前电能量市场和日前辅助服务市场及其他电力产品日前市场，在没有特别说明的情况下，日前市场通常指电能量日前市场。

在不同国家、地区的电力市场中，日前市场差异较大。

（1）从交易、调度和结算的关系上看，有日前市场交易结果用于调度与结算（如欧洲的日前市场）和只用于财务结算（如美国 PJM 的日前市场）之别。

（2）从运作日前市场的组织机构上看，有与电力系统运行机构分设的独立电力交易机构，如欧洲的电力交易所；也有交易调度一体化机构，如美国的独立系统运营机构（Independent System Operator，ISO）和区域输电系统运营机构（Regional Transmission Organization，RTO）。

（3）从市场主体结构上看，有单一购买（如英国的 Power Pool）和多买多卖（如北欧、美国 PJM 的日前市场）。

（4）从日前市场定价机制上看，有系统边际电价（SMP，如英国的 Power Pool）、分区边际电价（ZMP，如欧洲的日前市场）和节点边际电价（LMP，如美国 PJM 的日前市场），以及基于节点边际电价的区域电价［Zonal Price，如美国得州电力系统运营机构（Electric Reliability Council of Texas，ERCOT）市场］等定价模式。

2. 电力日内市场

电力日内市场（Intraday Market）是指在日前市场闭市后至实时平衡市场开启前进行其中某（些）时段电力交易的市场，通常每个交易时段为 15~60 分钟。在日内市场中，所有市场主体既可以买电、也可以卖电，交易主体申报实际交割前的各时段买电或卖电的量和价，通常采用先到先得、价格优先的原则进行滚动、持续出清。日内市场主要应用在日前市场交易结果需要实物交割的市场模式中，目前只有欧洲的电力现货市场设有日内市场交易。欧洲的日内市场最初都是由电力系统运行机构运营，随着欧洲统一市场的推进，一些国家的日内市场已交由电力交易机构运营。

3. 电力实时市场

实时市场（Real-timeElectricity Market）有两类，一类是市场竞争交易与系统平衡调度兼顾，发电上网电量都必须在实时市场报价和中标，如澳大利亚的电力实时市场、美国的电力实时市场等；另一类是以系统平衡调度为目的，通常只有少于 5% 的发电上网电量通过这类市场成交，如欧洲的实时调节市场、英国的平衡机制、美国加州的能量不平衡市场和得克萨斯州 2010 年前的平衡服务市场等。因此，一般将前者称为“实时市场”，而后者在中国则统称为“实时平衡市场”。这两类实时市场都具有保障系统实时电力平衡的功能。

实时市场与实时平衡市场的运行机制存在较大差异。在实时市场中，系统运行机构根据机组在日前市场提供的发电报价曲线（如美国 PJM 市场）或实时修改的报价曲线（如澳大利亚市场）和超短期负荷预测，基于安全约束经济调度模型，实时计算各机组下一个时间段的中标电力及市场出清价格。在实时平衡市场中，市场交易主体需要在实际运行前的规定时间内提交下一时段的上调和下调（机组出力或者负荷用电）的电力报价，系统运行机构根据超短期负荷预测和系统运行状况，基于调整成本最小原则确定机组中标的上调电力或下调电力，保障系统电力供需实时平衡。

4. 电力现货市场与电力现货价格

电力实时市场、电力日前市场和电力日内市场，均可被视为电力现货市场。

一般而言，现货交易的标的通常是指可供出货、储存和使用的实物商品。现货交易中通行的是一手交钱一手交货的交易方式，或者采取以物易物的交易方式。然而，电力现货市场目前尚无严格统一的定义。电能目前还不能经济地大量存储，没有一般商品或者资产的仓储手段，国际上技术最先进的电力现货市场，也只能交易 5 分钟以后的电能，并称之电力实时市场。由于多数电源启停机都需要一定的时间，传统电力系统经济运行都要先制定日前发电计划，然后在实际运行中，再根据超短期负荷预测调整日前发电计划，即进行实时调度。因此可将电力日前、日内和实时（平衡）市场的交易都视为电力现货交易。不过，在欧洲，由于电力日前市场是由电力交易所运营，交易量相比日内和实时平衡市场也要大得多，日前市场价格可以作为电力期货市场的参考价格，因而也将电力日前市场称为现货市场。在美国，PJM 和 ERCOT 等 ISO/RTO 运营的电力市场称为电力批发市场（Wholesale Electricity Market），其日前市场的交易结果只作为市场结算的依据，不作为发电调度依据，被视为远期市场（Forward Market），其实时市场被称为现货市场。

在其他的一些市场中，现货市场的概念也较为类似。例如在外汇交易的术语中，现货交易（即时外汇交易）是指买卖成交后，交易双方于当天或两个交易日内办理交割手续的一种交易行为。总之，现货市场首先要具有实物交易的属性，其次，交易与交付的时间要尽可能短。

需要说明的是，在电力现货市场中交易的是电能量，但电力现货市场买、卖电报价的标的是各时段的电力（即发电机组输出功率、电力用户的负荷功率）。单位时段的中标电力乘以时长即为该时段结算的电能量数值。

电力现货价格具有随时波动的特征，这源于电力系统运行具有的特性。一是目前电能还不能经济地大规模存储，而且电能以光速传输，电力系统需要保持实时发用电平衡，才能安全稳定地运行；二是用电负荷在任何时段都会随时不断地变化，而且一天内通常在高峰用电时段和低谷用电时段的用电负荷差异较大。为了保持与随时变化的用电负荷的实时平衡，需要发电机组出力跟随系统用电负荷变化而改变。可见在一天内的不同时段，电力市场供需状况不同，因此依据市场机制形成的交易价格随时相应变化；一天内系统用电负荷峰谷差越大，现货市场价格的波动幅度越大；可再生能源发电占比越大，现货市场价格的波动幅度也越大。此外，在交易形式上，电力现货市场还有自由报价、公开集中竞价，按价格优先、时间优先，利用电子交易系统自动优化或撮合成交等特点。

9 号文中“短期和即时交易通过调度和交易机构实现”的表述准确、无歧义，但考虑到“电力现货市场”的概念在电力市场理论和国际电力市场实践中已较普遍地被应用，而且更明确地体现电力批发市场及其价格随时变化的特性，因此在 9 号文的配套文件及后续的相关文件中采用了电力现货市场的概念，并宽泛地把电力日前、日内和实时交易划入电力现货市场范畴。实践中可结合电力市场模式设计，再进一步界定电力现货市场。

5. 电力辅助服务市场

电力辅助服务（Ancillary Service）是指为维护电力系统的安全稳定运行，保证电能质量，除正常电能生产、输送、使用外，市场内交易由并网发电厂或电力用户等市场主体提供的电力服务产品，主要包括一次调频（Primary Frequency Regulation，PFR）、自动发电控制（Automatic Generation Control，AGC）、无功调节（Reactive Power Regulation，RPR）、自动电压控制（Automatic Voltage Control，AVC）、旋转备用（Spinning Reserve）、黑启动（Black-start）等。电力辅助服务市场（Ancillary Service Market）是指以调频、备用等辅助服务为交易标的的市场。

6.（发电）容量市场

容量市场（Capacity Market）是指以可靠性装机容量为交易标的的市场。容量市场的主要目的是为了保证系统总装机容量的充裕性，为提供装机容量的机组给予相应的补偿。

7. 输电权市场

输电权有物理输电权（Physical Transmission Right，PTR）和金融输电权

（Financial Transmission Right，FTR）之分。物理输电权是指持有者拥有在某段时间内，通过输电网络中某一规定的输电线路或输电断面输送一定数量电力的排他性权利。

金融输电权是一种在日前市场中让市场参与者抵消输电阻塞成本的合同。金融输电权可保障其持有者在特定的输电路径上对冲因输电阻塞而产生的成本。需要注意的是，金融输电权的持有者不拥有在该段时间内使用规定的输电线路（或输电断面）输送一定数量电力的特权。

第七节　电力市场模式

电力市场模式是从不同市场要素的角度对电力市场进行的大致分类。事实上，电力市场模式没有完全一样的，而是各有异同。

国际上竞争性电力批发市场的共同特点是都建立了现货市场，且现货市场价格随时波动，通常是每 5、15 分钟或 1 小时进行一次市场出清。不同国家或地区的电力批发市场各有不同，差异之处主要体现在市场结构、交易方式、交易产品组合、各时间尺度电力市场交易量占比、交易定价机制乃至输电价格机制等方面。

目前电力批发市场的分类方法主要有强制电力库与自愿电力库模式，一体化模式、过网模式与分散模式，集中式与分散式等。但在实际电力市场模式设计中，仅采用这样的分类远不能描述清楚一个电力市场的主要特征。

一、强制电力库与自愿电力库模式

电力库是一种开展统一集中竞价的电力现货市场交易平台，即市场交易主体申报买卖电的报价，系统运营机构在满足电网安全约束和发电机组出力技术约束的前提下，通过市场出清得到各时段市场均衡价格，形成满足电力市场需求的下一时段（或次日）各机组的发电出力（曲线）。

强制电力库模式（也称为全电力库模式）是指强制要求超过一定装机容量（如 5 万千瓦）的并网发电机组都必须在电力库竞价上网的电力批发市场模式。发、用电双方签订的双边合同只是财务绑定的差价合同，在电网调度运行时不做考虑。如英国早期（1990—2000年）电力库、目前美国的电力市场（电力公司自调度发电机组除外）、澳大利亚电力市场等都是采取这种模式。

自愿电力库模式是指并网发电机组可以参加电力库的集中交易竞价上网，也可以与电力大用户/售电商签订双边实物交易合同（即购售电合同），并在规定的时间前向电力系统运行机构提交日交易曲线，系统运行机构按照发电厂商提供的日交易曲线进行发电调度，在发生输电阻塞或电力不平衡时，按照安全经济的原则调整发电机组出力，进行实时调度。现在英国和欧洲其他地区的电力市场、2010年前的美国ERCOT电力市场均采取这种模式。

二、一体化模式、过网模式和分散模式

萨利亨特在其《电力市场竞争》一书中从美国电网调度和电力交易的管理体制角度提出了三种电力市场模式。

一体化模式（Integrated Model），即调度和交易一体化模式。目前美国大部分地区都采用这种模式，建立了有组织的电力批发市场，成立了ISO或RTO独立履行调度和交易平台职能。

过网模式（Wheeling Trading Model），即仍然保持发输配售一体化的电力体制，且尚未建立统一的电网调度机构或电力交易机构运行的电力批发市场，如美国佛罗里达州等。

分散模式（Disaggregation Model），即调度职能和交易职能分属于不同的机构，由电力交易机构运行电力日前市场的模式，如美国加州（2001年3月前）、得州（2010年前）、英国NETA/BETTA（2000年后）和欧洲的各区域电力市场。

美国的电力市场改革没有在电力体制上做出统一要求和安排。到目前为止，在美国还有很多州没有建立电力批发市场，而在建立电力批发市场的地区，还有一部分州仍然沿袭发输配售一体化的电力体制，只是各电力公司将自有输电网的调度权交给了ISO或RTO，而且电力交易组织和电网调度管理统一由ISO或RTO负责，这也与欧洲不同。显然，一体化模式、过网模式和分散模式的分类主要是针对美国的电力体制而言，突出反映了电网调度和电力交易的组织关系。

三、集中式与分散式

在9号文的配套文件《关于推进电力市场建设的实施意见》中，结合中国电力体制和电力市场实践，将电力市场划分为分散式电力市场和集中式电力市场两类。

分散式电力市场主要以中长期实物合同为基础，发、用电双方在日前阶段自主确定次日发用电曲线，偏差电量则通过日前、日内、实时平衡交易进行调节的电力市场模式。各时段偏差电量反映了市场交易主体在各时段的短期发用电意愿与中长期发用电意愿的变化。

集中式电力市场是主要以中长期差价合同管理市场风险，配合现货交易采用全电量集中竞价的电力市场模式。

之所以采用这种分类，主要考虑到中国与欧美等国家在电力体制、电网结构及其输电阻塞的复杂性等方面有较大的差异，应当采取符合中国国情、网情的电力市场分类方法。从理论和欧美等国家电力市场的实践来看，集中式与分散式电力市场模式适用性不同、各有千秋。集中式电力市场模式比较适用于公用输电网络中阻塞线路多、情况复杂的电力市场；分散式电力市场模式比较适用于市场集中度高、市场力管控能力弱的电力市场。

集中式电力市场和分散式电力市场两种模式的分类，与强制电力库和自愿电力库类似，主要从电力批发市场所组织的电力交易范围来界定市场模式，但实质上界定的范围又不完全相同。中国的电厂有统调（公用）电厂和非统调（自备）电厂之分，在相当长一段时期内，电力市场化主要是针对统调（公用）电厂而言的，而国外电力市场化的国家和地区通常不区分统调（公用）电厂和非统调（自备）电厂。如果严格按照国外的强制电力库和自愿电力库进行电力市场模式分类，考虑到非统调（自备）电厂近期不会全电量参加电力批发市场竞价上网，中国的电力市场无论怎样设计，都属于自愿电力库模式，按照强制电力库与自愿电力库分类对中国电力市场没有现实指导意义。

分散式电力市场并不是特指分立电力交易组织机构和电网调度管理机构的市场模式。它与集中式电力市场的主要差别是在分散式电力市场中，在通过安全校核的情况下，电力系统运行机构可以按照发电厂商提供的中长期电力交易曲线调度相应的发电机组；而在集中式电力市场中，发电机组（厂商）只能在电力现货市场竞价上网，签订的中长期差价合同不能作为调度发电机组（厂商）上网发电的依据。

分散式和集中式是两大类市场模式，同样不能简单地理解为英国现行市场模式和美国 ISO/RTO 市场模式。同一类市场模式下，不同电力市场也可以存在差异。在具体设计每一类市场模式时，需要考虑现货市场交易机制、阻塞管理、交易品种等诸多方面的不同，还可以细分为不同种市场模式。欧洲各国 / 区域电力市场大都属于分散式电力市场，但又有不同之处。英国和德国的日前市场出清不考虑电网安全校核，采用系统边际电价定价，输电阻塞通过日内和实时平衡市场 / 机制的再调度解决，但英国还建立了容量市场。在北欧电力市场，不允许进行跨国实物双边交易，日前市场出清考虑各国之间输电线路的阻塞，采用分区边际电价定价。北欧电力市场双边实物交易占总实物交易电量的 20% 左右，欧洲其他区域市场双边实物交易占比大致在 30%~50%，日前现货市场交易也很活跃。在英国 NETA/BETTA 电力市场中，双边实物交易占总实物交易电量的比例高达 80%~90%，日前市场和实时平衡市场（平衡机制）的交易量占比则相对较少。英国原 Power Pool、澳大利亚电力市场和现在美国的 RTO 电力市场都是集中式，但英国是日前市场为主，澳大利亚只有电力实时市场，美国 PJM、CAISO、ERCOT 等电力批发市场的市场模式也有较大的差别。

在技术实现上，一方面，分散式和集中式两种市场并非泾渭分明的两种互斥模式，在分散式电力市场中也可以存在财务性合同，在集中式电力市场中也可以通过技术手段容纳实物性合同。另一方面，分散式电力市场和集中式电力市场只是一种大致的分类，实际上，目前世界上还没有两个完全相同的电力市场，其中任何一个电力市场的特点都不是能简单地用分散式、集中式或其他分类来概括，分散式与集中式各有适用的条件，也不能简单地说哪一种模式更先进。事实上，适合的才是好的，才能更充分地发挥市场机制的作用。目前从总体上看，欧洲统一电力市场属于分散式，美国的电力市场大都属于集中式。中国各地电力市场采取哪种模式，应进一步因地制宜地设计和论证。

第三章
电价机制与阻塞管理

第一节　电力成本

一般意义上，成本（Cost）是为将输入转化为输出的系统增值或结果有效已付出或应付出的凡是能被人所利用的物质代价[1]。会计成本（Accounting Cost）是指市场交易主体在经营过程中所实际发生的一切成本。总成本（Total Cost）由生产成本、管理费用、财务费用和销售费用组成。平均成本（Average Cost）是指一定范围和一定时期内，平均每生产一单位产品或服务所消耗的全部成本，分为行业平均成本和企业平均成本。边际成本（Marginal Cost）是厂商在短期内增加一单位产量时所增加的总成本，这里说的总成本包括不变成本（Fixed Cost）和可变成本（Variable Cost）。机会成本（Opportunity Cost）是指生产者所放弃的使用相同的生产要素在其他生产用途中所能够得到的最大收益。沉没成本（Sunk Cost）是由于过去的决策已经发生的，而不能由现在或将来的任何决策改变的成本。搁浅成本（Stranded Cost）是指实施放松管制、引入市场竞争等重大改革措施后，导致的一部分改革前已经发生的，但是不能通过新的市场机制回收的成本，也称为搁浅投资（Stranded Investments）或搁浅资产（Stranded Asset）。

就电力市场而言，发电成本是指发电厂商在发电运行过程中产生的成本。发电成本按计算方式又可以分为平均发电成本和边际发电成本。平均发电成本是指特定发电机组（企业）在一定时期内发电运行成本耗费的平均水平；边际发电成本是指特定发电机组（企业）额外生产单位电能量所带来的总发电成本的增量。输电成本是指承担输电业务的输电网运营企业在为电网用户提供输电服务时所产生的成本。配电成本是指承担配电业务的配电网运营企业在为电网用户提供配电服务时所产生的成本。交易成本是指达成一笔交易时，交易双方在买卖过程中所产生的各种与此交易相关的成本。购电成本一般是指市场交易主体（售电/供电

[1] CCA2101：2008《成本管理体系术语》标准。

商、大用户）在电力批发市场中购买电能量所产生的成本。

第二节　电能量价格及其市场定价机制

一、上网电价与电力市场交易价格

上网电价（Feed-in Tariff，FiT）是指在发电企业与购电方进行上网电能结算的价格。上网点通常约定在发电厂（机组）接入主网架的并网点。电力市场交易价格（Power Market Transaction Price）是指在电力市场交易中，市场主体按照市场出清结果进行结算的价格。按照不同市场定价机制，电力市场交易价格的结算节点（及其范围）可能有所不同。

二、系统边际电价

系统边际电价（System Marginal Price，SMP）是指在现货电能交易中，按照报价从低到高的顺序逐一成交电力，使成交的电力满足用电负荷需求的最后一个电能供应者（边际机组）的报价。系统边际电价计算中一般不考虑输电阻塞，但要包括系统中所有可能成为边际机组的发电厂商报价。

三、节点边际电价

节点边际电价（Locational Marginal Price，LMP）是指在现货电能交易中，为满足某一电气节点增加单位用电负荷导致的系统总电能供给成本的增加量。节点边际电价一般包含系统电能价格和输电阻塞成本，某些模型中还考虑边际网损成本，如式（3-1）所示：

LMP= 发电机的边际成本 + 输电阻塞成本 + 边际网损成本　　（3-1）

在一个区域内将节点边际电价按电能量加权平均，可以得到区域电价。一些市场中（如美国 ERCOT）采用区域电价作为用电负荷结算电价，以减少不同节点间价格差异。

四、分区边际电价

分区边际电价（Zonal Marginal Price，ZMP）是指当电网存在输电阻塞时，按阻塞断面将市场分割成几个不同的区域（即价区），并以各区域内边际机组的申报价格作为相应区域市场出清价格。

实际电网中，输电阻塞通常只是频繁地、明显地发生在某些地区之间，而在这些地区内部输电阻塞发生的概率则较小，造成的阻塞成本少，可采用分区边际电价代替节点边际电价。

五、结算价格机制

电力市场交易的结算价格主要有两种形成机制，一是按报价结算，二是以出清价结算。

按报价结算是指在电力市场中中标的市场交易主体按其申报的买电 / 卖电价格进行结算。与之相对应的是按出清价结算，这是指电力市场按照市场出清原则决定出清价格，中标的市场交易主体按照市场出清价格进行结算。

第三节　安全校核和输电阻塞管理

一、安全校核

安全校核是指为保证电力系统安全稳定运行，对于电力市场出清或计划调度安排的发电计划（一般是指次日机组启停机计划）和实时调度指令所进行的网络安全分析校验过程，一般可以耦合在电力现货市场出清软件系统或嵌入日前发电计划编制流程中。

二、输电阻塞管理

输电阻塞管理是指当市场出清过程中进行安全校核时，如果输电线路潮流超出了安全约束，电力市场运营机构就要根据相关原则，采取调整发电机组出力的运行控制措施，改变输电线路潮流使其满足安全约束要求，并且分配调整后产生的盈余或者成本。

三、阻塞盈余

基于节点边际电价和区域边际电价的市场中，如果输电系统发生阻塞，不同节点的出清电价也有所不同，这样会导致市场运营机构从负荷侧收取的电费高于支付给发电侧的电费，这部分差价为输电阻塞造成的交易盈余，称为阻塞盈余。

四、金融输电权

金融输电权即为获取阻塞盈余的权利。金融输电权一般包括注入节点、流出节点、功率和时间段等要素；流出节点与注入节点的电价差，再与功率和时间的乘积，即为通过金融输电权可获得的阻塞盈余。

五、物理输电权

物理输电权能够为其拥有者提供一种排他性权利，使其能够在输电网络的两个特定节点间传输预先确定的容量，更重要的是能够拒绝不拥有物理输电权的市场参与者使用相关的输电网络。物理输电权具有两个特征，首先，它是一种产权，其拥有者能够要求调度部门在特定时段、特定节点间为其排他性地预留确定的输电容量；其次，物理输电权能够转让，使受让者能在权利规定的时段、节点间使用权利规定的容量。

六、阻塞成本

基于系统边际电价的市场中，如果输电系统发生阻塞，系统运行机构需要根据预先申报的上调整或下调整价格，按照调整费用最少的原则来调整一些发电机组的出力，以满足电网安全约束要求。由于输电阻塞引起机组出力的上下调整，导致系统电能量供给成本的增加额，即为阻塞成本。

第四节 辅助服务价格及其定价机制

一、辅助服务经济补偿机制

辅助服务经济补偿的基本出发点就是对服务提供者由于提供辅助服务发生的成本进行经济补偿。对应不同的辅助服务调用方式，辅助服务的价格机制可以分为基于统计成本和基于市场价格。

（1）基于统计成本的方式是通过对历史数据的分析、测算得到不同类型机组提供辅助服务的平均成本，再以此为依据设定补偿价格，但随着多种非发电资源的引入和技术的不断进步，辅助服务成本变化日趋复杂，致使统计得到的成本难以精确地反映出实际发生的成本。

（2）基于市场价格的方式是通过组织市场竞争，按市场出清价格结算辅助服务费用。经济学已经证明，边际价格结算是促使市场成员按自身边际成本报价的有效手段。因此，这种方式避开了辅助服务成本信息不对称和繁杂而不精确的成本统计分析，以经济利益驱动市场成员体现其提供辅助服务的成本，从而达到资源优化配置的目的。

辅助服务市场的市场出清价通过平衡区系统的市场出清优化算法求解得到，它取决于可用容量的边际成本与相应时段的机会成本之和，这一计算过程往往与电能量市场联合出清。在大多数市场中，辅助服务最终按市场出清价格结算。

二、辅助服务的获取与交易机制

一般的辅助服务市场主要关注各种有功服务的获取与交易机制。尽管具体技术要求有所差异，但都遵循按响应时间分类的原则，从快到慢依次将有功服务分为一次调频（频率保持）、二次调频（频率恢复）和三次调频（经济调度原则下的替代备用）等三种频率调节服务。根据电网规模和电源结构的需要，三种频率调节服务的需求也有所不同。有功服务按容量和电能量分别获取。有功服务容量的获取方式包括强制提供、双边市场、集中市场、预先签订合同，以及上述方式的混搭，其中强制提供又分为有无经济补偿和有无预留容量的情况。美国主要的ISO/RTO均组织了集中市场，但同时也允许市场成员通过双边合同获取辅助服务，以满足自身的辅助服务义务。欧洲各国对于辅助服务的获取方式差异较大，但随着区域互联和可再生能源的接入，建立集中市场获取辅助服务已成为趋势。有功服务过程产生的电量，其处理方式一般是按现货价格或合同约定价格结算，而服务的调用方式则分为按价格优先调用和按比例调用两种。

中国在厂网分开后至辅助服务市场机制建立之前，辅助服务主要采取“按需调用，事后补偿”的方式，按原国家电监会制定的《辅助服务补偿》和《电厂并网管理细则》执行，主要辅助服务品种包括AGC、AVC、黑启动、旋转备用、启停调峰、调峰和无功补偿。这两个细则主要调整的是在发电厂商中公平承担辅助服务义务的关系，辅助服务和并网考核的相关费用仅在发电厂商内部流动，承担辅助服务较多的发电厂商获得补偿，承担较少或不承担辅助服务费用的发电厂商支付辅助服务费用，并网运行管理考核资金优先支付辅助服务费用，多余部分返还发电厂商，如辅助服务费用高于并网运行管理考核费用，则缺额部分由发电厂商按照当月上网电费（电量）分摊。

随着电力市场化改革的深入，为建立辅助服务分担共享新机制，国家能源局积极推进电力辅助服务市场试点工作，在电能量现货市场未建成的地区，为缓解实际运行中出现的调峰等实际问题，开展了调峰、调频服务的竞价交易。随着电能量现货市场的建立，调峰将由现货交易实现，不再作为一个单独的辅助服务品种，其他各类辅助服务的获取也将借鉴国际经验，逐步实现市场化的获取方式。

第五节　输配电定价机制

一、输配电服务准许收入、准许回报率和有效资产

输配电服务准许收入是指电力监管机构，或行政管理机构允许被管制的输配

电网经营企业通过输配电价实现的收入需求，主要由提供输配电服务所需的各项准许成本、准许收益和税金等累加而成。

输配电服务准许回报率是指电力监管机构，或行政管理机构允许被管制的输配电网经营企业以有效资产为基数获得回报的比例。国外独立输配电价监管中通常用加权平均资本成本（Weighted Average Cost of Capital，WACC）作为准许回报率的指标。加权平均资本成本的计算公式为：

$$\begin{aligned}\text{WACC}=&\text{权益资本收益率}\times(1-\text{资产负债率})+\\&\text{债务资本收益率}\times\text{资产负债率}\end{aligned}\tag{3-2}$$

输配电有效资产是指输配电网经营企业为提供输配电服务所必需的各项资产，不包括应与输配电网经营企业分离的辅业、关联多种经营资产等。

在进行准许收益计算时的有效资产通常称之为可计提收益的有效资产，与输配电有效资产涵盖的范围不完全相同，是指由输配电网经营企业投资形成的，可获取投资收益的有效资产，不含用户或地方政府（无偿移交）等非输配电网经营企业投资形成的输配电资产。

二、输配电服务价格

输配电服务价格是指电网经营企业提供接入系统、联网以及电能输配送等服务的价格总称。输配分开，或需要独立核算的情况下，分别形成输电服务价格和配电服务价格。依据提供输配电服务的种类不同，输配电服务价格的构成项不尽相同，大致可归纳为共用网络输配电服务价格、专项服务价格和辅助服务价格。

1. 接入价

接入价（Grid Access Tariff）属于专项服务价格的一种，指电网经营企业提供系统接入服务的价格。根据接受服务主体的不同，接入价可分为发电侧接入价和用户侧接入价。发电侧接入价指提供将发电厂的电能从厂网产权分界点送至共用网络第一落点的服务价格。用户侧接入价指提供将电能从共用网络第一落点（即用户侧最末落点）送至电网经营企业与电力用户输配电资产产权分界点的服务价格。

2. 共用网络输配电服务价

共用网络输配电服务价格指电网经营企业为接入共用网络的输配电网络用户

提供输配电服务的价格，其常用的定价方法有邮票法、兆瓦公里法、峰荷责任法和点费率法等。

邮票法（Postage Stamp Rates）是一种会计成本定价法，借用了邮政系统的计费方式。该方法不需要计算潮流，与输电距离和电网结构无关。换句话说，用邮票法来确定的输配电价与该交易传输的距离、供应点，以及该交易产生的电力潮流在不同输配电设施上产生的影响无关。这种方法假定整个输配电网都得到利用，不考虑承担输配电服务实际设备的使用情况。在计算时，先计算定价范围内输配电网（如某一电压等级电网等）的输配电服务总成本，然后在所有该输配电网范围内进行的电力交易中，按照实际总用电量平均分摊输配电成本（如图 3-1 所示）。

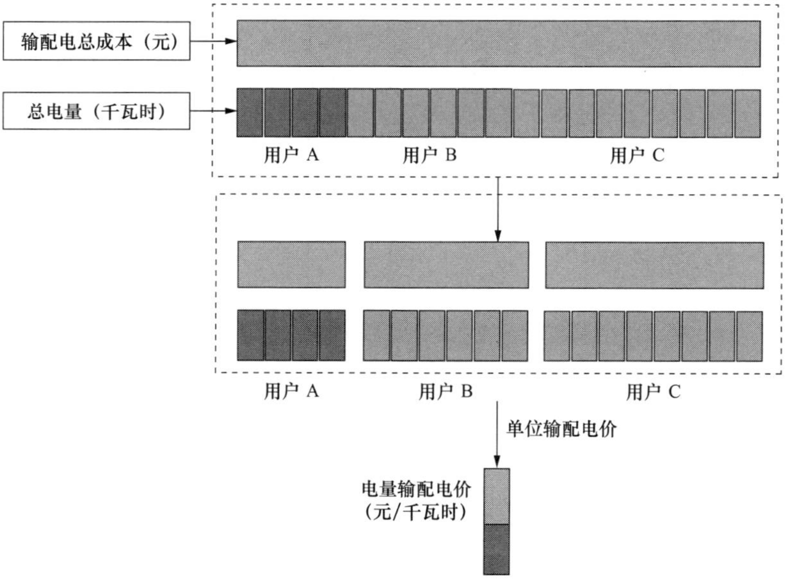

图 3-1 邮票法示意

兆瓦公里法（MW-km Methodology）也是一种会计成本定价法，以每笔电力交易在输电线路中产生的有功潮流和输电线路长度的乘积为比例，将输电线路投资及运维成本分摊至各笔交易对应的电网用户。该方法适合用于电力系统发展初期，拓扑结构相对简单的输配电网。随着电网拓扑结构逐渐复杂，传统的兆瓦公里法不再被使用，但以兆瓦公里作为输配电成本分摊依据的思想在后续的输配电定价方法中得以广泛应用。

峰荷责任法（Coincident Peak Methodology）是一种会计成本与边际成本定价相结合的输配电定价方法，以系统负荷高峰时段各电压等级的各类用户负荷在系统总负荷中的占比为基础，进行输配电成本分摊，计算分电压等级或分用户类别的输配电价（如图 3–2 所示）。与邮票法相比，峰荷责任法以系统最大负荷时段各电压等级的各类用户负荷占比作为分摊依据，在价格上体现不同电压等级的各类用户在系统高峰时段用电的边际成本差异，具有引导用户避峰用电，促进电网资源优化配置的作用。同时，由于该方法将总的输配电服务成本作为定价基础，能够基本保证电网经营企业输配电成本的回收，解决了边际成本定价法无法保证财务平衡的问题。

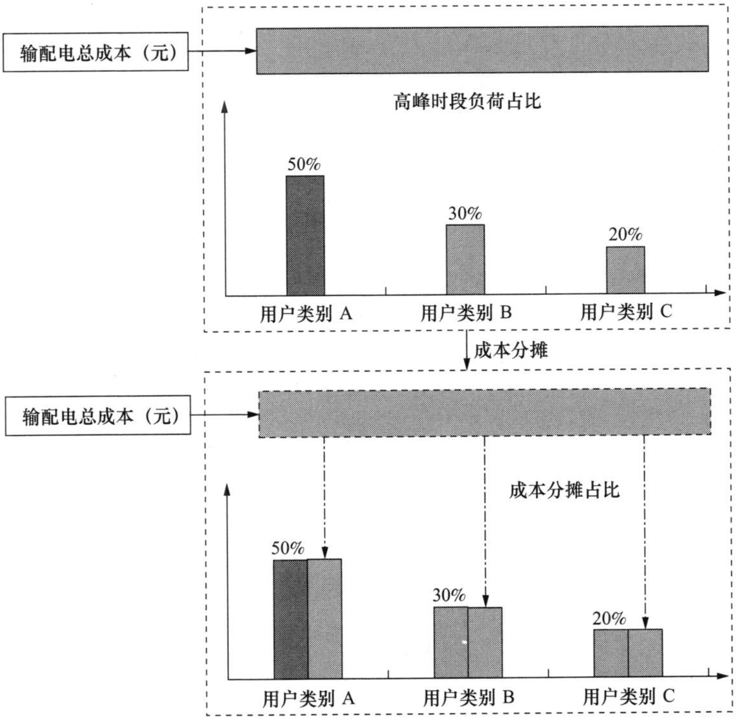

图 3–2　峰荷责任法

点费率法（Point of Connection Tariff）也是一种会计成本与边际成本相结合的输电定价方法，其中的“点”可以是电力系统中的单一节点，也可以是由若干节点组成的一个区域。首先，通过该方法定价后每一节点（区域）的输电价水平不同，且在一定时期（不短于 1 年）内保持价格水平不变。其次，点费率法核定的输电价格在实际执行时，与具体的电力交易无关，各发电厂或电力用户仅需按照一定周期（周 / 月），按照核定的电价水平缴纳电费即可。目前，国际上应用的较为典型的点费率法输电定价模型有英国国家电网应用的基于直流潮流的投资相关成本定价模型（DCLF ICRP）模型，澳大利亚国家电力市场应用的反映成本的网络定价（Cost Reflective Network Pricing，CRNP）模型等。DCLF ICRP 模型能够利用系统最大运行方式下的潮流分布情况，计算系统中各节点额外增加一单位发电出力（负荷）对输电网供电长期边际成本的影响，据此进行输电分区定价，从而通过同时向发电厂和电力用户收取输电费的方式引导发电厂合理选址、用户选择合理时段用电，促进电力资源的优化配置。这种引导作用的具体表现为，在系统高峰负荷时段，电能送出节点发电厂支付的输电价，将高于电能受入节点发电厂支付的输电价，电能送出节点用电负荷支付的输电价，将低于电能受入节点用电负荷支付的输电价。点费率法与会计成本法相结合，能够保证电网经营企业输配电成本的回收，同样弥补了边际成本定价法无法保证财务平衡的缺陷。

第六节　网损成本回收机制

网损成本是指电能在传输过程中，以热能形式耗散损失的电量的价值。该成本与电能量价格密切相关。各个电力市场对于网损成本的回收机制不尽相同。

在英国，基于电网电源的地理位置将全网划分为 14 个网损折算系数区，一个区中的所有机组在一个平衡结算周期内都使用同一个网损折算系数。网损成本通过批发市场电量结算方式向发电厂商和供电商回收。发电厂商通过多发电量来补偿网损，供电商通过买更多的用电量来补偿网损。

美国 ERCOT 市场的网损部分不包含在节点边际电价中。ERCOT 将网损分为输电网损和配电网损，对应输电网损因子和配电网损因子。ERCOT 根据用电负荷的大小按照输电网损因子分摊输电网损，按照配电网损因子分摊配电网损，并将两者相加获得用电负荷的输配电总网损。ERCOT 实时结算的时候，将输配电总网损加在实际测量的用电负荷上作为校正负荷，并以此作为最终负荷进行结算。

在美国 PJM 市场中，网损分量包含在节点边际电价中，发电和用电负荷按节点边际电价结算时，已经计及了网损的影响。由于节点边际电价计算中使用的边际网损率高于平均网损率，会导致用电负荷为网损支付的费用与发电收取的网损费用不完全相同，通常还需要将网损盈余在用电负荷间进行再分配。

其他国家或区域的电力市场，对于网损成本的回收机制基本与上述某一种类似。归纳而言，网损成本通常通过对结算量的折算来回收，或者通过对结算价格的折算来回收。

第四章
国际典型电力批发市场

为了更好地借鉴国外先进电力市场的发展路径和市场建设经验，本章介绍几个国家的电力市场发展历史和市场模式。按照市场结构，国际典型电力批发市场模式如图 4–1 所示。

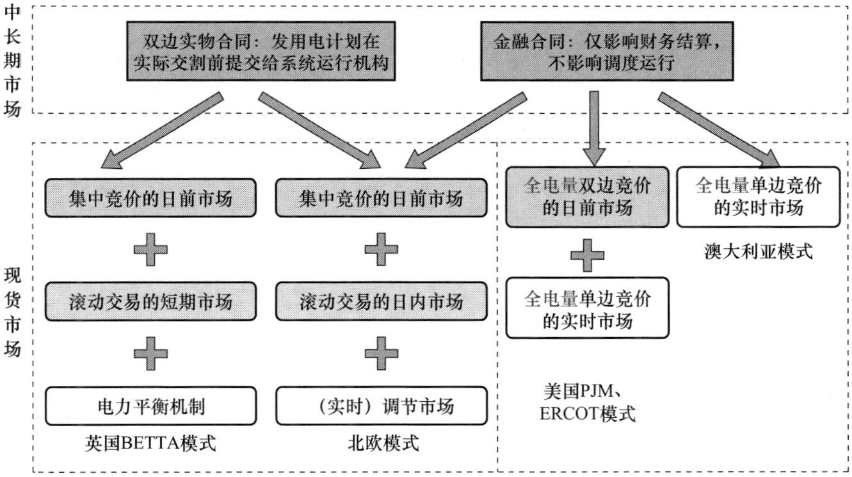

图 4–1　国外典型电力批发市场模式

第一节　美国电力批发市场交易概览

一、概况

在美国，面向消费者的电力市场分为两类，受管制的传统市场和由 RTO 或 ISO 运营的市场。鉴于 RTO 和 ISO 在市场运营方面的功能任务大致相当，本节将使用 RTO 代表 RTO 和 ISO。

一般来说，传统市场由管理部门基于发电成本等因素做出调度计划等决策，而 RTO 运营的市场则是由市场做出发电机组调度计划等决策。

在 RTO 运营的市场上，电力交易分为 RTO 交易和双边交易（也称为场外交易）。在传统市场上，也存在双边交易，但是其方式和 RTO 运营的市场有所不同。

在价格形成方面，受管制的传统市场和 RTO 运营的市场的定价机制都考虑了服务成本和市场价格。

二、双边交易

买卖双方间的双边交易是不通过 RTO 进行的交易。双边交易中，买卖双方彼此知晓交易对象的身份。

双边协议可以通过当面直接磋商和谈判来签订，也可以通过语音经纪人或洲际交易所（Intercontinental Exchange，ICE）等电子经纪平台达成。交易的范围可以是标准化合同包（比如在 ICE 中进行的交易），也可以是自定义的、复杂的结构化交易。

无论交易是在洲际交易所中执行，或是交易双方直接协商，还是通过代理来执行，次日峰段（On-peak）牢靠输电权或互换（Swap）等标准化实物和金融产品的交易行为中，都允许指数提供商对交易员进行调查和发布价格指数，这些指数提供了价格透明性。

实物双边交易包括从一个点到另一个点的电能传输，它需要交易方在电网内预留输电容量以达成传输电能的目的。负责输电的公用事业单位按要求公布输电容量的可用情况，并在开放实时信息系统（Open Access Same-Time Information System，OASIS）网站提供服务。在安排电力交易合同的同时，交易员通常在该系统上预留输电容量。

当使用已预留容量在平衡责任体（Balancing Authorities，BA）之间传输电能量时，交易的一方提交一个电子标签给开放技术国际公司（OATI），该公司为北美电力可靠性委员会（North American Electric Reliability Corporation，NERC）的电子标签承包商。OATI 将处理这个标签，并把它发送给标签中包含的全部机构，确保了电能有序传输，并向输电系统运行人员提供运行调整时所需要的信息。当系统运行情况改变、输电系统传输能力减少时，可能需要削减一些交易。

对于所管辖区域中的实物双边交易，RTO 不将其纳入发用电力优化出清，仅为交易双方提供资金结算服务。发电机组提供电能量到 RTO 的市场中，用电负荷从该机构获得调度服务。RTO 根据合同上的价格和其市场中的价格进行双边交易结算。

三、基于成本的电价

基于成本的电价是指当联邦能源监管委员会（Federal Energy Regulatory Commission，FERC）认为基于市场的价格不适用，或者当一个机构没有申请基于市场价格权利的情况下，用于对绝大多数的输电服务和电能量定价的价格方式。基于成本的电价是用来回收提供服务的成本和合理的资本收益。基于成本的电价一般会在公开的电价目录表中列出。

基于成本的电价在定价时所需的主要参数如下。

（1）确定启用状态且有效的设施，可能包括发电设施、输电设施、配电设施、办公地点和相关的管理设施。

（2）确定电力生产和输配的费用，包括燃料费用、电费、税金（包括资源税）和企业管理费用等。

（3）确定合理的资本收益，即资本成本，包括确定债务、普通股权、优先股、商业票据和其他形式的短期借款成本。短期借款可能为项目融资、日常运营所需现金的信贷额度等。

（4）在各种用户等级中分摊发电费用和其他费用，并且设置电价结构和电价水平。

四、基于市场的电价

在基于市场的电价下，电力交易的价格可以通过双边市场中买卖双方协商来确定，或者通过 RTO 的市场交易来确定。如果卖电方证明它和它的附属机构没有横向市场力（即拥有的发电容量占市场中全部可用发电容量较高的比例），也没有纵向市场力（即给其他进入市场者设障或影响竞争者生产成本的能力），或其市场力已被充分限制，FERC 可以把基于市场定价的权利授予该卖电方。如果卖电方既有市场定价权利，也向 RTO 的日前市场和实时市场卖电，那就要受对应的 RTO 市场规则管制，这些规则由 FERC 批准并适用于全体市场参与者。因此，在这样的市场中，卖电方不仅要有基于单独市场力分析后的授权，还必须遵守 RTO 市场规则中其他的相关规定。

五、向用电负荷供电

供电商可以通过自供电、双边市场购买或现货市场购买三种方式来满足用户的用电需求。除了将自己的电能供应给用电负荷，负荷服务企业（Load Serving Entity，LSE）也可以和其他市场主体签订合同来为用电负荷供电。三种方式的含义如下。

（1）自供电是指供电商通过自身拥有的发电设施来满足用电负荷需求。

（2）双边市场购买是指负荷服务企业向供电商买电。

（3）现货市场买电是指供电商向区域输电组织的批发市场买电。

负荷服务企业拥有的发电资源差别显著。在美国新英格兰电力市场、纽约州电力市场和加州电力市场，负荷服务企业被剥离了大部分或全部的发电资产。在这种情况下，负荷服务企业通过双边市场和 RTO 市场购电来满足客户需求。在 PJM 市场、中部电力市场（由中部独立系统运营机构运营）和西南电力库市场，负荷服务企业可能直接拥有或通过关联公司拥有大量的发电资源，从而既可以自供电，也可以通过双边市场和 RTO 市场购电方式向顾客供电。

六、传统的电力批发市场

传统的电力批发市场主要存在于美国东南、西南和西北地区，这些地方的公用事业单位负责电力系统运营和管理，并且一般也向零售用户提供电能。这些市场的公用事业单位通常是垂直一体化的，他们拥有服务电能用户所需的发输配电系统。由联邦机构进行管理的电力系统也可以算入该类市场，例如博纳维尔电力管理局（BPA）、田纳西流域管理局（TVA）和西部地区电力管理局（WAPA）。这些公用事业单位有如下责任。

（1）发出或消纳服务用户所需要的电能（各州有所不同）。

（2）确保自身输电网的可靠性。

（3）保障实时的供需平衡。

（4）尽可能经济地调度系统资源。

（5）和相邻的平衡责任体协调系统调度。

（6）在公用事业单位的地理范围内规划输电系统。

（7）就自身系统的发展与相邻系统进行协调。

七、区域电力市场

在美国，有三分之二的电力用户都是由 RTO 运营的电力市场来供电的。RTO 和传统市场供电商（例如垂直一体化公用事业单位、市政公用事业单位和合作社）的主要区别是 RTO 市场的市场机制是竞争性的。RTO 的基本功能如下。

（1）确保输电系统的可靠性。

（2）在既定的地理范围内运营电网。

（3）保障实时的电力供需平衡。

（4）运营一个竞争性、无歧视性的电力市场。

（5）为发电厂商提供无歧视性的接入服务。

（6）按区域进行输电发展规划。

为履行这些功能，RTO 有输电系统的运营权，独立于其市场成员，透明地管理输电阻塞，协调发电和输电系统的规划和运维，并且监督输电规划落实进程以满足近期和长期所需的新扩建和升级改造。

RTO 不拥有发电和输电资产，不负责发电和输电设备的实际运行维护，也不直接服务终端电力用户。目前，美国有 7 个 RTO，按装机容量大小（截至 2017 年 8 月份数据）的顺序排列如下。

（1）中部独立系统运营机构（Midcontinent Independent System Operator，MISO），总装机容量为 1.90 亿千瓦。

（2）PJM 电力系统运营机构，总装机容量为 1.77 亿千瓦。

（3）得州电力系统运营机构，总装机容量为 8600 万千瓦。

（4）西南电力系统运营机构（Southwest Power Pool，SPP），总装机容量为 8347 万千瓦。

（5）加州独立系统运营机构（California Independent System Operator，CAISO），总装机容量为 7174 万千瓦。

（6）纽约州独立系统运营机构（New York Independent System Operator，NYISO），总装机容量为 3878 万千瓦。

（7）新英格兰独立系统运营机构（New England Independent System Operator，ISO-NE），总装机容量为 3050 万千瓦。

第二节　美国区域电力市场概况

美国区域电力市场包含多种服务，这些服务给消费者提供了可靠、经济的电力服务，每种服务有其规则和定价。RTO 通过市场决定这些服务的供应商和价格。这些市场包括日前能量市场（有时也被称为次日市场）、实时能量市场（有时也被称为当日市场或者平衡市场）、容量市场（专门为满足峰荷电力需求而设计）、辅助服务市场、金融输电权（用以对冲输电容量限制带来的成本）和虚拟交易（Virtual Trading，让日前市场和实时市场价格收敛的金融工具）。

一、RTO 的电能量市场

每一个 RTO 的电力市场都有日前和实时市场。日前市场在运行日的前一天形成电力生产和用电计划，而实时市场（也称为平衡市场）在遵守可靠性标准、强制或者非计划停运以及潮流约束的情况下，RTO 对日前市场形成的发电计划与实际用电负荷需求的偏差进行调整，以新英格兰 ISO 市场为例，如图 4-2 所示。

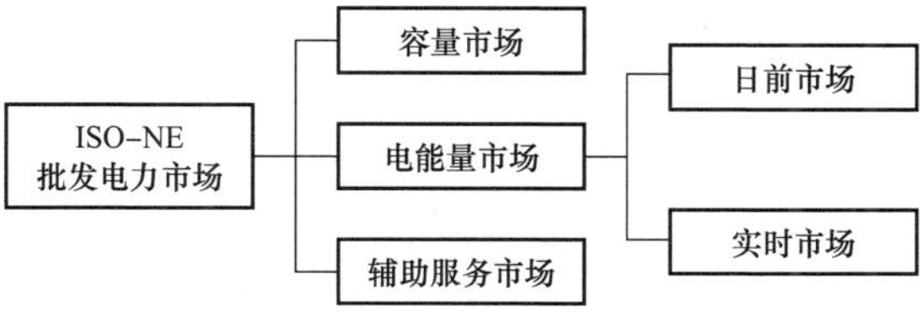

图 4-2　新英格兰 ISO 市场示意

日前市场生成有财务约束性的电力生产和消费计划。日前市场是为了让发电厂商和负荷服务企业根据自身的需求预测和经营策略，在实际运行前安排自己的发用电计划。

日前市场中，发、用电计划在运行日开始数小时前汇集完毕。接着 RTO 通过运行电力市场运营技术支持系统，以一小时为单位对所辖电力系统范围内的全体买方和卖方进行匹配。根据将电能从发电机组通过电网送到消费者所需的电力潮流，按市场计算模型自动评价参与者的买卖竞标。此外，计算模型必须考虑由于天气和设备停运引起的系统容量变化，以及为保障系统可靠性的相关运营规程。市场规则规定，在编制日前调度计划的截止时点以前，发电厂商提交售电竞卖标，负荷服务企业提交用电竞买标。通常在日前市场上完成约 95% 的电能量交易，剩余的在实时市场完成。

在日前市场中标的售电竞标和用电竞标以日前市场价格结算，影响日前市场计划安排的因素如下。

（1）发电厂商提交的每个小时的售电竞卖标。

（2）负荷服务企业提交的每个小时的购电竞买标。

（3）由用户提交，用来削减用电的需求侧响应的竞卖申报。

（4）虚拟需求竞买标和虚拟供应竞卖标。

（5）关于输电网络和发电资源的运行信息，包括计划或者已知的发、输电设备停运信息；发电资源的物理特性（技术参数），包括最大和最小出力水平、最小运行时间；与外部市场间联络线的运行状态信息。

实时市场用来平衡日前计划和实际用电间的差异。实时市场至少每小时运行一次，一般以 5 分钟为出清间隔。实时市场中电能量市场和辅助服务市场出清量相较于日前市场要小得多，一般只占计划电能量的5%。对于发电厂商而言，实时市场额外提供了一次向市场卖电的机会。高出或者低于日前承诺产出的电能量以实时电价结算。

相比日前市场的价格，实时市场的价格波动比较大。原因包括用电负荷不确定性，发电输电设备的非计划停运，还有其他不可预见的事故。由于日前市场面对这些问题的可能性较小，所以日前市场的价格较稳定。同时，实时市场的成交量较小，供需间不平衡的可能性增加，也是导致价格波动的原因之一。

RTO利用节点边际定价的方式，通过市场机制来处理输电约束。RTO会计算电网每个节点的节点边际价格。节点边际电价反映的是在可调度机组和输电系统容量限制的条件下，向某一特定地点供电的边际成本。

在没有输电约束，也没有发生阻塞的情况下，全网各点的节点边际电价差异不大。当输电容量不足，甚至无法满足最低发电成本机组发电时，就会发生阻塞。这导致需要调用一些报价较高的机组以满足用电需求。若有足够输电容量，就能避免这一情况。

当发生输电阻塞时，在输电受限边界内为满足用电负荷需求而进行调度的机组中，所调用的报价最高的机组决定了该区域的节点边际电价。所有卖家根据所在位置的节点边际电价出售电能，所有买家依据所在位置市场出清价格购电。

解除输电阻塞的主要方法是改变网络中不同位置发电机组的出力。基于市场的节点边际电价向市场参与者发出价格信号，该信号反映了阻塞的成本。换言之，节点边际电价既考虑了特定的机组对于受约束设施的影响，又考虑了改变机组出力以满足用电负荷的成本。这种调度方式的变化被称为受安全约束的再调度（Re-dispatch）。

这种再调度可以通过调减输电负载等非市场手段来实现。NERC建立了输电负载调减机制，用来处理当输电网络负荷越限且必须转移潮流来保护网络设施时的可靠性问题。当需求超过可用输电容量（Available Transmission Capacity，ATC）时，依据输电负载调减机制可以对传输容量进行分配。这是一种基于优先级的分配系统，在调整潮流时依据潮流规模、合同条款和调度计划进行。

当出现系统范围的发电运行备用短缺时，RTO利用稀缺性定价机制向实时市场发出价格信号。这种情况一般发生在供不应求或备用容量不足时，其成因包括用电负荷骤增、供电中断，或两者皆有。

RTO 一般采用以下四种方法，以确保在电力短缺时段市场价格准确地反映电能量价值。

（1）在紧急情况下，提高供电报价上限到高于平常水平。

（2）在紧急情况下，提高需求报价水平，保持发电报价上限不变。

（3）针对运行备用建立价格机制，当运行备用容量减少时，使其价格上涨。

（4）对紧急情况下所有被调用的发电和需求侧响应资源，将其市场出清价格设为紧急需求侧响应项目的补偿价。

可靠性必调（Reliability Must-Run，RMR）机组指的是 RTO 出于保障电网可靠性的目的，必须调用的特定部分机组。此类机组还包括因其在网络中的位置而拥有市场力的机组。RTO 和这些机组签订基于成本的合同，并将成本分摊给输电网使用者。相应地，RTO 会根据电网运行情况调用必调机组，以保障电网安全稳定运行。对可靠性必调机组的补偿必须足够覆盖机组的投资和运维成本，即使这些机组并不参与电网运行。

RTO 可以通过输电网络的新扩建和升级改造，提升整个 RTO 的传输能力以降低对 RMR 机组的需要。

二、RTO 容量市场

和其他电力系统一样，RTO 服务的电力系统需维持系统内充足的发电备用容量，以确保有足够的发电容量和需求响应容量来满足用电负荷和可靠性要求。负荷服务企业一般通过自备电源，或者与供电商签订的双边合同，来履行他们的备用义务。一些 RTO 本身设有机制以获得备用容量，例如容量拍卖和容量支付等方式。

大多数 RTO 运营容量市场是让负荷服务企业获得备用容量的渠道。这些市场包括短期容量市场，例如月度容量市场、季度容量市场、年度容量市场。PJM 和新英格兰电力市场进行容量拍卖，至多可以提前三年获取备用容量。短期容量市场的设置是为了对发电厂商进行补偿，包括现有发电厂或能在三年内建成投产的燃气电厂。

三、金融输电权

在 RTO 市场上，金融输电权最初用来给负荷服务企业提供价格保障，就像非 RTO 市场中垂直一体化公司拥有的价格保障一样，这种做法一直延续下来。金融输电权根据历史使用水平分配至负荷服务企业、输电网拥有者、牢靠输电容量的拥有者以及投资建设特定输电线路的公司。

在 RTO 的日前市场中，若因阻塞而产生价格上涨，金融输电权允许其拥有者规避此类价格上涨。当计划的潮流超过对应线路的容量限额时，就会产生阻塞成本。例如 A 点（送入端）至 B 点（输出端）的输电容量是 500 兆瓦，出于满足用电负荷的发电成本最低原则，RTO 试图把 A 点至 B 点的输电容量调至 600 兆瓦，那么这条线路就发生了阻塞，将会造成 A 点价格下降，或者 B 点的价格上升，或者兼而有之，这使得 A 点到 B 点的阻塞成本增加。金融输电权持有者可以按照 A、B 两点的阻塞差价获得补偿，对冲在日前市场的阻塞成本。

金融输电权可通过分配和购买获得，也可以从 RTO 处拍卖获得，或者从二级市场购买获得。

金融输电权的分配可能来源于另外一个相关产品——拍卖收益权（ARR）。拍卖收益权让牢靠输电容量持有者、输电网拥有者和负荷服务企业可以按照一定比例获得金融输电权拍卖的收益。一般而言，这一分配比例将基于历史用电负荷数据。在一些 RTO 市场中，拍卖收益权也可以转化成为金融输电权。和金融输电权一样，拍卖收益权也能够让相关成员在日前市场降低或规避阻塞成本，如果将拍卖收益权转化成金融输电权，金融输电权的持有者可以获得阻塞收益；如果仅是持有拍卖收益权，则持有者可以从金融输电权拍卖中获益。

获得金融输电权的主要方法是拍卖，拍卖周期从跨年到月度均有覆盖，但仍以年度拍卖为主，拍卖标的由现有的金融输电权持有者或 RTO 提供。拍卖活动由 RTO 安排和实施，竞价者需要提交信用保证以覆盖获得的头寸。金融输电权拍卖所得收益，用于支付给拍卖收益权的持有者，也成为未来向金融输电权持有者支付阻塞补偿的补充资金来源。金融输电权也有二级市场，但是至今只有少量交易。

RTO 可提供的金融输电权数量，受到电网物理约束的制约，由所有端口潮流的同时可行性测试（Simultaneous Feasibility Test）决定。RTO 在拍卖金融输电权之前，需要进行同时可行性测试，并将现有的金融输电权情况和系统约束考虑在内。计算出来的金融输电权组合，用于分配或者拍卖。该组合代表能够由市场持有的净头寸规模的绝对约束。参与金融输电权拍卖的人，可以购买反向金融输电权，这种金融输电权可直接抵消主潮流金融输电权容量，因此允许特定线路的出清量可超过其线路的物理限制。然而这样的竞价受电网物理约束限制，因为输电线路上的净头寸必须满足同时可行性测试。

尽管金融输电权是一种工具，可供输电服务提供者和负荷服务企业对冲风险，但是任何具有良好信用值的企业都能够购买金融输电权，获得其作为对冲或投机性投资的金融工具。从这个角度考虑，金融输电权就像是一种金融互换合同，即日前市场中两个节点电价之间的差价合同（金融市场一章中将对互换合同进行解释）。然而，金融输电权与互换合同又有本质区别。因为金融输电权的数量与输电网络的物理约束密切相关，而互换合同则不用考虑输电网络的物理约束。此外，金融输电权只能通过分配或拍卖获得，而互换合同可通过金融性的场外交易市场或交易所获得。

四、各区域电力市场的金融输电权差异

FERC 管辖的六个 RTO[1] 都交易金融输电权产品或其同等产品。金融输电权的交易量、类型，还有输电权的分配、拍卖和转让方式，因 RTO 不同而不同，见表 4–1。

表 4–1 不同区域电力市场的输电权比对表

项目	PJM	MISO	ISO–NE	NYISO	CAISO	SPP
分配输电权的名字	ARR	ARR	ARR	多种	CRR	ARR
是否能够转化成阻塞权	能	能	否	部分	—	能

[1] 得州电网仅有几条直流输电线路与外州联网，没有形成交流互联，因此根据美国相关法律，其不归 FERC 管辖。

续表

项目	PJM	MISO	ISO-NE	NYISO	CAISO	SPP
拍卖阻塞权的名字	FTR	FTR	FTR	TCC	CRR	TCR
阻塞权拍卖形式						
一年一次	有	有	有	无	有	有
半年一次	无	无	无	有	无	无
每月一次	有	有	有	有	有	有
阻塞权拍卖产品						
多年期	有	无	无	无	无	无
一年期	有	无	有	有	无	有
半年期	无	无	无	有	无	无
季度	有	有	无	无	有	有
月度	有	有	有	有	有	有
拍卖允许参与者再售否	可	可	可	可	否	可
阻塞权期权	有	无	无	无	无	无
正式的二级金融输电市场	有	有	有	无	有	有

1. 潮流类型

潮流分为主潮流和反向潮流。对主潮流金融输电权而言，其源点一般在传统的发电端，汇点在传统的用电负荷中心；或者其源点在输电断面的无约束侧，汇点在受约束侧。主潮流金融输电权的拍卖出清价为正值。对反向潮流金融输电权而言，其源点在传统的用电负荷中心，汇点在传统的发电端。因此反向潮流金融输电权的拍卖出清价为负值。

2. 峰谷类型

峰谷类型可划分为高峰时段、平峰时段和 24 小时全天时段。PJM 电力市场提供以上三种类型的金融输电权产品，因此金融输电权交易可以购买白天 16 小时的高峰时段，晚上 8 小时的平峰时段或 24 小时的全天时段。ERCOT 电力市场向市场提供工作日峰荷、非工作日峰荷和非峰荷三种类型的金融输电权产品。纽约州电力市场只提供24小时类型的金融输电权产品。其他的RTO市场都是提供高峰时段和平峰时段两种类型的产品。

3. 分配的权利

RTO将输电权分配给其市场内的输电网拥有者或负荷服务企业。PJM电力市场、中部电力市场、西南电力库市场和新英格兰电力市场以拍卖收益权的方式分配，拍卖收益权的持有者能按一定比例从金融输电权拍卖筹集来的资金中获得一定收益。在PJM电力市场和中部电力市场，允许拍卖收益权的持有者将拥有的权利转变为金融输电权，而新英格兰电力市场并不允许这种转变。加州电力市场采用分配阻塞收益权（CRR）的方式，阻塞收益权的持有者能够获得相关线路的实际阻塞费用，因此所分配的产品已经等同于金融输电权。纽约州电力市场利用多种工具，来分配基于拍卖的权利和基于阻塞的权利，并且只允许小部分的输电阻塞结余（Transmission Congestion Credit，TCC）转变成金融输电权。在PJM电力市场、中部电力市场和纽约州电力市场，转换后的拍卖收益权完全可交易，加州电力市场只允许在其组织的二级市场出售分配得到的阻塞收益权，新英格兰电力市场没有转化来的品种供出售。

4. 拍卖的权利

所有RTO都通过每年两次或两次以上的金融输电权（或者阻塞收益权、输电阻塞结余）拍卖，将金融输电权公开出售。市场和拍卖方式不同，出售的产品也不同，一些产品只出现在特定的拍卖中。

5. 二级市场

除纽约州电力市场外，每一个拍卖金融输电权的市场都会建立一个公告牌或类似场所进行金融输电权的二级交易，然而二级市场中的交易量都不大。如果参与者有提议，纽约州独立系统运营机构就会创立二级市场，但到目前为止还未收到过提议。CAISO是唯一要求上报金融输电权二级市场交易的机构，尽管持有阻塞收益权的用户没法通过拍卖程序再出售他们的阻塞收益权，但这种二级市场的交易至今从未发生过。

五、虚拟交易

在 RTO 市场中，参与者可以通过虚拟竞买标和虚拟竞卖标，利用日前市场和实时市场的价差来获得收益，两者统称虚拟交易。日前市场买入的电力通过实时市场中卖出来抵消，日前市场卖出的电力通过实时市场中买入来抵消，因此净交易量为零。

尽管虚拟交易并不实际交割电力，但严格上来看也不是金融性质的。虚拟交易可以为实物市场设定节点边际电价，这是发电成本或需求成本的基础。

对于每一个运行时段，如果虚拟需求量大于虚拟供给量，两者之差净虚拟交易量将被考虑进需求预测，这将引起日前市场的价格上涨，更重要的是会促使 RTO 多买发电资源。由于这些发电资源在实时市场中可用，而虚拟负荷并不带入到实时市场，这使得实时市场的需求比预测要低，进而会压低实时市场的价格，因此，引入虚拟交易会影响实物容量的调度。

虚拟交易的主要好处在于它对市场产生的财务性影响。虚拟交易也被称为收敛竞标，这是因为在理论上，竞争性的虚拟市场会使得每小时的日前市场和实时市场间的价格收敛。

日前市场和实时市场间的价格收敛，可以削弱市场力、提高服务电力用户的效率。因此，虚拟交易会对 RTO 的运行产生实物方面的影响，也会对参与者按节点边际电价执行的实物交易产生影响。

六、输电运行

每一个 RTO 都有输电网开放服务价格表（OATT），明确规定了具备资格的用户可享有的服务。用户通过实时信息系统，提交输电服务申请。RTO 使用电网状态估计模型来评估输电服务申请。评估结果反映申请对系统的影响，据此决定是批准还是拒绝该申请。

输电网运营机构（包括 RTO）提供两种类型的输电服务，点对点服务（Point-to-point Service）和网络服务（Network Service），网络服务一般优先于点对点服务。

RTO 和输电网资产拥有者共同规划和协调如何运行、维修和扩建输电设施，为用户提供输电服务。

网络服务用于把电能从网络电源侧传输至 RTO 网络用电负荷侧。

（1）网络服务能够让网络用户使用发电资源向他们所在 RTO 中的网络用电负荷供能。

（2）网络用户也可以使用网络服务将其购买的电能传输至用户的网络用电负荷。

点对点服务利用 RTO 的系统在接收点（the Point of Receipt，POR）和交割点（the Point of Delivery，POD）之间传输电能，传输路径可以是注入、流出或穿越 RTO 的控制区域。RTO 提供不同时间长度的牢靠（Firm）和不牢靠（Non-firm）的点对点服务。

（1）相对于不牢靠点对点服务，牢靠点对点服务具有预留优先权。

（2）输电容量在满足牢靠点对点输电服务和网络服务之后，剩余部分才可用于提供不牢靠的点对点输电服务。

七、输电规划

每个 RTO 都有编制系统或区域电网规划的流程，并对输电系统进行新扩建与升级改造，以维持系统可靠性。输电规划需要检验输电系统是否达到了国家和地区强制要求的可靠性标准，明确在未来 10~15 年是否会出现过负荷、电压越限等其他可靠性问题。RTO 与输电网拥有者共同对输电系统进行规划，预先解决容易造成过负荷、停电等状况的潜在问题，最终形成推荐规划方案，适用于 RTO 所在的地域。

八、财务结算与支付

财务结算过程计算从用户来的应收额和向发电厂商的应支额。结算需考虑日前调度计划、实时计量、跨区交易计划、内部能量计划、辅助服务义务、输电预留、能量价格、金融输电权头寸及容量头寸。对于每个市场成员，客户账单会包括满足其用电负荷所需服务成本。

客户账单一般有周和月两种，账单上列有费用和抵扣。周账单必须在发出后几天内结清，而月账单要根据所在 RTO 的规定，必须在一周或两周内完成支付。所有的账单都通过电子化渠道进行支付，并且需要在应付款之日起的几天内完成。

九、信用政策

在一个有组织的电力市场中，信用要求尤为重要。RTO 必须在市场流动性与对应的违约风险间取得平衡。在 RTO 市场中，市场参与者的违约行为已经社会化，即违约造成的成本由全市场来承担。为了降低违约风险，RTO 的市场规则列有信用政策，信用政策的条款包括信用评估、信用限制、押金形式和违反 / 违约的后果。

第三节　美国 PJM 电力市场

一、市场概述

PJM 运营着北美地区最大的竞争性电力市场。1997 年 4 月 1 日，PJM 正式启动了基于报价的电力市场。同年，FERC 按照 888 号法令正式批准 PJM 成为第一个全功能的独立系统运营机构。作为一个市场运营机构，PJM 不拥有任何输电资产，但承担了运行输电网络的责任，并保障输电网络对所有用户无歧视开放。后来，随着 FERC 颁发 2000 号法令鼓励成立 RTO，PJM 于 2001 年正式成为了全美第一个全功能运行的 RTO。从 2002 年至今，陆续有来自相邻地区的电力公司加入 PJM，使得 PJM 市场从最开始覆盖宾夕法尼亚州、新泽西州和马里兰州 3 个州扩展为覆盖美国东北部 13 个州和哥伦比亚特区。

二、市场演变

PJM 的历史最早可以追溯到 1927 年。这一年，费城电力公司、宾夕法尼亚电力电灯公司和公共服务电气公司，共同成立了一个联合运行的电力联营体，命名为宾夕法尼亚—新泽西互联系统。三家公司认为通过组建一个联合运行的电力联营体，由一个部门基于成本最小化来统一调度三家公司的发电机组，可以提高整个系统的运行效率，从而降低每个成员公司的发电成本。这个电力联营体称得上是世界上第一家连续运行的电力联营体，也是后来PJM系统的雏形。1956年，相邻的马里兰州的巴尔的摩电气公司和通用公共电力公司加入，这个电力联营体正式更名为宾夕法尼亚（P）—新泽西（J）—马里兰（M）互联系统，简称为PJM。

三、市场模式

作为ISO/RTO，PJM主要责任是负责运行调度其市场范围内的输电系统，协调发输电系统的检修维护，维持整个电力系统安全稳定和可靠运行。按照相关法律规定，PJM的运行不以营利为目的，不直接拥有任何发电和输电资产，不拥有任何终端（零售）用户，不直接检修维护任何发电和输电设备。PJM需要保持其独立性和中立性，以维护市场公平运营。PJM负责运营电能量市场、容量市场、金融输电权市场和辅助服务市场。

PJM的电能量市场包括日前市场和实时市场两部分。按照PJM的市场规则，日前市场是一个基于节点边际电价的金融性市场。所有容量市场里已中标的机组，都被强制要求参加日前市场。日前市场根据售电报价、购电报价和双边交易等信息，基于安全约束下的成本最小原则进行出清。每个节点依照出清产生的日前节点边际电价进行结算，每小时计算1次。实时市场是一个基于电力系统实时运行情况的平衡市场。PJM根据电力系统实际运行情况和跨市场交易的安排，基于安全约束下的成本最小原则进行经济调度。实时市场每5分钟出清1次，向在线机组发送出力基准等信号。根据系统实际调度运行情况，实时节点边际电价每5分钟计算一次，以5分钟为单位进行结算。

PJM的日前市场和实时市场构成了典型的双结算体系。发电机组和电力用户（包含售电商）日前中标量按照日前节点边际电价结算；实际发用电和日前中标量的偏差，按照实时节点边际电价结算。

为保障发电容量的长期充裕性，PJM于2005年建立了容量市场，称为可靠定价模型（Reliability Pricing Model）。容量市场在每年5月份进行提前3年的容量竞拍，这样确保3年后系统有足够的发电资源，来平衡供需和维持系统可靠性。在集中拍卖之后，还会有多次增量拍卖和持续进行的双边交易。

由于输电阻塞产生的阻塞盈余，PJM通过金融输电权市场来分配，同时为市场成员提供交易避险工具。PJM的金融输电权市场基于日前的节点边际电价结算。金融输电权通过注入节点和流出节点来定义路径，有期权和期货两种形式。金融输电权是一种金融产品，获取了金融输电权并不等同于获取了物理输电权。

PJM的辅助服务市场，包括调频、备用、黑启动和无功服务等标的。PJM在实时市场联合优化调频、辅助服务和电能量，根据系统的实际运行情况每5分钟计算一次，并得到调频、备用等辅助服务的市场价格。

第四节　美国得克萨斯电力市场

一、市场概述

作为美国得克萨斯州电力市场的运营者，得州电力系统运营机构是独立系统运行机构，负责其市场范围内的电网运行，并运营竞争性电力批发市场。ERCOT的所辖区域覆盖了该州75%的面积和90%的用电负荷，有超过2400万电力用户。ERCOT系统是一个相对独立的电网，和外州没有交流互联，只通过5条直流联络线与美国东部、西部以及墨西哥电网互联。

ERCOT是基于会员制的非营利机构，由其董事会进行管理，归得州公共事业委员会和得州立法机构共同监管。按照美国法律，因为得州和外州只有直流互联，所以ERCOT不受FERC监管，这是有别于美国其他RTO的一个地方。

截至2018年年底，ERCOT风电装机容量约为2000万千瓦，在美国各个市场中风电装机最多。如果把得州当作单独的一个地区，同世界各国（包含美国）进行比较，其风电装机在世界排名第6。截至2017年年底，得州风电最高发电记录是 2016 年 2 月 18 日创造的 1402 万千瓦，同日创造的风电最高渗透率大于 45%。风电的高速发展和其间歇性，也给系统运行带来了很多挑战。ERCOT 采取了一系列市场措施来降低弃风，2014 年的全系统平均弃风率小于 0.5%，2015 年的全系统平均弃风率小于 1%。

二、市场演变

得克萨斯州电力化市场改革始于 20 世纪 90 年代。1999 年，得州正式启动电力改革 7 号法案，对输配拆分、批发和零售市场的建立、市场运营机构建立等都提出了明确的要求和完成时间表。相比较于 PJM，ERCOT 起步条件较差，当时面临着多个系统运行机构合并、市场成员缺乏经验等多种问题。2001 年，ERCOT 现货市场投入运行。ERCOT 当时的市场模式是区域模式（Zonal Market）的现货实时市场，辅助服务市场日前出清，输电权市场只拍卖几个关键输电断面。在运行过程中，区域模式市场始终无法很好地解决阻塞管理费用分摊问题。2003 年，得州开始设计建设节点模式的现货市场。

在目前的节点市场模式下，ERCOT 主要负责运行日前市场、可靠性机组组合（Reliability Unit Commitment，RUC）、实时市场和金融输电权市场。相比于 PJM 市场，ERCOT 是一个纯电能量市场，没有设置容量市场。为保障发电容量的长期充裕性，ERCOT 制定了稀缺价格机制。目前 ERCOT 的发电报价上限为 9000 美元 / 兆瓦时。因此，在系统电能和备用稀缺的情况下，市场出清电价将会上升到一个非常高的水平，市场主体可以回收投资成本和获得收益。

三、市场模式

与 PJM 类似，现在的 ERCOT 也是日前市场和实时市场双结算系统。ERCOT 的日前市场是一个日前集中出清的金融性市场。参与日前市场属自愿性质，不强制所有的发电机组和用电负荷都参加。ERCOT 日前市场以社会福利最大化为目标函数，进行基于安全约束的电能量和调频、备用等辅助服务的联合优化。日前市场的出清以 1 小时为计算单位。出清结果中，机组组合和电量的出清是金融性质的，不强制机组实时并网，但是不上线就得不到开机补偿付款，同时需要承担实时电量偏差带来的金融惩罚。辅助服务出清是实物性质的，中标的机组必须在实时运行阶段提供出清的辅助服务。

考虑到日前市场的自愿性和金融性，在日前市场出清结束之后，ERCOT 会运行可靠性机组组合，确保系统里有足够的在线发电容量来满足系统的负荷预测。可靠性机组组合以系统运行成本最小化为目标，在满足系统各种安全约束的前提下优化发电机组。可靠性机组组合的结果是实物性的，被选择投入的机组必须在实时上线。可靠性机组组合强制机组参与，如果机组无故障离线，即使没有提交售电报价，也会被强制参与优化。

ERCOT 的实时市场是基于安全约束的实时经济调度，每 5 分钟出清一次。实时市场是全电量出清，所有在线的机组必须参加实时市场，必须向 ERCOT 提交售电报价曲线或出力计划。对提交出力计划的机组，安全约束经济调度程序会创建一个代理售电报价曲线，这个机组将按照该曲线参加实时经济调度。

ERCOT 的金融输电权市场被称为阻塞收益权市场，原理基本与 PJM 市场类似。金融输电权拍卖和预先分配都是按照分时区块（工作日高峰时段、周末高峰时段，还有平峰时段），以每个月为单位进行拍卖或分配。

第五节　英国电力市场

一、市场概述

英国电力市场的范围覆盖英格兰、威尔士和苏格兰地区，市场主体的发用电交易主要通过场外的实物双边合同完成，市场主体也可自愿参加电力交易机构组织的日前交易、日内交易等。系统运行机构负责购买辅助服务和运行平衡机制以保障系统的实时电力平衡，并负责处理电网阻塞。英国的电力交易中心独立于电网公司，是以盈利为目的的股份制公司。系统运行机构隶属于英国国家电网公司。英国国家电网公司仅拥有输电业务，不拥有发电资产、配电资产，也不从事售电业务。

二、市场演变

英国电力市场化改革始于20世纪90年代的撒切尔政府时期。改革前，英国电力工业属于发、输、配、售一体化的国有垄断经营模式。英国的电力市场化改革历时20多年，电力市场主要经历了电力库模式、NETA模式和BETTA模式三个发展阶段，市场模式经历了从全电量集中竞价到以双边实物合同为主的转变。

1989年，英国议会通过了《1989年电力法》，开启了电力工业重组和私有化进程。英格兰和威尔士地区实现了发、输、配、售分离；苏格兰地区实现了发、输、配、售的独立核算；北爱尔兰地区实现了厂网分离。与此同时，英格兰和威尔士地区建立了竞争性的强制电力库，发电厂商必须通过电力库出售电力，供电商、售电商及电力用户也必须通过电力库购买电力。电力库采用日前全电量集中竞价的模式，每日10点以前发电厂商申报次日的发电价格和可用容量，系统运行机构根据次日48个时段的负荷预测，形成无约束发电计划，并得到各时段的系统边际电价。发电厂商按系统购电价格（Power Purchasing Price，PPP）结算，系统购电价格由系统边际电价叠加容量费用得到。实际运行过程中，由于传输约束需要调整机组出力计划，受影响机组的结算价格会根据不同的情形进行调整。系统售电价格（Power Selling Price，PSP）由系统购电价格叠加上抬费用形成。

由于强制电力库存在定价机制不完善、市场操纵等问题，2001年3月，英国开始改为NETA模式。NETA模式是一个以双边实物合同为主的市场模式，由场外双边合同、交易所现货交易、平衡机制、不平衡结算和辅助服务五个核心环节组成。

在最初的改革中，苏格兰和北爱尔兰地区没有建立竞争性的电力市场。2005年4月开始，英国政府决定将NETA模式推广到苏格兰地区乃至全国，称为BETTA模式。其主要特点是在全国范围内建立统一的竞争性电力市场，统一电力交易、平衡和结算系统；由英国国家电网公司负责全国电力系统的平衡，保障供电质量和系统安全；苏格兰原有两个电力公司保持各自输电资产所有权。

随着北海油气资源的逐渐消耗，2004年起，英国结束了能源自给自足的局面，开始成为能源净进口国。同时，大量燃煤和燃油机组关闭，取而代之的是高成本、间歇性的可再生能源发电机组和其他类型的低碳机组，为此英国开始酝酿以促进低碳电力发展为核心的新一轮电力市场化改革。新一轮改革主要包括4方面内容。一是对低碳能源实行政府定价、通过差价合同参与市场的机制；二是建立容量市场促进电源投资；三是设立碳排放性能标准；四是建立碳底价保证机制。

三、市场模式

英国目前的BETTA模式是一个以实物双边合同为主的市场模式，由场外双边合同、交易所现货交易、平衡机制、不平衡结算和辅助服务五个核心环节组成。

场外交易可签订从实际运行前1小时到多年的双边合同，交割曲线和交易价格等由市场主体自主协商确定，合同每日交割曲线需要在规定的市场关闸时间前，提交至不平衡结算公司ELEXON。

交易所现货交易主要指交易机构负责的日前交易和日内交易。英国目前有欧洲电力交易所（European Power Exchange，EPEX）和北欧和纳斯达克联营电力交易所（Nord Pool Spot and NASDAQ OMX Commodities，N2EX）两家电力交易机构同时开展日前拍卖竞价交易。市场主体在每日11：00之前，向交易机构提交次日24时段的售电报价和购电报价。交易机构将各时段的售电报价由低至高排序形成售电序列，将各时段的购电报价由高至低排序形成购电序列，两条曲线的交叉点即为该时段的统一出清价格，购售双方的所有中标电力均按该出清价格结算。交易机构在每日11：42公布日前市场各时段的出清结果和出清价格。交易机构进行市场出清时，只进行简单的双向拍卖，无须考虑机组的运行安全约束（除具有时段耦合关系的报价外），也不考虑网络传输约束。此外，EPEX和N2EX两家电力交易机构还开展时块、基荷、峰荷、非峰荷等不同类型的滚动交易。场外双边合同和场内现货交易可能导致的阻塞问题，主要由系统运行机构通过平衡机制予以解决。

在平衡机制中，机组提交物理运行位置和市场主体提交合同信息的关闸时间均为实际运行前1小时。关闸时间截止之前。

（1）机组需要向系统运行机构申报其下1小时的最终物理运行位置（FPN）以及在FPN基础之上进行上调和下调服务的报价（Offer & Bid），零售商需要向系统运行机构申报其各售电区域的用电需求预测。

（2）机组和零售商需要向不平衡结算公司 ELEXON 申报下 1 小时最终合同位置（ECVN）。双边合同由市场主体选择符合资质的机构代为申报（市场主体也可进行资质认证后自己申报），在 EPEX 和 N2EX 交易所中成交的合同，则由交易所代表市场主体自动通知 ELEXON。

（3）机组提交给系统运行机构的 FPN 和提交给 ELEXON 的 ECVN 无须完全相符。系统运行机构在平衡机制中调用的上调和下调服务电量需要报送给 ELEXON，ELEXON 按以下公式计算市场主体各时段的不平衡电量：

$$\text{不平衡电量}=\text{合同电量}\pm\text{平衡机制中标的上调或下调服务电量}-\text{实际计量电量}\quad(4\text{-}1)$$

平衡机制中中标的上调服务电量和下调服务电量按报价结算，不平衡电量按系统买电价格（System Buying Price，SBP）或系统卖电价格（System Selling Price，SSP）结算。在 2014 年之前，系统买电价格和系统卖电价格采用不同的定价机制。为了更好地反映平衡服务资源的价值，在 2014 年之后不平衡电量的结算价格采用了统一的定价机制（基于系统运行机构接受平衡服务的边际成本来确定）。

除参与平衡机制的机组外，系统运行机构还会购买一些辅助服务，以确保有充足的资源来保证系统的实时平衡。辅助服务市场独立于电能量市场，辅助服务由系统运行机构事先签订中长期合同或在日前市场购买。无论辅助服务提供者是否提供了机组增、减出力服务，系统运营机构都必须支付相应的服务费，而提供辅助服务产生的累计电量，则在不平衡电费结算中体现。

第六节　北欧电力市场

一、市场概述

北欧—波罗的海电力市场（以下简称北欧电力市场）是一个覆盖北欧四国（挪威、瑞典、丹麦、芬兰）和波罗的海三国（爱沙尼亚、立陶宛、拉脱维亚）的跨国电力市场。北欧现货交易所（Nord Pool）负责组织日前市场和日内市场，日前交易和日内交易需要实物交割。各国的系统运行机构通过平衡市场负责保障本国电力系统的实时平衡。此外，北欧电力市场还拥有十分活跃的电力期货、期权等金融衍生品交易。

二、市场演变

北欧电力市场化改革源于挪威。1991 年 1 月 1 日，挪威能源法案正式实施。该法案提出了引入竞争、提高电力工业效率和保证可靠供电的政策，要求电网输电作为管制业务和其他竞争性业务相分离。1992 年，挪威国家电力公司拆分为挪威电网公司和挪威发电公司，电网对第三者无歧视开放。1993 年 1 月，挪威电力交易所建立。挪威能源法案的实施标志着挪威国家电力市场的建立和北欧电力市场化改革的正式启动。

瑞典也在 1991 年开始进行电力市场化改革尝试，实现厂网分开，并于 1992 年成立瑞典国家电网公司。1996 年 1 月，瑞典和挪威共同建立了挪威—瑞典联合电力交易所，挪威国家电网公司和瑞典国家电网公司各拥有 50% 的股份，之后将电力交易所更名为北欧电力交易所（Nord Pool ASA），其总部设在挪威首都奥斯陆，并在瑞典斯德哥尔摩设立办事处。

芬兰新能源法要求从 1995 年 6 月开始建立竞争性电力市场。次年，芬兰建立了自己的电力交易所 EL-EX。1998 年 6 月，芬兰加入北欧电力市场。

1999 年，瑞典国家电网公司和芬兰国家电网公司联合拥有 EL-EX 交易所，作为北欧电力交易的平衡调节市场，总部设在芬兰赫尔辛基。

丹麦的新能源法从 1996 年开始实施，法律要求分步开放电力市场。1999 年 7 月，丹麦西部加入北欧电力市场，2000 年 10 月，丹麦东部也加入北欧电力市场。

至 2000 年，历时近 10 年，囊括北欧四国的统一的电力市场最终形成。

2010~2013 年，波罗的海三国先后加入北欧电力市场。

三、市场模式

北欧电力批发市场由场外双边交易、日前市场、日内市场、平衡调节市场组成。其中，场外双边交易不允许签订跨价区的实物合同，因而交易电量占比很小。

日前市场（北欧电力交易所称之为 Elspot）是北欧和波罗的海地区的主要电能交易市场，电能交易方必须在电网中有物理接入点才能对第二天各个交易时段（以小时为单位）的电能进行竞价交易。日前市场中，买卖双方在 12∶00 之前向交易系统提交下一个交易日的每小时发电或需求的报价和相应的电力。日前市场将买卖双方报价信息进行匹配，形成日前市场的价格。每天 12∶42 后，日前市场公布每小时的出清价格，并结算交易。从下个交易日 00∶00 开始，日前市场中形成的电力合同按每小时的合同计划进行实物交割。北欧日前市场采用分区边际定价机制，根据电网的阻塞情况，事先划分了 15 个价区。其中，挪威分 5 个价区，丹麦分 2 个价区，瑞典分 4 个价区，芬兰、爱沙尼亚、立陶宛和拉脱维亚各为 1 个价区。运营结果统计表明，大概有 75% 的交易时间，需要对市场进行价格分区。

日内市场（北欧电力交易所称之为 Elbas）是对日前市场的补充，确保了电力市场中供需电量的平衡。随着大规模风电并网，日内市场越来越重要。日内市场根据“价格优先、时间优先”的原则进行每 1 小时、0.5 小时、15 分钟等的持续滚动电力交易。每天 14∶00 公布下一个交易日每小时的日内交易可用输电容量，市场参与者根据先到先得的原则，免费使用输电容量。电力交易持续发生，直至交割前 1 个小时停止。日内市场给市场参与者提供了一个内部交易的平台，使他们能够调整自己在市场中的位置。

北欧电力系统的实时平衡由各国系统运行机构负责。北欧平衡调节市场建立于 2002 年，并在一个共同的电子平台北欧运营信息系统（Nordic Operational Information System，NOIS）上运行。在调节市场中，输电系统运营商购买上调或下调服务来实现相应区域的平衡。市场参与者在实时交割 45 分钟之前向市场提交平衡服务报价，报价容量必须能够在 15 分钟内完全实现。调节市场的报价大部分是自愿的，而丹麦则是通过支付一定的容量费用给一些机组来保证这些机组在调节市场上可用。北欧平衡调节市场意味着在芬兰的上调节报价能够用于丹麦的电力平衡中，通过在调节市场的交易，来减少调用较为昂贵的辅助服务，实现整个市场的资源优化配置。调节服务的价格按系统边际价格结算，而不平衡电量则根据对系统平衡的影响，采用不同的结算价格。

第七节　澳大利亚国家电力市场

一、市场概述

澳大利亚电力系统分为东南部、西部和北部三个独立电网，它们之间相距上千千米，没有输电线路连接。东南部电网覆盖 5 个行政州和 1 个首都特区，南北跨度达 5000 千米。澳大利亚国家电力市场（National Electricity Market，NEM）专指东南部电网的电力市场，是澳大利亚最主要的市场，它按行政州划分为 5 个电价区，分别为昆士兰州、新南威尔士州、维多利亚州、南澳大利亚州和塔斯马尼亚州电价区，首都特区包含在新南威尔士州电价区内。截至 2015 年年底，国家电力市场中有 200 多家大型发电厂商、5 个州的输电网和 13 个主要配电网，为 1900 万人提供电力服务，约占澳大利亚总电量的 89%。

澳大利亚能源市场运营机构（Australian Energy Market Operator，AEMO）由澳大利亚联邦政府与 6 个州（特区）的州（特区）政府共同牵头成立，每个州（特区）政府都可以在 AEMO 董事会内指派代表。AEMO 允许各市场参与者（包括发电厂商、电网公司与售电商）申请成为会员，并对 AEMO 的人事安排和内部运作进行监督。AEMO 主要采取向市场交易者收取服务费的形式筹集自身的运营资金，其财务受政府的监管。

二、市场演变

1991 年，澳大利亚电力市场化改革开始，以新南威尔士州和维多利亚州为先导。1996 年，《国家电力法》颁布，国家电力市场管理公司（NEMMCO）成立。1998 年 12 月 31 日，国家电力市场开始运营，行政区域包括新南威尔士、维多利亚、南澳和首都特区。2004 年，澳大利亚能源市场委员会（AEMC）和澳大利亚能源监管机构（AER）成立。昆士兰州于 1999 年加入国家电力市场。2005 年，澳大利亚联邦唯一的岛州塔斯马尼亚州实现与国家电力市场的物理互联。2009年，澳大利亚能源市场运营机构成立，承担了原国家电力市场管理公司的职能。

澳大利亚电力市场的改革重点主要侧重于电力行业的结构重组、电力企业的商业化经营、电网的准入开放和对用户的开放，并建立了统一的市场运营机构来组织和运作国家电力市场。目前，在发电和售电环节已充分引入了市场竞争机制。在国家电力市场范围内的各州已形成发、输、配、售分开，发电侧和售电侧竞争，输配电由政府管制、公司化运营的市场机制。

三、市场模式

澳大利亚现货批发市场采取电力库模式，交易必须都通过AEMO的集中交易平台进行。澳大利亚国家电力市场覆盖的5个电价区域，每个区域选定1个参考节点，作为本区域市场结算的参考点。

为降低现货市场价格波动风险，发电厂商和零售商可选择参与金融合同市场。主要的交易类型为差价合同。发电厂商和售电商可在现货市场以外根据双方协商确定的履约价格签订长期或短期的双边交易合同，也可在证券期货交易所（如澳大利亚股票交易所）进行电力期货交易。

在澳大利亚电力市场架构上，调频辅助服务市场是实时市场的一部分。市场主体提交提供调频辅助服务的报价，市场运营机构在运行电力实时市场的同时也负责调频辅助服务市场的运行，现货市场与调频辅助服务市场联合出清。市场主体以中长期协议方式提供其他辅助服务，这些辅助服务由电网公司和市场运营机构负责采购。市场规则规定市场运营机构为了保障电力系统的安全与可靠，在与电网公司协商后可以自行向市场主体招标采购，获得辅助服务。市场运营机构直接向发电厂商招标采购黑启动辅助服务，签订长期有偿服务协议。

市场主体对各种调频辅助服务分开报价，技术支持系统分别进行出清。值得强调的是，澳大利亚电力实时市场技术支持系统联合调度机组的发电出力与各种调频辅助服务，以实现最低的购电与调频总成本。市场出清产生8种调频辅助服务各自的出清价格。系统运行机构调用报价低于出清价格的调频辅助服务，按5

分钟时段进行结算。

澳大利亚电力市场覆盖的绝大部分区域完全放开了电力零售市场，用户可以自由选择自己的售电商。用户和售电商可以根据自身需要签订各式各样的购售电合同。政府已逐步取消了零售价格的管制。

第八节　智利电力市场

一、市场概述

智利自 20 世纪 70 年代后半期便开始了电力工业的私有化改革，是世界上进行电力市场化改革最早的国家。智利国土狭长，南北走向，从北方开始依次划分 12 个州和首都地区。2017 年前，13 个州（地区）通过 4 个电力系统连接起来，从北到南分别为：北部地区的北部系统 SING（第 1 州、2 州）、中央系统 SIC（第 3~10 州及首都地区）、南部两个州分别由小规模输电系统艾瑟尔（第 11 州）和马戈亚内斯（第 12 州）供电。北部系统对火电依赖极高，其他地区有水力发电和天然气发电。水力发电是智利最重要的电源，主要集中在中部和南部地区，特别是 SIC 大量依赖水力发电。20 世纪 60 年代，智利水电发电量占比平均水平接近 65%，20 世纪 80 年代水电发电量占比一度上升至 80%。随着天然气发电、燃煤发电的发展，2015 年，火电装机容量占总装机容量的 62.9%，水电装机容量占比下降至 30%。近年来，智利的可再生能源发电不断发展，从可再生能源资源的分布来看，北部太阳能资源丰富，中部以风电资源、太阳能资源和少量水电资源为主，南部主要以水电资源和少量风电资源为主。

2017 年以前，SING 和 SIC 都设置了各自独立的经济调度中心（Economic Load Dispatch Center，CDEC）。CDEC 以实现电力系统的高效运行为目标，监督、管理和协调与之相连接的全部设备，并制定电力调度计划。2017 年 11 月，SING 和 SIC 实现互联，合并建立了新的国家电力系统，为全国 97% 以上的人口供电。新系统由统一的独立系统运营机构国家电力调度机构（National Energy Coordinator，CEN）负责运营。CEN 是一个公益法人自治公司，属于非营利性机构，不属于国家行政部门。CEN 负责确保电力服务和输电网络的安全，还监督电力市场的竞争，监督运营公司遵守规则情况，并组织新的输电项目招标。

二、市场演变

智利是世界上最早进行电力市场化改革的国家。1978 年，智利国家能源委员会（National Energy Commission，CNE）成立，标志着智利电力改革的开始。1982 年，智利政府颁布了以自由化为着眼点的《电力法》，之后便开始重组电力工业，将发电厂、输电系统、配电系统私有化，并以法律的形式确立了输电系统向所有发电企业和用户开放的原则，打破了地区垄断，正式启动了合同电力交易及实时电力交易；设立了监管机构，由 CNE、经济部和经济部下的电力、燃料监督厅 3 个机构对智利电力企业进行监督管理。其中，CNE 负责法规制定，各电力企业协调和监管，有关能源的综合性政策立项，以及发电、输电开发计划立项等，还包括国家投资、与其他部门协调进行并承担电价和配电附加费的计算确定；经济部负责对 CNE 计算的费用进行认可、公布。同时，《电力法》根据最大电力需求是否超过 2 兆瓦，将电力用户划分为监管用户和非监管用户，并规定其电价机制。1985 年，经济部设立了电力、燃料监督厅，并且由法律明确赋予了监督调查有关天然气、电力等生产、输送、供给、储藏技术标准的职能，在电力领域起到了制定和强化技术标准的作用。1986 年，智利建立了基于独立系统运营机构概念的区域电力市场。两个主要的区域电力市场为覆盖南部和中部地区的 SIC 以及覆盖北部地区的 SING，采用边际成本批发价监管。1990 年，智利电力系统的私有化进程基本完成。1992 年，智利政府立法制定了新的电力市场结构框架，确定在发电领域引入竞争，而输电、配电领域仍然保持垄断性，但对输电线路的所有权没有作任何限制规定。2004 年，智利政府通过《短期法》（Ley Corta），为市场运作带来了很多重大变化。它推进输电公司的收费机制改革，使得输电公司能够收回其投资成本，并且将可自由选择电力供应商的用户门槛从最低功率 2 兆瓦降低到 0.5 兆瓦。与此同时，引入辅助服务市场，允许无功补偿和电压控制服务的市场化交易。

智利电力改革取得了显著的成效，主要体现在电力投资增加，电价下降，农村电气化程度提高，供电质量改善，电力工业的运营效率得到显著提高，输配电损耗状况也得以改善。智利电力市场改革的主要推动力不是电力部门本身，而是很大程度上受经济和政治改革进程的影响。

然而，智利电力市场改革过程也并非一帆风顺，在过去的二十年里，智利电力系统曾经面临三次危机。第一次是在 1998 年和 1999 年夏天，智利遭受 40 年来最严重的干旱，水电厂供水不足导致反复停电，中部电网受到严重影响。第二次危机来自 2002 年阿根廷财政危机后，阿根廷向智利天然气出口下降 15%。第三次危机在 2007—2008 年，天然气限制供给和中部电网连续 5 年干旱的双重打击让智利电力市场自我调节失效，社会上强烈反对新建发电项目以及输电线路，引起了百年不遇的电力危机，导致了更高的电源成本和输电网络拥塞。在电力市场自我调节失效时，智利政府采取一系列有效措施防止情况恶化。在供给侧及时调整发电方式和实施配额；在需求侧采取涨价、激励等措施减少居民用电量，通过双向调控措施，使失调的电力市场得到有效控制，并恢复正常运行。之后，智利政府通过政府部门如智利经济发展署（Chilean Economic Development Agency，CORFO）和国家能源委员会主导电力市场发展创新，实现电力结构多样化，利用非传统可再生能源（Non-Conventional Renewable Energy，NCRE）的发电技术（地热能、太阳能、风能和海洋能等）渐渐形成一个重要的投资领域。

三、市场模式

经历三次危机之后，智利建立了新的电力市场模式。目前智利电力市场中，发电价格实行两部制，其中，容量电价实行政府定价机制，电量电价由市场化交易形成。

智利电力交易（市场）主要有三类：长期电力购买协议（Power Purchase Agreement，PPA）拍卖交易，由 CNE 组织，发电企业和执行管制售电价格的配电公司作为交易主体；发电企业与非管制的电力大用户之间进行的自由购售电交易，即通过双边协商签订 PPA；电力现货交易市场。

智利的电力现货市场由 CEN 运行，是一个成本型电力库，交易周期为一小时。在现货市场中，所有发电厂不报价，但要报告其运营成本，CEN 负责审核这些运营成本，并以经审核的成本为基础进行安全经济调度，基于实时安全经济调度的边际成本，形成现货市场价格。现货市场是只有发电企业参加的电能交易市场，但与其他强制电力库模式不同，发电企业要承担卖方和买方双重角色：一方面在现货市场卖出由市场集中统一出清过程所决定的发电出力，另一方面又以现货市场价格从现货市场购买电力，以履行其与配售电公司和大用户约定的 PPA 时段电量。因此，发电企业既是发电商又是交易商，他们在现货市场卖出和买入的电量都是按照统一出清价格结算。为了在调度计划优化过程中充分考虑有库容水电发电的机会成本，合理安排有库容水电发电，CEN 使用随机对偶动态规划方法（Stochastic Dual Dynamic Programming，SDDP）进行系统中长期调度建模优化，并在中长期优化调度计划的基础上，进行实时经济调度。

智利通过设计长期用户灵活价格在售电侧引入终端用户竞争机制，建立担保机制保证合同执行等。配（售）电公司和电力大用户不直接参加现货市场交易，他们通过电力购买协议与发电企业进行中长期合同交易。PPA 的获取有两种方式，一种为发电商通过参与政府组织的大型 PPA 招标获取，另一种为发电商通过与大客户自由谈判获取，PPA 约定售电模式、时段及电价。卖电方必须保证满足买电方的用电需求，如由于发电商问题无法按时供电，则需要在现货市场买电以履行 PPA 约定的电量供应。发电企业与市场用户完全自主协商决定 PPA 的合同条款及电价。

为了弥补变动成本定价所造成的发电企业固定成本回收机制缺失，智利电力市场建立了经济性监管的容量补偿机制。容量电价由 CNE 根据燃气机组的容量成本来核准，每 6 个月更新一次；发电企业的容量收入由容量电价和充裕容量共同决定，充裕容量反映的是每个机组对系统充裕性的贡献，按照满足系统峰荷需求（年度 52 个最高负荷的平均值）的情况计算获得。

第九节　电力批发市场模式比较和经验借鉴

一、电力批发市场模式比较

前文对 6 种典型的电力批发市场模式及结算模式分别进行了介绍，表 4–2 从中长期市场、现货市场、阻塞管理、辅助服务、容量市场等方面对上述（除了智

表 4–2　　典型电力批发市场模式比较

项目		国家（地区）	英国	北欧	PJM	ERCOT	澳大利亚
中长期市场		中长期市场性质	大量的实物双边合同；相对不活跃用电力期货、期权等金融衍生品交易	少量的实物合同；十分活跃的电力期货、期权等金融衍生品交易	金融性为主	金融性为主	金融性为主
中长期市场		中长期市场结算	双边合同可以在场外自主结算，也可以提交给某些交易所代为结算。电力金融衍生品交易由相应的交易所负责结算	双边合同可以在场外自主结算，也可以提交给某些交易所代为结算。电力金融衍生品交易由相应的交易所负责结算	中长期合同可以在场外自主结算，也可交由 PJM 结算	中长期合同可以在场外自主结算，也可交由 ERCOT 结算	中长期合同场外结算，或交由证券期货交易所结算
现货市场	日前市场	是否有日前市场	有	有	有	有	有
现货市场	日前市场	日前市场出清原则	社会福利最大化	社会福利最大化	社会福利最大化	社会福利最大化	—
现货市场	日前市场	日前市场出清约束条件	无约束	价区之间的阻塞约束	输电网络约束、机组运行约束、事故约束等	输电网络约束、机组运行约束、事故约束等	—
现货市场	日前市场	日前市场负荷侧是否报价	报价	报价	报价	报价	—
现货市场	日前市场	日前市场价格机制	系统边际电价	分区边际电价	节点边际电价	节点边际电价	—

续表

项目		国家（地区）	英国	北欧	PJM	ERCOT	澳大利亚
现货市场	日前市场	日前市场结算周期	1 小时	1 小时	1 小时	1 小时	—
	日内市场	是否有日内市场	无集中交易，有场外交易	有	无	无	无
		日内市场价格机制	—	先到先得、价格优先、滚动交易	—	—	—
		日内市场结算周期	—	1 小时、0.5 小时、15 分钟	—	—	—
		是否有实时（平衡）市场	有（平衡机制）	有（调节市场）	有	有	有
	实时市场	实时市场出清原则	调整成本最小	调整成本最小	发电成本最小化	发电成本最小化	全电网范围的发电侧购电成本最小化
		实时市场价格机制	按报价结算	系统边际电价/按报价（各国有所不同）	节点边际电价	节点边际电价	系统边际电价
		实时市场结算周期	0.5 小时	1 小时	1 小时	15 分钟	30 分钟

续表

项目		国家（地区）	英国	北欧	PJM	ERCOT	澳大利亚
现货市场	实时市场	现货市场结算	日前市场出清量按日前电价结算；平衡服务按报价结算；不平衡电量按不平衡电价结算	日前市场、日内市场和调节市场的出清量按各自的市场价格结算；不平衡电量按不平衡电价结算	日前出清量按照日前电价结算，实时和日前的偏差按照实时电价结算	日前出清量按照日前电价结算，实时和日前的偏差按照实时电价结算	按系统边际电价结算
阻塞管理		阻塞管理模式	实时再调度	日前分区定价、实时再调度	实时经济调度	实时经济调度	实时经济调度
阻塞管理		阻塞盈余/成本分摊模式	阻塞成本通过输电费回收	阻塞盈余分配给相应的电网企业，专项监管和使用	阻塞盈余通过金融输电权分配	阻塞盈余通过金融输电权分配	由市场运营中心组织的跨州结余竞价拍卖返还市场主体
辅助服务		辅助服务购买方式	系统运行机构购买	各国系统运行机构购买	PJM 统一购买	ERCOT 统一购买	主要由电网公司负责采购，也可经电网公司认可后自行向市场主体招标采购
辅助服务		是否有辅助服务和电能量联合优化	不联合优化	不联合优化	实时市场联合优化出清	日前市场联合优化出清	实时市场联合优化出清
容量市场		是否有容量市场	之前无，现在有	无	有	无	无

利电力市场外）电力批发市场模式进行了归纳性比较。

二、电力批发市场模式经验借鉴

纵观国外多个成熟电力市场，其市场模式设计、市场演化路径各不相同。总结分析各个国家的电力市场改革经验，有以下 5 个方面值得借鉴。

（1）电力批发市场模式设计必须基于本地区实际情况。只有根据本地区的电力系统调度控制水平、电源结构、输电网络结构、成员市场意识等实际情况，有针对性地提出电力市场建设方案，才能做到稳妥起步、由易到难地推进电力市场建设。

（2）电力批发市场模式设计必须遵循一般商品的市场规律。只有在设计中尊重一般商品的市场规律，才能有效利用市场机制实现电力商品的资源优化配置，才能为中长期电力相关的投资建设提供正确有效的引导信号。

（3）电力批发市场模式设计必须符合电力运行的特殊性。电力不同于其他商品，有必须保持实时平衡，不能大规模存储等特殊性，电力市场建设方案必须考虑这些特殊性，才能保证电力市场的安全、可靠、可持续运营。

（4）电力批发市场模式设计需要随着市场的发展不断改进。纵观美国、英国、北欧、澳大利亚等典型电力市场，其市场规则都是在实践中不断随着市场的发展而逐步改进的。电力批发市场模式应针对市场新的发展变化不断做出调整，才能保证电力市场的健康持续运营。

（5）鉴于电力作为生产生活必需品，保障民生的要求形成其特殊性，在消纳可再生能源方面具有不可替代性，还面临着输配电环节的自然垄断性和发电环节规模经济性导致的集中度较高等诸多因素，需要加强电力市场的监管。

第五章
可再生能源电力市场

可再生能源（Renewable Energy）是相对于短时间内（以形成化石燃料的亿万年为尺度）会穷尽的不可再生能源的一种能源，其在短时间内可以再生，因此理论上是取之不尽、用之不竭的能源资源。可再生能源包括太阳能、风能、地热能、水力能、潮汐能、生物质能等。

20 世纪 70 年代以来，鉴于化石燃料能源的有限性，以及其造成的环境污染和气候变化压力的增加，世界各国都认识到了可再生能源的重要性，因此在政治、经济和技术上积极采取行动，出台了一系列的政策以加快可再生能源技术产业化、商业化的步伐，使可再生能源成为重要的能源供应品种，从而减少对化石能源的依赖性。

根据国际可再生能源机构"21 世纪可再生能源政策网"发布的《2018 可再生能源全球现状报告》，截至 2017 年年底，全球可再生能源发电累计装机容量达到 21.95 亿千瓦，其中水电装机容量为 11.14 亿千瓦，风电装机容量为 5.39 亿千瓦，光伏发电容量为 4.02 亿千瓦，生物质发电容量为 1.22 亿千瓦。2017 年年底全球可再生能源发电装机结构如图 5-1 所示。2017 年，全球可再生能源发电累计投资达到 2798 亿美元，共形成新增装机容量 1.67 亿千瓦，比上一年增长了 8.3%。在可再生能源发电新增装机容量中，光伏发电在上一年创下新增装机容量的纪录后，连续占据新增装机容量排行的榜首，新增装机容量达到 9800 万千瓦，比上一年增长了约 33%。这个数字已经高于燃煤、天然气和核电净增装机容量之和，对可再生能源发电总装机容量起到了扩充作用。风电紧随其后，2017 年新增装机容量达到 5200 万千瓦，比上一年增长了约 33%，其中海上风电增长了 30%，其余的可再生能源发电中，水电和生物质能发电装机容量分别增长 2100 万千瓦（同比增长 2%）和 500 万千瓦（同比增长 5%），地热能同比增长约 100 万千瓦。2017 年，全球新增发电量 70% 来自可再生能源发电，成为可再生能源发电量增长最快的一年。[1]

[1] 资料来源：《2018 可再生能源全球现状报告》，REN21。

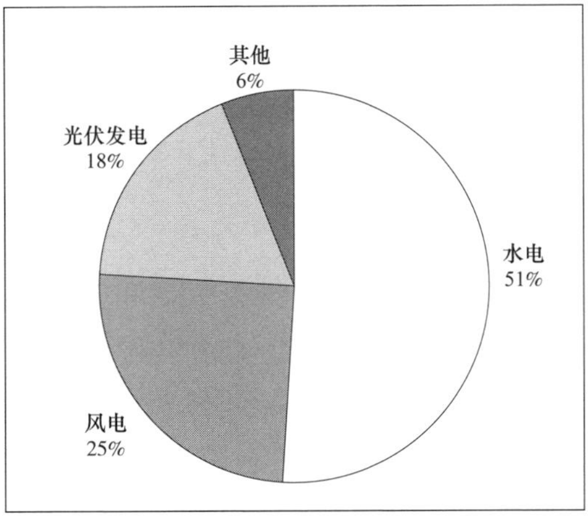

图 5-1　2017 年年底全球可再生能源发电装机结构

注　资料来源于《2018 可再生能源全球现状报告》。

中国具有丰富的可再生能源资源，具备广阔的发展前景。近年来，中国可再生能源取得飞跃式发展，光伏、风电、水电装机容量均居世界第一位，成为全球可再生能源开发和利用的第一大国，不仅促进了中国经济增长、优化了能源结构，带来了良好的环境效益和民生效益，也是中国作为负责任大国，为全球能源变革、节能减排所做的巨大贡献。

从发电侧的情况来看，截至 2017 年年底，中国可再生能源发电装机容量 6.5 亿千瓦，占全部电力装机容量的 36.6%，其中水电装机容量（含抽水蓄能）3.41 亿千瓦，风电装机容量 1.64 亿千瓦，光伏发电装机容量 1.30 亿千瓦，生物质发电装机容量 1476 万千瓦。2017 年，可再生能源发电量 16979 亿千瓦时，占全部发电量的 26.5%，其中水电发电量 11945 亿千瓦时，占全部发电量的 18.6%，风电发电量 3057 亿千瓦时，占全部发电量的 4.8%，光伏发电量 1182 亿千瓦时，占全部发电量的 1.8%，生物质发电量 795 亿千瓦时，占全部发电量的 1.2%。

从消纳侧的情况来看，2017 年，全部可再生能源电力消纳量为 16686 亿千瓦时，同比增加 10.8%，占全社会用电量比重为 26.5%，同比上升 1.1 个百分点。其中，非水电可再生能源电力消纳量为 5025 亿千瓦时，同比增加 35.2%，占全社会用电量比重为 8.0%，同比上升 1.7 个百分点。

从 2017 年非水电可再生能源电力的分省消纳情况来看，青海、宁夏、内蒙古三省（区）的可再生能源电力消纳比重最高，均超过 18%；西藏、陕西、河南三省（区）的可再生能源电力消纳量同比增长较快，分别同比上升了 3.9、3.9 和 3.7 个百分点。[1]

第一节　可再生能源发电技术类型

全球主要的可再生能源发电技术包括风力发电、太阳能发电、地热能发电、生物质发电和潮汐能发电等类型。

风力发电是利用风力使发电机组的叶轮旋转，将风的动能转换成机械能，再通过变速和超速控制装置带动发电机发出电能。通常较低转速的叶轮还需通过传动系统由升速齿轮箱增速，以便与发电机所需要的转速相匹配，并将动力传递给发电机。由于风的方向和风力的大小多变，所以必须设置偏航系统和控制系统，以使叶轮始终对准来风的方向，并根据风力和用电负荷变化及时调整、控制发电机组的运行状态。

太阳能发电是利用太阳的光能或热能来生产电能的发电方式。太阳能发电根据热电转换形式可以分为光伏发电（Photovoltaics，PV）和聚光太阳能热发电（Concentrated Solar Power，CSP）两类。光伏发电是通过光伏组件或光伏面板，利用光生伏特效应将光能直接转化成电能。聚光太阳能热发电是使用抛物面反射镜将光线聚集到充有工质（常见的是合成油或熔盐）的吸热管上，再将加热到约 400 摄氏度的工质输送到热交换器里，在热交换器内部加热循环水，从而产生水蒸气，进而推动涡轮机，带动相连的发电机发电。

地热能发电是以地下热水或蒸汽为动力源的一种发电技术，其基本原理与汽轮机发电相似，都是利用高温高压的蒸汽驱动汽轮机带动发电机发电，不同的是火电厂利用燃料燃烧获取热能，而地热发电的热能来自地热，不需要消耗燃料。

---

[1] 资料来源：《2017 年度全国可再生能源电力发展监测评价报告》，国家能源局。

生物质是除化石类燃料外的所有来源于动物、植物和微生物的有机物。生物质能是指蕴藏于生物质中的能量，它是直接或间接地通过绿色植物的光合作用由太阳能转化而来。生物质发电主要可分为生物质燃烧发电和生物质气化发电两大类。生物质燃烧发电与燃煤火力发电原理类似，只是直接燃烧发电的原料主要是农林废弃物和秸秆。生物质气化发电是利用生物质气化技术产生的气体燃料，经净化后直接进入燃气机中燃烧发电或直接进入燃料电池发电。

潮汐能是指在潮汐导致海水平面周期性地升降过程中，因海水涨落及潮水流动所产生的动能和势能的总称。涨潮时，汹涌而来的海水具有很大的动能，随着海水水位逐渐升高，巨大的动能转化为势能；落潮时，海水奔腾而去，水位逐渐降低，势能又转化为动能。潮汐能的能量与潮量和潮差成正比。潮汐能发电是潮汐能的主要利用方式，即利用海湾或河口等地形，建筑水坝形成水库，并在坝中或坝旁建造水力发电厂房，通过水轮发电机组进行发电。潮汐能发电与普通水力发电原理非常类似，差别在于海水潮汐具有落差小、流量大、间歇性的特点，因此潮汐能发电应采用低水头、大流量的水轮发电机组。

第二节　可再生能源发电的技术经济特点

与传统能源相比，非水可再生能源的分布更加广泛，能量密度也更低，同时大部分可再生能源如太阳能、风能、潮汐能等都具有间歇性、随机性的特点，因此开发和利用的技术难度相对较大。从能源利用的历史进程看，非水可再生能源发电是在新一轮的技术革命和材料革命推动下，通过不断的技术进步和制造能力提高并最终实现产业化发展的过程。目前，风电、小水电、太阳能发电等可再生能源发电技术已经接近成熟，但一些领域的研究仍在不断探索当中。可再生能源发电技术种类较多，目前无论是在国内还是国外，非水电可再生能源发电都以风电和光伏发电的装机规模较大。

一、风力发电的技术经济特点

在过去的十数年中，风力发电是发展最为迅速的可再生能源发电，它成为世界各国发展清洁能源、降低碳排放、优化发电能源结构的重要动力。相较于传统的发电技术，风力发电技术具有清洁低碳、环境成本低、资源可再生、永不枯竭、基建周期短、装机规模灵活等诸多优点。在参与电力市场的过程中，风力发电还具有边际成本低的优势，而固定成本也随着近年来技术进步及规模化发展不断下降，目前在中国部分地区已具备平价上网的条件，未来越来越多的地区也将具备平价上网的条件。与此同时，风力发电还成为促进偏远地区经济发展，拉动地方观光旅游产业的动力。例如，中国河北省张北县利用风电资源打造了风电观光塔，游客不仅可以尽览百万千瓦风电场风车林立、桨叶劲舞，与蓝天碧野交相辉映的美景，还可以了解到风能、风电的科普知识，受到众多国内外游客的青睐，也为当地带来了可观的旅游收入。

然而，由于风能的波动性和间歇性等自然属性，大规模风电并网给电力系统的规划和运行带来了一系列新的挑战。目前，中国风电接入系统在技术和技术管理层面存在以下问题。

（1）系统频率稳定水平降低。由于风力发电机组并不贡献系统转动惯量，因此在大量风电机组接入的情况下，电力系统的转动惯量比例会减小。如果出现发电机组的突然故障脱网或者电力需求的急剧增高，将会造成更快以及更大的系统频率变化，当频率变化值超过系统的规定值时，就可能会面临整个电力系统频率崩溃的灾难性后果。

（2）风力发电在系统低谷时段高出力，造成系统调峰困难。近年来，相对于用电负荷增长速度放缓，中国电源装机规模保持较快增长，最小开机方式安排难度加大。与此同时，系统峰谷差随着经济发展和产业结构的调整，也在逐步地扩大，因此系统对调峰能力的要求也越来越高。在中国的电源结构中，调峰性能好的燃气和燃油机组比重小，抽水蓄能电站的比例也很低，水电在实际运行中存在很多制约因素，因此在风电大规模并网的情况下，尤其是在风电的大发期，加上冬季采暖限制了供热机组的调节能力，因电网灵活性调节资源供需缺口加大，致使系统调峰能力出现了严重的不足。为保证电网安全运行，经常发生低谷时段削减风电出力的情况。

（3）系统无功不足，电压控制难度增加。风电大规模接入地区远离负荷中心，多处于电网末梢，适量的风电接入后，能够部分满足当地的电力需求，因此可以优化局部电网潮流和降低网损。但是当风电场装机容量较大且风电场出力较高时，风电场的无功需求及输电网络的无功损耗增大，风电接入地区无功不足就会引起电压水平和稳定裕度降低的问题；同时，由于风机的低电压穿越能力不足，一旦系统发生故障，就可能同时引发电压和频率双重稳定问题。

（4）输电通道建设难以满足风电经济外送需求。中国优质的陆上风能资源主要集中在“三北”（东北、华北、西北）地区，国家规划的大型风电基地，除了华东沿海以外，也都主要集中在这些地区。这些地区本地用电负荷水平低、用电增长较缓，就地消纳风电的能力有限，因此需要远距离输送到用电负荷中心。由于风电开发和建设的速度非常快，相应输电通道的投资建设难以跟上风电的发展速度，造成部分风电富集的清洁能源输出基地，经常出现窝电、弃风的现象。即便是建成了相应的外送电通道，由于发电利用小时数低，集中开发、远距离输送导致输电网络利用率严重下降。

二、光伏发电的技术经济特点

光伏发电是近几年来发展最快的可再生能源发电，与风力发电一样具有清洁低碳、环境成本低、永不枯竭、基建周期短、装机规模灵活、边际成本低等优点。除此之外，光伏发电还具有以下几方面的优势。

（1）光伏发电系统的能量转换非常简单，直接从光能转化成为电能，从而减少了中间环节。

（2）光伏发电无机械传动部件，运行简单、稳定、可靠，使用寿命长，基本上可实现无人值守，维护成本非常低。

（3）光伏发电不受资源分布地域限制，既可大规模集中开发，也可分布式利用，实现就近供电，避免了长距离输电线路所造成的电能损失及资源浪费。

（4）光伏发电还可以很方便地与建筑物结合，构成光伏建筑一体化发电系统，不需要单独占地，节省宝贵的土地资源。

光伏发电系统非常适合作为微电网（也称为微网）的主要供电电源，并且利用与光伏互补的其他可再生能源、储能系统和微型燃气轮机等作为供电的调节手段，保障微电网的供电稳定性。在远离主电网的偏远地区，这种光伏微电网系统可以有效降低供电成本、提高供电可靠性。

同风力发电一样，目前光伏发电仍然面临着技术的局限性，尤其是输出功率的不稳定性，给电力系统安全稳定运行和电力市场有序运营带来了不利影响。

（1）不连续、不稳定和不可调度性。光伏发电由于高度依赖太阳能光照强度发电，具有较强的随机性、波动性和间歇性，导致光伏发电的输出功率波动性很大，可调可控性弱，这就对电力系统常规机组的灵活性和调节裕度提出了更高的要求。图 5-2 是 2012—2020 年，随着加州光伏发电装机规模的增长，电力系统负荷扣除光伏出力后的净负荷曲线，可以看出在光伏高占比的情况下，电力系统将需要更多的灵活性资源。

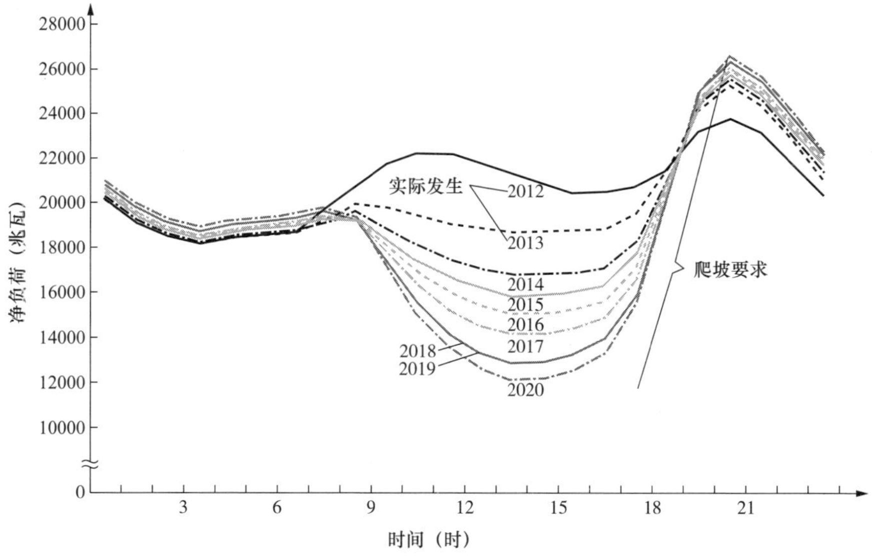

图 5-2　鸭子曲线及其对系统爬坡速率的要求

注　资料来源于 CAISO。

伴随着光伏发电渗透率的提高，很多地区将不可避免地遇到类似于加州的难题。例如，在中国光伏发电渗透率较高的西北地区，也出现了净负荷曲线早高峰之后快速下降、晚高峰时段迅速上升的特点（图 5-3 中的等效负荷曲线），对系统灵活性资源提出了较高的要求。此外，安徽等多个省级电网的净负荷曲线也呈现出鸭子曲线的特点。

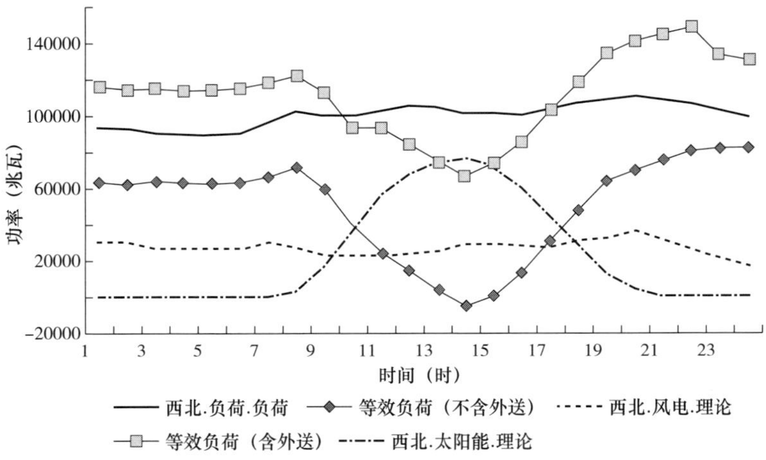

图 5-3　西北电网的鸭子曲线

注　资料来源于《新能源电力系统电力电量平衡问题研究》，电网技术，2019 年第 43 卷第 11 期。

（2）电力电子装置影响了电压波动和电能质量。光伏发电是通过电力电子逆变器并入电网，没有旋转部分，无同步电网运行需要的转动惯量和阻尼，在逆变过程中需要系统提供无功支撑，必须对传统的保护与控制方法进行较大调整才能满足要求。电力电子器件的频繁开通和关断，容易产生谐波污染，并且太阳光照强度变化幅度越大，所产生的谐波也就越大。大规模光伏并网时，还会出现谐波叠加的问题。这些因素都会降低电压扰动适应性、频率扰动适应性和电能质量。

（3）改变配电网络拓扑结构，降低电网运行可靠性。目前，中国的配电网大多为单电源放射状结构，多采用速断、限时速断保护形式，不具备方向性。大量的分布式可再生能源发电从负荷侧接入配电网后，造成整个电网的用电负荷分布发生较大变化，由单电源电网转化为多电源电网，增加了输配网潮流的随机性。在这种情况下，配电网短路时光伏逆变器注入的短路电流会影响继电保护的范围，不能可靠地保护整体线路，甚至在其他并联分支故障时，引起分布式光伏的继电保护误动作，必须对传统的继电保护和安全自动装置从原理、配置到管理进行相应的调整。

第三节　支持可再生能源发展的政策

可再生能源发电具有显著的经济外部性，但现阶段其投资效益若无特殊措施则难与常规电源投资效益相媲美。为支持可再生能源电力的开发和持续发展，各国探索出台了一系列优惠政策。

一、固定电价制度

固定电价制度是指由政府或电力监管机构通过核定各类可再生能源发电技术的成本，直接给各类可再生能源发电分别制定在一定时期内固定不变的上网价格的制度安排。因此，成本较高的可再生能源发电技术，其上网价格也比较高，比如对光伏发电的补贴，就要高于陆上风电的补贴。在固定电价制度下，电网经营企业有义务按照政府规定的上网价格向可再生能源发电企业支付费用。

固定电价制度被很多国家所采用，尤其是在发展可再生能源的早期。这其中有一个很重要的原因，就是在固定电价制度下，可再生能源发电项目可以在未来的 15~25 年（各国规定的补贴时间不一样）期间，获得稳定的售电收入现金流。这就能够给各类可再生能源发电企业提供稳定的收入预期，降低投资风险，有利于吸引资本进入到可再生能源发电领域。这样的制度安排也有利于降低可再生能源发电项目的融资成本，进一步提高项目的收益率，对促进可再生能源的发展起到积极的作用。

根据目标导向的不同，有一些国家仅针对规模较小的可再生能源发电技术采用这种政策安排。例如英国政府为了促进小规模可再生能源和低碳发电技术，在 2010 年 4 月引入了固定上网电价政策，该政策仅适用于装机容量不超过 5 兆瓦的水电、风电、光伏发电和生物质能发电，以及装机容量不超过 2 千瓦的微型热电联产项目。

考虑到目前可再生能源技术仍然处于快速发展阶段，相关技术的发电成本都呈现出较为明显的下降趋势，因此各个国家在制定可再生能源固定电价水平的过程中，也会定期评估技术进步和成本下降情况，并适时对固定电价水平进行调整，从而合理抑制相关发电技术的利润空间，并科学引导相关技术的发展规模，避免给电力系统运行和补贴金额带来过大的压力。

二、固定补贴制度

与固定电价制度下，可再生能源发电企业完全规避了市场风险不同，固定补贴制度是在电力市场交易价格的基础上，再根据可再生能源发电技术的成本额外给予的补贴，并且补贴水平在一定时期内固定不变。这是一种将电力市场供需和价格同对可再生能源发电实际成本补偿相结合的制度，在一定程度上可以更有效地引导可再生能源的发展。

对于可再生能源发电企业来说，固定补贴制度下项目的收入在一定程度上受到电力市场价格波动的影响，因此投资的风险相对固定电价制度大，尤其是未来电力市场价格的走势，会对可再生能源发电项目的投融资产生重要影响。

三、可再生能源配额制度

可再生能源配额（Renewable Portfolio Standard，RPS）制度在英国也称作可再生能源义务（Renewables Obligation，RO）机制，是指政府或电力监管机构通过强制配额，要求可再生能源配额的责任主体在生产或销售的电量当中，有一定比例来自可再生能源发电。该比例指标由政府根据可再生能源发展目标确立，通常呈现逐年上升的趋势。然而，各个国家根据政策目标的不同，可再生能源配额的责任主体可分为发电侧考核和用电侧考核，其中发电侧考核的责任主体是发电企业，韩国、印度等国家采用这种方式；而用电侧考核的责任主体通常是电力公司、售电商，在有的国家 / 地区也包括不通过售电商参与市场交易的电力大用户，英国、美国大部分州都采用这种方式。

可再生能源配额的责任主体为了证明自己满足了政府规定的配额指标，需要向政府或监管机构提交相应的证明，这就涉及可再生能源配额制度配套的一种制度安排可再生能源证书（Renewable Energy Certificates，REC），通常也称为绿色标签、绿色证书、绿证，即各个国家专门的认证机构，给可再生能源发电机组所产生的一定数量的电量颁发的唯一的数字证书。在很多实施可再生能源证书的国家，1000 千瓦时的电量对应着 1 个可再生能源证书。可再生能源证书代表了使用可再生能源发电对环境的价值，在大部分国家，可再生能源证书是与其产生的电力产品分开进行交易的。可再生能源发电企业获得的收入是出售电力产品收入与可再生能源证书收入之和。通过可再生能源证书的市场交易，可以形成对可再生能源发电企业的补贴，以此鼓励可再生能源的开发和利用。对未完成强制配额的企业，政府或监管机构一般会实施相应的惩罚措施，主要是缴纳未完成证书数量对应的罚款。一般情况下，这种罚款的标准往往也会成为可再生能源证书交易的价格上限。

目前，澳大利亚、英国、意大利、日本等国家，以及美国的大部分州都实施了可再生能源配额制度。

四、净电表制度

净电表制度（Net Metering）也称为净计量电价制度，可以看作一种特殊的固定补贴政策，通过安装可以反转的双向电表来实现。该政策只适用于小型的分布式发电电源，不适用于大型风电、生物质发电、大规模光伏发电等。

净电表制度起源于美国，爱达荷州的电力公司于 1980 年最先开始采用净电表制度，随后亚利桑那州和马萨诸塞州分别于 1981 年和 1982 年采用净电表制度。1983 年，明尼苏达州成为第一个通过净电表法案的州，允许任何低于 40 千瓦的分布式发电系统采用净电表制度。截至 2018 年年底，美国一共有 43 个州采用了净电表制度，在其他州中有 3 个州的部分电力公司也采用了该制度，仅有剩下 4 个州没有采用。净电表制度在世界范围内被广泛采用，欧洲、加拿大部分省、澳大利亚、菲律宾、印度部分邦也都采用了净电表计量或本质上类似的制度安排。

电力用户安装了分布式光伏发电系统之后，如果在白天时段产生的电力比自身用电需求多，就可以实现余电上网，同时电表也将向后运转，用以抵消用户在自身电力需求超过分布式光伏发电系统出力的其他时段所消耗的来自电网的电量。

在账单计算和电费结算时，电力用户只需要支付其电表计量得到的“净”电能的费用。

净电表制度是一种特殊的固定补贴政策，通过账单和计费方式的重新安排，用户获得的补贴水平，相当于用户自己用电价格的水平。因此，在用电价格水平比较高的国家或地区，净电表制度对于用户而言是比较划算的，而在电价水平比较低的国家或地区，净电表制度对于用户而言并不划算。

五、可再生能源招投标制度

通过政府或者市场补贴等政策，可再生能源发电确实取得了快速发展。以英国为例，自 2002 年设立可再生能源义务证书制度以后，可再生能源发电装机容量提高了数倍。但是这些补贴政策缺乏市场竞争机制，造成可再生能源发电项目的成本居高不下。此外，在采用可再生能源义务证书制度的地区，由于证书的价格波动幅度较大，也造成了可再生能源发电企业较高的融资成本，而这些成本，最终都需要全社会的电力用户来买单。如英国电力用户的电费账单中，绝大部分补贴金额都流向了采用可再生能源义务证书制度的发电项目。

为了满足政府征税控制框架（Levy Control Framework）中关于可再生能源发电补贴总预算的约束，并实现该预算下 2020 年 30% 电力由可再生能源供应的目标，英国政府提出将原有的可再生能源义务证书制度，向融合了市场竞争的差价合同机制过渡。可再生能源差价合同的原理如图 5–4 所示，从 2015 年正式开始实施，并在 2017 年 3 月 31 日后全面取代了可再生能源义务证书制度。之前已经获得可再生能源义务认证的项目，仍然可获得最多 20 年的政策支持。

在可再生能源差价合同制度下，英国政府将定期举行可再生能源差价合同的竞标，根据可再生能源发电项目业主的报价，和征税控制框架分解得到的总预算，确定中标的可再生能源发电项目。发电企业像往常一样通过电力市场出售电能量，然后获得电力市场价与执行价之间的价差支付。当电力市场价格高于执行价时，发电企业需要返还电力售价与执行价之间的价差，避免发电企业获得过高的收益。可以看出，英国可再生能源差价合同中的执行价，是可再生能源差价合同的核心内容，也是给予所有的低碳电力（包括核电、可再生能源，以及碳捕捉与储存）

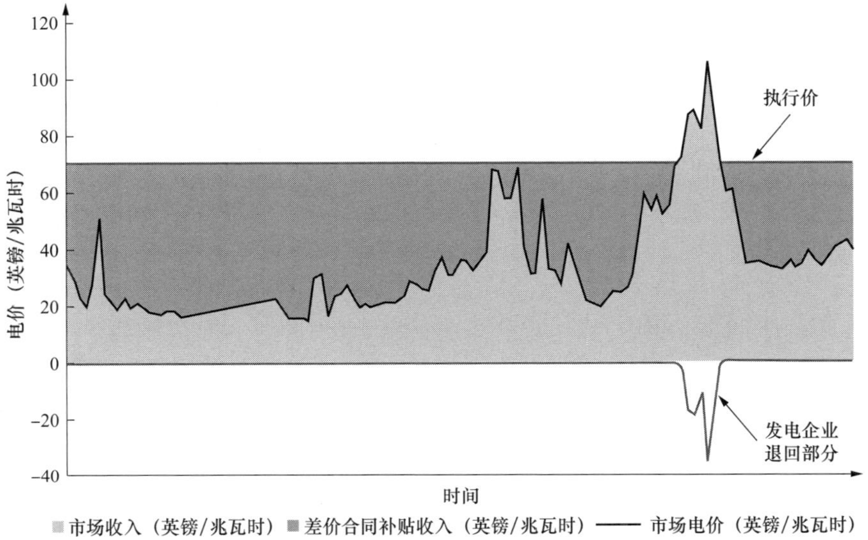

图 5-4　英国可再生能源的差价合同示意

注　资料来源于英国气候变化委员会。

最有效的长期支持。这种可再生能源差价合同的安排，有助于政府确保电力供应安全，实现发展可再生和低碳能源的政策目标，同时也确保其经济影响是电力用户能够承担的。

第四节　国外的可再生能源补贴机制

为了鼓励可再生能源的开发和利用，很多国家都采用了各种机制对可再生能源发电项目进行补贴，这些补贴对本国和全世界的可再生能源快速发展起到了重要作用。近年来，在全球金融危机余威尚存，欧债危机影响逐步加深的情况下，可再生能源补贴给各国电力用户带来了较大的压力，因此这些补贴政策也不断地发生着变化。

一、英国可再生能源补贴机制

英国可再生能源的补贴机制涵盖了一系列的政策项目，包括可再生能源义务、固定上网电价、最终投资决定及差价合同。这些不同的政策项目，既存在明显的政策差异性，又有一定的政策关联性。

1. 可再生能源义务机制

根据英国《2000 年公用事业法》（UK's Utilities Act 2000），英格兰、威尔士和苏格兰从 2002 年开始实施可再生能源义务证书制度。它给英国的电力供应商（即售电公司）规定了可再生能源电量在总电量中的占比，2003 年为 3%，逐年递增，到 2010 年为 10.4%，2015 年为 15.4%。实施可再生能源义务机制后，英国可再生能源发电装机容量的年均增长速度达到 12%。2005 年，北爱尔兰地区也引入了可再生能源义务机制。

2017 年之前，可再生能源义务机制是英国政府支持大型可再生能源发电项目的主要政策。可再生能源义务证书（ROC）的颁发及整个 ROC 交易体系的运行和监管由天然气与电力市场办公室（OFGEM）负责，每兆瓦时合格的可再生能源发电量，可以获得一个 ROC 并在市场上进行交易。ROC 的出售和电力产出的出售是相对独立的，该制度参与主体及闭环管理流程如图 5-5 所示。

首先，OFGEM 根据符合规定的可再生能源发电量，向可再生能源发电企业颁发 ROC。

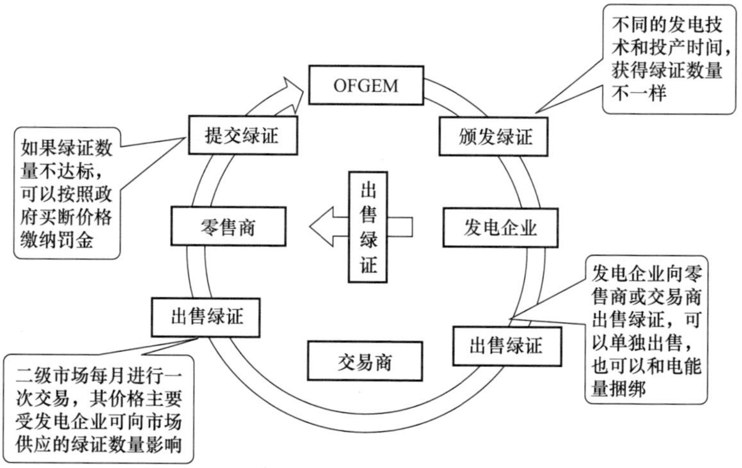

图 5-5　可再生能源义务的闭环管理流程

注　根据英国气候变化委员会信息整理。

然后，可再生能源发电企业可以向电力供应商或交易机构出售 ROC，从而获得电力批发价格以外的补贴。

电力供应商有义务向 OFGEM 证明其在一年中已经获得与其电力供应量相对应数量的 ROC，并且在次年 6 月份之前向 OFGEM 的 E-Serve 机构提交，否则将会受到处罚。处罚的价格是政府设置的买断价格，在 2002 年引入该机制时，买断价格为 30 英镑 /ROC。买断价格随着零售价格指数（Retail Price Index，RPI）进行调整，2016 年上涨至 45 英镑 /ROC。所有处罚的收入都会进入特定的基金，并按照电力供应商完成可再生能源义务的比例进行重新分配，返还给电力供应商。

如果电力供应商没能够获得与其电力供应量相对应数量的 ROC 时，也可以在次年 6 月份提交前，到 ROC 的二级市场上进行购买，这个二级市场每月进行一次交易。如果电力供应商获得的 ROC 超过其电力供应量相对应的数量时，也可以在二级市场上进行出售，或者把这些 ROC 保留到第 2 年再向 OFGEM 提交。二级市场上 ROC 的价格主要受到可再生能源发电企业可向市场供应的 ROC 数量的影响。如在过去的一个月里，风力发电的情况比较好，那么二级市场上的 ROC 价格就会比较低。由于电力供应商有购买 ROC 和认罚两种选择，因此在每年电力供应商向 OFGEM 提交 ROC 证明的月份，二级市场的 ROC 价格与政府买断价格会非常接近。

2009 年以前，可再生能源发电企业每兆瓦时电量可以获得一个证书，然而这种方式被认为不能有效地引导相关发电技术的发展。从 2009 年开始，该机制考虑发电技术、投产时间的差异，对单位电量颁发的 ROC 数量进行了分档，可再生能源发电企业每兆瓦时电量能够获得的 ROC 数量开始变得不同。采用成本较高发电技术的企业，其每兆瓦时电量能够获得的 ROC 也较多。采用这些技术的可再生能源发电企业在出售所获得的 ROC 时，能够比采用低成本技术的可再生能源发电企业获得更高的收益。

2. 固定上网电价机制

为了促进小规模可再生能源和低碳发电技术，英国政府在 2010 年 4 月引入了固定上网电价机制，要求电力供应商对于符合要求的电源，按照规定的价格收购其上网电量。

固定上网电价机制适用于装机容量不超过 5 兆瓦的水电、风电、光伏发电和生物质能发电，以及装机容量不超过 2 千瓦的微型热电联产项目。

能源与气候变化部（DECC）除了制定固定上网电价机制外，还负责修订固定上网电价目录。固定上网电价目录在每年 4 月份，根据零售价格指数情况进行一次调整。此外还会定期进行审查，根据每种发电技术在过去几个月的投产情况，可能降低相应的上网电价。对于光伏发电，这种审查每个季度进行一次，而对于其他发电技术则是半年进行一次。

可再生能源义务证书机制自 2002 年设立以来，英国可再生能源发电装机容量已经提高了数倍。但是可再生能源义务机制也产生了很多的问题，例如由于缺乏市场竞争机制，造成可再生能源发电项目的成本居高不下。英国用户电费账单中的补贴数额如图 5–6 所示。从图 5–6 可以看出，用户对可再生能源义务证书机制项目的补贴，在补贴总额中占据了大部分。

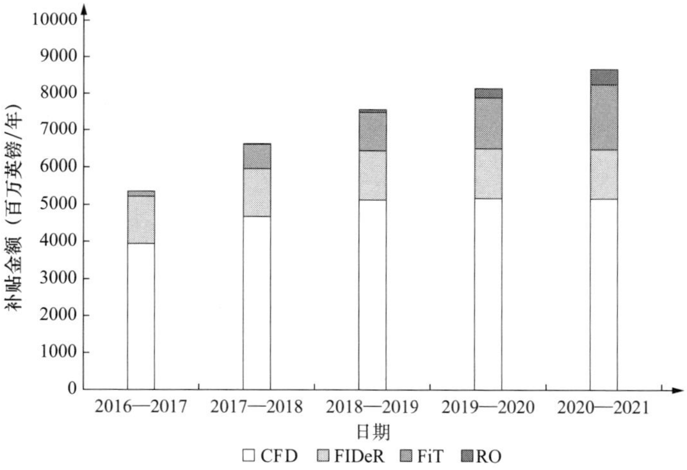

图 5–6　英国用户电费账单中的补贴数额

注　根据英国气候变化委员会信息整理。

因此，2011—2012 年期间英国政府通过了征税控制框架，设定了可再生能源发电补贴的总预算，并希望在该预算下实现 2020 年 30% 电力由可再生能源供应的目标。英国征税控制框架下逐年预算见表 5–1。

表 5-1　　英国征税控制框架下逐年的预算

英镑（2011/12 价格）	2021–12	2012–13	2013–14	2014–15	2015–16	2016–17	2017–18	2018–19	2019–20	2020–21
总预算	1.61	2.36	2.97	3.50	4.30	4.90	5.60	6.45	7.0	7.60

注　根据英国气候变化委员会信息整理。

英国政府希望通过电力市场改革，将原有的可再生能源义务证书制度，向融合了市场竞争的差价合同机制过渡。但是为了充分向市场展示差价合同的可行性，同时也为了保障可再生能源发电企业的利益，英国政府并没有直接采取差价合同，而是在差价合同之前，引入了过渡性质的可再生能源最终投资决定（FIDeR）机制。

3. 可再生能源最终投资决定机制

2013 年 3 月，英国能源和气候变化部启动了可再生能源最终投资决定计划。该政策旨在使低碳电力项目的开发商能够在差价合同机制之前进行最终投资的决定。在该政策下，可再生能源发电项目开发商可以在长期差价合同签订之前提交投资合同申请，确保了一些低碳发电项目迅速推进。

作为向差价合同过渡阶段的运行机制，可再生能源发电项目参与 FIDeR 机制的申请在 2013 年 7 月 1 日正式关闭，之后的新建项目只能通过差价合同机制获得补贴。由于 FIDeR 的历史较短，因此其在英国可再生能源补贴总额中所占的比重较小。2014 年 4 月 23 日，DECC 宣布一共向 8 个可再生能源发电项目提供了上述最终投资决定的合同，这些项目包括海上风电场，煤炭到生物质的转换，以及一个具有热电联产的专用生物质电厂。到 2020 年，这些项目将完成约 120 亿英镑的投资，支持 8500 个就业岗位，新增 450 万千瓦的低碳装机机组（约占总装机容量的 4%）。

4. 差价合同机制

差价合同政策从 2015 年开始实施，并在 2017 年前与可再生能源义务机制并行运行。差价合同的设计是为了给予所有的低碳电力（包括核电、可再生能源以及碳捕捉与储存）最有效的长期支持。通过这种方式，在收益方面给予投资者更大的确定性，从而降低项目的融资成本及政策成本。

在差价合同下，发电厂商像往常一样通过电力市场出售电能量，获得电力售价与执行价之间的价差支付。当电力市场价格高于执行价时，发电厂商需要返还电力售价与执行价之间的价差，从而避免对发电厂商的过度支付。

可以看出，差价合同的执行价是差价合同的核心内容，对帮助政府实现发展可再生和低碳能源，确保电力供应安全的政策目标具有重要意义，同时还要确保其经济影响是消费者能够承担的。在 2015 年刚刚引入差价合同时，政府根据发电项目的诸多因素，估计项目的均化成本（Levelised Cost），并以此来设定执行价和补贴的上限。从总体上说，政府考虑的因素包括技术自身的因素、市场条件、政策考量等。

2017 年 4 月前，可再生能源义务和差价合同两种机制并行。此期间差价合同执行价的制定遵循“RO–X（Renewables Obligations minus X）”的原则，其目的是使可再生能源义务机制和差价合同机制能够给投资者相同的激励。该原则反映了差价合同机制相比于可再生能源义务机制能够降低最低资本回报率及电力购买协议的风险水平。各类发电技术的执行价在长期来看将保持不变或逐渐下降。

2017 年 3 月 31 日以后，英国政府不再接受可再生能源义务机制下新项目的申请，但是仍然会继续为已经获得认证的项目提供最多 20 年的支持。由于可再生能源义务机制允许海上风电项目分阶段获得支持，还未对项目装机容量进行完全注册的项目可以在 2017 年 4 月可再生能源义务停止接受新申请前对余下装机容量进行注册，或者为未注册的装机容量申请差价合同。差价合同执行价的制定需要考虑征费控制框架可以承受的范围，以及对于相关可再生能源发电技术成本的预期。技术成本取决于对特定技术学习速率的预期和假设，以及全球技术部署的情况，因此存在很大的不确定性。

在差价合同机制下，政府会设立并拥有一个私人公司，即差价合同订约方，负责签署和管理差价合同及管理差价合同支付。

二、德国可再生能源补贴机制

德国是世界上开发和利用可再生能源较早的国家之一。德国以可再生能源为主的能源战略转型，极大地推动了其风电、光伏发电等可再生能源发电产业的起步、成长和成熟发展，使其成为欧洲乃至全世界可再生能源发电领域的领跑者。2010 年，德国可再生能源发电量占到全部电力消费量的 17%，2017 年增长至 33%。按照德国政府的计划，到 2025 年其境内可再生能源发电的占比将进一步提高至 40%~45%。德国的可再生能源发电能够取得如此迅速的发展，主要得益于其可再生能源发展政策和补贴机制。

早在 1990 年，德国就制定了《电力入网法》（StrEG），并于 1991 年正式生效。该法案的目的是将固定上网电价机制这一制度引入德国，强制电网运营企业接收可再生能源发电并网，并按照固定的价格收购。固定上网电价机制有效地促进了德国可再生能源发电的发展，特别是风力发电的发展。StrEG 生效的当年，德国新增风力发电装机容量 438 万千瓦，较之前增加了 48 倍，一举超过美国成为全球风电装机规模的冠军。

然而，StrEG 的实施给德国的电力公用事业单位带来了较大的经济压力，尤其是在沿海风电桩比较密集的地区。因此德国政府在 1998 年对 StrEG 进行了修订，增加了可再生能源发电比例不高于 10% 的限制性规定。

2000 年，德国北部地区可再生能源发电的比例已经达到了 10%，因此 StrEG 的规定在法律上阻碍了德国可再生能源发电的进一步发展。为消除这一障碍，德国政府在 2000 年通过了新的《可再生能源法》（EEG），在原有 StrEG 方案的基础上逐步建立起了分类可再生能源发电的固定电价机制。

随着可再生能源应用规模的扩大，以及欧洲电力市场化改革的推进，欧盟对其成员国提出逐步将可再生能源推向市场的要求，德国也根据可再生能源发电的发展情况，多次对 EEG 进行修订，同时调整可再生能源发电的补贴机制。截至 2019 年年初，德国的 EEG 法案一共经历了 5 次修订和调整，其政策内容可以分为 6 个不同的发展阶段。

（1）第一阶段，2000—2003 年。EEG 法案为不同类型的可再生能源发电项目建立了差异化的价格补贴机制，同时明确新建的可再生能源发电机组，可以享有 20 年的固定补贴。

（2）第二阶段，2003—2008 年。在欧盟规定的《可再生能源电力指令》指引下，德国对可再生能源发电的固定上网电价机制进行了完善。

（3）第三阶段，2009—2012 年。由于德国可再生能源发电发展速度远超政府预期，可再生能源发电量占比很快就超过了EEG法案在上一轮修订时提出的目标。2009 年德国政府对 EEG 法案的修订建立了基于新增容量的固定上网电价调减机制，同时鼓励可再生能源发电自发自用，并首次提出了市场化消纳的条款。

（4）第四阶段，2012—2014 年。EEG 法案的主要目标是鼓励可再生能源发电进入市场化交易，并且着力为可再生能源发电投资者提供稳定的长期投资环境。在这一轮的 EEG 法案修订中，明确德国可再生能源发电量占比的目标是 2020 年达到 35%，2030 年达到 50%，2040 年达到 65%，2050 年达到 80%。

（5）第五阶段，2014—2016 年。与英国发现可再生能源义务机制给电力用户带来了较大经济负担并进行相关调整情况相类似，德国可再生能源定价机制从这一阶段开始，由固定电价制度向市场溢价和可再生能源发电项目规模拍卖转变。这一阶段 EEG 法案的主要目标是严格控制可再生能源发电的补贴规模，并首次提出了针对光伏发电的招标制度。2014 年 EEG 法案的修订在可再生能源上网电价政策方面做出较大调整，因此常常被认为是德国可再生能源政策的重要转折点。

（6）第六阶段，2017 年至今。德国开始全面引入可再生能源发电招标制度，正式结束了基于固定上网电价的政府定价机制，同时推进可再生能源发电的市场化交易。目前，德国新增的可再生能源发电机组，其补贴已不再由政府决定，而是通过市场竞争来确定。

1. 固定电价机制

德国的固定电价机制从 2000 年开始实施，从第一阶段到第三阶段最主要的可再生能源发电补贴机制，奠定了固定电价机制作为德国推动可再生能源发展的主体激励政策的地位。

考虑到可再生能源发电技术，特别是光伏发电技术进步及成本下降的因素，以及可再生能源发电规模迅速扩大带来的补贴资金压力，德国不断下调固定上网电价水平。表 5-2 是 2014 年版德国《可再生能源法》中规定的固定上网电价水平。由于光伏发电成本下降迅速，德国对光伏发电的电价调整频次和幅度也是最高的。相较于光伏发电，风电的固定电价水平则变化很小。

表 5-2　　2014 年版德国《可再生能源法》规定的固定上网电价水平

技术种类		固定电价（欧分 / 千瓦时）	下调条件说明
风电	陆上	6~9（按当地风资源）	2016 年开始每 3 个月下调 0.4%
	海上	19/15/4（按离岸距离和海水深度）	前 8 年为一阶段，随后逐步降低
生物质发电		6~24（按技术种类）	2016 年开始每月下调 0.5%
光伏发电		9~13（按发电规模）	2014 年 9 月开始每月下调 0.5%
水电发电		4~13（按发电规模）	每年下调 0.5%

作为德国可再生能源发电发展初期的主要激励政策，固定电价政策功不可没。但是在成熟的电力市场环境下，由于固定上网电价水平难以及时反映市场和发电成本情况，使得德国政府逐步开始考虑电价补贴的合理性及经济性，因而转向建立以发挥电力市场作用为主、鼓励竞争、优化可再生能源补贴方式的新机制。

随着德国在 2017 年全面引入可再生能源发电招标制度，以后的可再生能源发电项目将不再享有固定上网电价，但是原来已经确定了固定上网电价的发电项目，在规定的时限内，将仍然按照项目并网时约定的价格获得补贴。

2. 市场溢价机制

当德国可再生能源补贴政策发展到第四阶段时，为了鼓励可再生能源发电参与市场化交易，德国在 2012 年开始对光伏发电引入了市场溢价机制，可再生能源可以选择固定上网电价机制，也可以选择溢价机制。在 2014 年修订的《可再生能源法》中，将市场溢价机制的使用范围进一步扩大，包括 2016 年前投运的 500 千瓦及以上的可再生能源发电项目，2016 年及以后投运的 100 千瓦及以上的可再生能源发电项目，均适用于市场溢价机制。

德国引入的市场溢价补贴，是指对可再生能源发电直接参与电力市场售电收入相对固定上网电价的损失进行补偿。在这种机制下，可再生能源发电企业的收入包括两部分，一是电力市场的直接售电收入，二是市场溢价补贴。由于电力市场的价格是变动的，而可再生能源固定上网电价相对固定，市场溢价的补贴水平也会相应发生变动。

溢价补贴机制与之前的固定上网电价机制相比，可再生能源发电机组按照电力市场规则与其他发电机组无差别地竞价上网，并且承担类似于常规电源的电力系统平衡义务，同时，政府为可再生能源发电提供溢价补贴。这种机制取消了购买保证，强制新建的可再生能源发电机组进入电力市场销售电量。由于可再生能源发电机组的边际成本几乎为零，因此可以利用其低边际成本的价格优势实现优先成交、优先消纳；另外，由于竞争性电力市场上零电价和负电价的引入，电力市场供需平衡信息能够及时传导，因此也可以避免可再生能源发电的过度投资。

3. 招标拍卖机制

为进一步降低成本并加速能源转型，德国在最近一次修订的 2016 年《可再生能源法》中，对大型可再生能源发电项目全面实行招标拍卖机制，通过市场化的方式来确定对风电、太阳能发电和生物质能发电的补贴额度，一方面可以有效地减轻可再生能源发电补贴的资金压力，另一方面也可以更准确地反映市场的需求和发电成本的变化。

2016 年修订的《可再生能源法》对于免于招标拍卖程序的各种情况也做出了明确的规定。对于光伏和风力发电机组，装机容量不足 750 千瓦的可以免于招标拍卖程序，其补贴将继续按照此前规定的固定电价政策执行；对于生物质能发电机组，装机容量不足 150 千瓦的可以免于招标拍卖程序；对于水力和地热发电机组，不需要使用新的招标拍卖程序。免于招标拍卖程序的规定对于市场份额比较小、不愿参与招标拍卖程序的小型可再生能源发电企业具有重要的意义，固定上网电价政策可以更好地保证他们的利益。

德国可再生能源发电项目实施的招标拍卖机制，具体的执行流程如下。

（1）德国联邦网络管理局（German Federal Network Agency）根据德国能源转型和可再生能源发展目标，制订可再生能源发电的招标规模，并具体组织和实施拍卖。

（2）每年对陆上风电和地面光伏发电项目进行 3~4 次招标。其中，陆上风电项目竞标成功后获得的电价权益不得转让，光伏发电项目如转让电价权益，补贴额将相应下调。

（3）拍卖遵循“按报价费用”的原则，即可再生能源发电企业需要通过竞争来确定发电项目在投产后可以获取的固定补贴的标准。不同的可再生能源发电技术的招标过程稍有区别。和市场溢价机制不同之处在于，固定补贴的标准不会随着电力市场价格的波动而变化。

（4）竞标成功的可再生能源发电项目，将在项目投产后的20年内获得政府的可再生能源发电补贴。补贴标准为可再生能源发电项目的中标电价水平。

德国政府于2015年开始实施招标拍卖机制，取得了良好的市场效果，大幅降低了可再生能源发电的补贴负担。以光伏发电项目为例，2015年4月的第一轮招标拍卖，中标电价为9.10欧分/千瓦时；2016年12月的招标拍卖，中标电价下降到6.9欧分/千瓦时；2017年10月的第九轮招标拍卖，中标电价下降到4.91欧分/千瓦时。再以海上风电项目为例，2017年4月的招标拍卖，德国对4个总装机容量为149万千瓦的海上风电项目（分别于2023—2025年投产）进行招标，丹麦东能源公司（DONG Energy）和德国巴登—符腾堡州能源集团（EnBW）以最低投标价中标，按容量加权的平均中标电价仅为0.44欧分/千瓦时，中标价格大幅低于政府预期。东能源公司于2024—2025年投产项目的中标价格为0，这意味着该项目将通过电力市场售电获取收益，不需要政府进行任何补贴。

三、美国可再生能源补贴政策

美国在联邦政府层面和州政府层面分别制定了相应的补贴政策，用以鼓励可再生能源的发展。联邦政府层面主要采用生产税抵扣（Production Tax Credit，PTC）和投资税抵扣（Investment Tax Credit，ITC）政策，抵扣政策每隔几年要重新审定并确定是否延续，最近的一次审定发生在2015年12月，国会两党同意继续延长PTC、ITC政策至2022年，以推动美国的风电和光伏发电持续发展。在州政府层面主要采用可再生能源配额和绿色电力证书制度。自20世纪90年代开始，美国先后有约29个州实施了可再生能源配额和绿色电力证书制度，各州会根据本州的资源条件，确定合适的可再生能源技术和配额水平。由于美国各州可再生能源配额和绿色电力证书的做法在本质上与英国在绿色电力证书制度的做法类似，因此不在此赘述。

在联邦政府层面和州政府层面政策的联合推动下，美国风能、太阳能和生物燃料的利用带动了可再生能源应用规模以年均5%的速度在不断增长。截至2017年年底，全美国太阳能发电量占到全部发电量的2%以上，而风力发电量则占到全部发电量的6.9%。

1. 生产税抵扣政策

生产税抵扣是针对商业及工业部门符合各可再生能源发电技术类别条件的发电机组，从认定建设开工日算起，在未来10年内给予每千瓦时可再生能源的发电量一定的补贴额度，并从可再生能源发电项目投资者上交的税收中予以抵扣。

生产税抵扣政策最早可以回溯到美国联邦政府于1992年颁布《能源政策法》（Energy Policy Act of 1992）中的生产税抵扣措施，其后历经了数次延长与修改，包括2009年《美国复兴及再投资法案》（American Recovery and Reinvestment Act of 2009）、2013年《美国纳税人减免法》（American Taxpayer Relief Act of 2012）、2014年《增税防治法》（Tax Increase Prevention Act）和2015年12月通过的《2016财年综合拨款法案》（Consolidated Appropriations Act，2016）。

过去的十多年中，美国联邦政府层面的风电生产税抵扣政策的实施显著推动了风力发电的发展，同时也决定了风力发电行业的兴衰。在生产税抵扣取消的三个年份（2000年、2002年和2004年）中，风电装机容量增长明显停滞，而在生产税抵扣到期之前的年份，风电开发项目显著增加。2005年以后，生产税抵扣的延续性有所提高，每次都能在即将失效的关口及时更新，风力发电产业随之进入高速发展期，年均新增装机保持在500万千瓦以上。

根据2015年最新审定的结果，具备资格的风电、太阳能发电、地热发电和“闭环”生物质发电（以特定能源作物为燃料，要求燃料是为发电项目专门种植的生物质，成本较高）项目，抵扣标准为2.3美分/千瓦时。风力发电在2017—2019年期间，每年的生产税抵扣标准逐步退坡，分别较2016年依序减少20%、40%、60%，并最终退出补贴序列。其他的项目，如“开环”生物质发电（以农业和森林剩余物为燃料，即以非特定能源作物为燃料）、小型水力发电站、垃圾填埋气发电、废弃物焚烧发电、海洋能发电等，抵扣标准为1.2美分/千瓦时。

2. 投资税抵扣政策

投资税抵扣是由美国联邦政府提出，针对商业部门、工业部门、农业部门、电力公司投资的可再生能源发电设施投资项目，视其技术类别给予不同额度的投资税抵扣，以鼓励纳税人投资可再生能源发电设施的奖励性措施。投资税抵扣政策有助于抵消项目前期投资，为初始投资高、资本密集型的可再生能源发电技术（如光伏发电和光热发电等技术）提供针对性更强、更有效的经济激励。

投资税抵扣最早见于美国 1978 年的《能源税收法》(Energy Tax Act of 1978)，该法案规定：购买太阳能发电和风力发电设施的，其成本的 30% 可从当年需缴纳的所得税中抵扣；投资太阳能发电、风力发电和地热发电的，其投资总额的 25% 可以从当年的联邦所得税中抵扣。2005 年美国联邦政府出台的《能源政策法》(Energy Policy Act of 2005) 修订法案，往往被认为是最早的针对可再生能源技术的投资税抵扣措施。2008 年，美国联邦政府颁布了《能源完善与延展法》(Energy Improvement and Extension Act)，延长了多项可再生能源发电（如光伏发电等）的投资税抵扣实施有效期，还新增了多项可再生能源发电（如风电、地热发电、汽电共生系统等）的投资税抵扣办法。2009 年出台的《美国复兴及再投资法案》也对投资税抵扣政策的内容实施了进一步的扩展。

投资税抵扣政策的抵扣额度历经了多次修改，根据《2016 财年综合拨款法案》，对于符合相关规定的太阳能发电（包括光伏发电、光热发电、太阳混合照明设备等，不包括被动式太阳能系统）、燃料电池和小型风力发电设施，抵扣比例为设备投资成本的 30%。其中，对于太阳能发电设施 30% 的抵扣额度执行到 2019 年年底，接下来几年的抵扣额度分别递减至 26%、22% 和 10%；对于大型风力发电设施（大于 100 千瓦），2016—2019 年的抵扣额度分别为 30%、24%、18% 和 12%，并且于 2020 年年底后退出补贴序列。对于符合相关规定的地热、小型燃气涡轮发电机以及汽电共生系统，抵扣比例为设备投资成本的 10%，其中地热将在未来长期内保持 10% 的抵扣额度。

第五节　中国的可再生能源补贴机制

作为世界主要的能源生产国和能源消费国，中国积极推进能源结构转型，为应对全球气候变化做出了重要贡献。2006 年《中华人民共和国可再生能源法》实施以来，中国的可再生能源在政策支持下迅猛发展，成为推动能源革命和能源清洁化的重要力量，也使中国成为世界上可再生能源发展最快、规模最大的国家。截至 2019 年年底，中国可再生能源发电装机容量达到 7.94 亿千瓦，同比增长 9%，约占全部发电装机容量的 39.5%，同比上升 1.1 个百分点，清洁能源替代效果日益突显。其中，风电装机容量 2.1 亿千瓦（同比增长 14.0%）、光伏发电装机容量 2.04 亿千瓦（同比增长 17.3%）、生物质发电装机容量 2254 万千瓦（同比增长 26.6%）。

根据《中华人民共和国可再生能源法》，中国主要采取固定电价政策进行补贴，即风电和光伏发电上网电价与当地燃煤机组标杆电价的差额，通过国家专门设立的可再生能源电价附加筹集资金和予以补足。中国的可再生能源电价附加从 2006 年正式开始征收，提取标准为 0.1 分 / 千瓦时，征收范围为除农业生产外的全部电量。2007—2016 年期间，可再生能源电价附加提取标准先后 5 次提高，最终增加到 1.9 分 / 千瓦时，并一直沿用至今。

一、风电补贴及上网电价的发展

同国际上发展风电较早的国家相比，中国的风电建设起步较晚，截至 2000 年年底，累计风电装机容量仅为 34.4 万千瓦。2003 年开始，中国风电进入规模化发展阶段，当时取得风电项目开发经营权主要有政府核准和特许权招标两种方式，因此风电上网电价实行的也是“双轨制”。

根据《中华人民共和国可再生能源法》中可再生能源电价管理的相关原则，2006 年国家发展改革委会同国家电力监管委员会共同制定了《可再生能源发电价格和费用分摊管理暂行办法》（发改价格〔2006〕7 号），提出了“风力发电项目的上网电价实施政府指导价，电价标准由国务院电价主管部门按照招标形成的电价确定”。根据上述办法，各省参考风电项目招标的中标价格确定省内核准的风电上网电价，因此各省的价格水平均不同。

为了简化各省差别化的风电上网电价，2009 年 7 月国家发展改革委发布了《关于完善风力发电上网电价政策的通知》（发改价格〔2009〕1906 号），对陆上风力发电上网电价补贴政策进行了调整，按照风能资源状况和工程建设条件，将全国分为 4 类风能资源区，并相应制定了陆上风电项目的标杆上网电价。2014 年 6 月，国家发展改革委发布了《关于海上风电上网电价政策的通知》（发改价格〔2014〕1216 号），制定了 2017 年以前投运的近海风电项目和潮间带风电项目的标杆上网电价。

此后，随着风电项目技术进步、规模化发展等成本下降因素，风电标杆上网电价经历了数次的完善，补贴水平逐渐退坡，但是，分资源区核定电价的方法一直延续。2019 年 5 月，国家发展改革委发布了《关于完善风电上网电价政策的通知》（发改价格〔2019〕882 号），将陆上风电标杆上网电价改为指导价，新核准的集中式陆上风电项目上网电价全部通过竞争方式确定，不得高于项目所在资源区的指导价；将海上风电标杆上网电价改为指导价，新核准海上风电项目全部通过竞争方式确定上网电价；同时，自 2021 年 1 月 1 日开始，新核准的陆上风电项目全面实现平价上网，国家不再补贴。此次调整后，风电上网指导价（含税）见表 5–3。

表 5–3　　2019—2020 年风电上网指导价　　单位：元 / 千瓦时

电源	资源区	地区	2019 年核准	2020 年核准
陆上风电	Ⅰ类	内蒙古自治区除赤峰市、通辽市、兴安盟、呼伦贝尔市以外的其他地区；新疆维吾尔自治区乌鲁木齐市、伊犁哈萨克自治州、昌吉回族自治州、克拉玛依市、石河子市	0.34	0.29
	Ⅱ类	河北省张家口市、承德市；内蒙古自治区赤峰市、通辽市、兴安盟、呼伦贝尔市；甘肃省张掖市、嘉峪关市、酒泉市	0.39	0.34

续表

电源	资源区	地区	2019 年核准	2020 年核准
陆上风电	Ⅲ类	吉林省白城市、松原市；黑龙江省鸡西市、双鸭山市、七台河市、绥化市、伊春市，大兴安岭地区；甘肃省除张掖市、嘉峪关市、酒泉市以外其他地区；新疆维吾尔自治区除乌鲁木齐市、伊犁哈萨克自治州、昌吉回族自治州、克拉玛依市、石河子市以外其他地区；宁夏回族自治区	0.43	0.38
	Ⅳ类	除Ⅰ类、Ⅱ类、Ⅲ类资源区以外的其他地区	0.52	0.47
海上风电	—	—	0.8	0.75

二、光伏发电补贴及上网电价的发展

2006 年前，中国光伏发电建设主要是由政府主导建设的示范性项目，集中在一些光照资源较好、尚未实现大电网送电的地区，旨在通过光伏发电解决用电问题。2007 年，中国光伏发电建设正式进入商业化时代，两年内先后在上海、宁夏和内蒙古共核准了 4 个光伏发电项目，核准上网电价为 4 元 / 千瓦时。

2009 年开始，为了促进光伏发电产业的技术进步和规模化发展，中国先后开展了特许权招标、太阳能光伏建筑示范项目、金太阳示范工程等，并配套了相应的财政补贴资金。2009 年和 2010 年，国家能源局组织实施了两批光伏电站特许权项目招标，上网电价较低者优先中标。2009 年第一批次 1 个项目总装机规模 10 兆瓦，中标电价为 1.09 元 / 千瓦时；2010 年第二批次 13 个项目总装机规模 280 兆瓦，中标电价全部低于 1 元 / 千瓦时，其中最高中标电价为 0.9907 元 / 千瓦时，最低中标电价仅为 0.7288 元 / 千瓦时。

2011 年 7 月，国家发展改革委印发了《关于完善太阳能光伏发电上网电价政策的通知》（发改价格〔2011〕1594 号），对非招标光伏发电项目实行全国统一的标杆上网电价。其中，对于 2011 年 7 月 1 日及以后核准，或 2011 年 12 月 31 日之后建成投产的光伏发电项目，除西藏仍执行 1.15 元 / 千瓦时的标杆上网电价外，其余省（区、市）的标杆上网电价均按 1 元 / 千瓦时执行。

2013 年 9 月，国家发展改革委印发了《关于发挥价格杠杆作用促进光伏产业健康发展的通知》(发改价格〔2013〕1638 号)，根据太阳能资源条件和建设成本，将全国分为 3 类太阳能资源区，并相应制定光伏电站标杆上网电价。与此同时，首次对分布式光伏发电项目制定了全电量补贴的政策，补贴标准为 0.42 元 / 千瓦时。

同风电标杆上网电价一样，光伏发电标杆上网电价也先后数次进行完善，补贴水平逐渐退坡。2020 年 4 月，国家发展改革委下发了《关于 2020 年光伏发电上网电价政策有关事项的通知》(发改价格〔2020〕511 号)，这是中国对光伏发电标杆上网电价进行的第 6 次调整。此次调整后，光伏发电的上网指导价（含税）见表 5-4。

表 5-4　2020 年光伏发电上网指导价　单位：元 / 千瓦时

光伏发电项目	资源区	地区	2020 年
集中式	Ⅰ类	宁夏，青海海西，甘肃嘉峪关、武威、张掖、酒泉、敦煌、金昌，新疆哈密、塔城、阿勒泰、克拉玛依，内蒙古除赤峰、通辽、兴安盟、呼伦贝尔以外的其他地区	0.35
	Ⅱ类	北京，天津，黑龙江，吉林，辽宁，四川，云南，内蒙古赤峰、通辽、兴安盟、呼伦贝尔，河北承德、张家口、唐山、秦皇岛，山西大同、朔州、忻州、阳泉，陕西榆林、延安，青海、甘肃、新疆除Ⅰ类外其他地区	0.40
	Ⅲ类	除Ⅰ类、Ⅱ类、Ⅲ类资源区以外的其他地区	0.49
工商业分布式	—	—	0.05
户用分布式	—	—	0.08

三、可再生能源相关税收优惠政策

除了上述的可再生能源价格补贴政策外，中国在可再生能源投资、运营等多个环节，也制定了相应的税收优惠政策，以支持可再生能源的发展。下面以风力发电为例分别进行说明。

在进口关税环节，国务院早在《关于调整进口设备税收政策的通知》（国发〔1997〕37号）中就明确规定，对进口的风力发电机、光伏电池板等可再生能源电力设备，免征进口关税和进口环节增值税。

在增值税环节，《关于部分资源综合利用及其他产品增值税政策问题的通知》（财税〔2001〕198号）明确要求，减半征收风力发电的增值税。在后续的政府文件修订过程中，该政策一直得到了延续，风电企业仍然享受增值税即征即退50%的优惠政策。

在所得税环节，财政部、国家税务总局发布的《关于执行公共基础设施项目企业所得税优惠目录有关问题的通知》（财税〔2008〕46号）提出，符合规定的公共基础设施项目，自取得第一笔生产经营收入所属纳税年度起，第一年至第三年免征企业所得税，第四年至第六年减半征收企业所得税，因此风电企业自经营期开始，可以享受所得税“三免三减半”的优惠政策。此外，财政部等三部门联合下发的《关于深入实施西部大开发战略有关税收政策问题的通知》（财税〔2011〕58号）规定，自2011年1月1日至2020年12月31日，对设在西部地区的鼓励类产业企业按15%的税率征收企业所得税，风电和水电企业都可以享受到此项政策的红利。

第六节　国外可再生能源发电参与电力市场交易的模式

国外可再生能源发电参与电力市场交易往往不考虑可再生能源的特殊性，而是与其他电源平等地参与电力市场交易。由于可再生能源发电内在的波动性与不确定性，导致可再生能源发电参与市场交易时投标出力与实际出力可能出现较大偏差，极大削弱了可再生能源发电参与市场交易的竞争力。一般而言，不同国家因可再生能源发展的激励机制不同，可再生能源发电参与电力市场交易的方式有所差异，即便是同一类可再生能源发电项目，由于在装机容量、业务模式、风险偏好等方面的不同，参与电力市场交易的方式也各不相同。

以英国为例，中大型可再生能源发电项目，可以通过直接参与和签订 PPA 两种不同的方式来参与电力市场交易。

一、直接参与电力市场交易

一些可再生能源发电企业选择直接参与各类电力市场交易。在其母公司的组织下，可再生能源发电企业可以选择直接参与各类电力中长期交易、交易所现货交易和实时平衡机制。在这种模式下，可再生能源发电企业将承担与其他类型机组相同的责任和义务。尽管直接参与各类电力市场交易，可能会为可再生能源发电企业带来相对较高的收益，但同时也会带来相对较高的交易成本和交易风险。具体来说，可再生能源发电企业可能通过各类电力市场交易获取相对较高的利润，但是由于其机组出力的随机性和波动性，相较于其他类型机组，其在平衡机制中面临着更大的平衡责任风险。另外，为了参与各类电力市场交易，可再生能源发电企业需要配备相应的交易人员和设施，这在一定程度上增加了可再生能源发电企业的运营成本。

综合上述因素，通常只有规模较大、承担风险能力较强的电力公司旗下的可再生能源发电企业会选择直接参与各类电力市场交易。这些公司一般同时从事发电和售电业务，在面临由可再生能源发电出力不确定性带来的平衡责任风险时，可以通过调整旗下售电商与其他机组发电合同等方式对冲相关风险，从而获取较为稳定的收益。

二、通过 PPA 参与电力市场交易

考虑到可再生能源发电的不确定性和间歇性，绝大多数可再生能源发电企业选择与售电商签订 PPA，将其全部发电能力整体出售给售电商。同时，由于英国能源监管机构 OFGEM 的绿证制度，售电商有意愿去购买可再生能源电能。在这种模式下，可再生能源发电企业与售电商签订的不再是在约定时段内购买一定数量电能的中长期合同，而是约定在一定期限内售电商将全额消纳该可再生能源发电企业发出电能的协议。基于这种购买协议，可再生能源发电企业不再参与其他

的电力市场交易，也不再承担平衡机制中的平衡责任风险。售电商在获取可再生能源发电企业发出电能的同时，也将承担由可再生能源发电出力不确定性和间歇性带来的平衡责任风险。售电商可以选择使用这些电能来满足自己的负荷需求，也可以通过电力中长期合同、交易所现货交易等方式进一步整合和出售这些电能。

通过 PPA，可再生能源发电企业将其所发出电能的交易权和与之相对应的平衡责任都转移给了售电商。售电商作为责任主体，负责管控其总合同量和实际电表量之间的偏差，并在平衡机制中承担相关的偏差责任。相对于可再生能源发电企业，售电商由于有更多的平衡资源（自有机组以及与其他机组签订的中长期合同等）可以支配，其应对和承担平衡责任风险的能力更强。由于售电商承担了平衡责任风险，PPA 中约定的电能价格也将略低于批发市场价格。一般而言，短期 PPA（通常一年以内）会确定一个固定的交易价格。这个价格一般是典型的中长期合同平均价格减去平衡服务费用和利润。例如，一个针对陆上风电的 1 年期 PPA，其价格应等于典型 1 年期中长期合同平均价格 45 英镑 / 兆瓦时，减去平衡服务费用 2 英镑 / 兆瓦时，再减去利润 1 英镑 / 兆瓦时，最终为 42 英镑 / 兆瓦时。基于这个短期 PPA，该陆上风电场发出的每兆瓦时电量都可以获得 42 英镑的收益。长期 PPA（可以长达 10~15 年）通常会选择某种价格指数作为其交易价格。这主要是因为在一个较长的时间尺度上，电能的价格存在较大的不确定性，很难基于其他的电力交易价格确定出一个参考价格。因此，长期 PPA 一般会选择 N2EX、APX、ICE 或者其他交易所的价格指数作为参考价格。考虑到售电商承担了相应的风险，长期 PPA 实际价格往往是这些价格指数乘以一个小于 1 的折扣系数。

第六章

煤炭市场

煤炭是世界上储量最丰富、分布最广泛的化石能源，在人类工业文明发展进程中发挥了重要作用，也是当前全球第二大能源品种，占全球一次能源消费的比重超过30%。煤炭是中国储量最丰富的化石燃料，占中国探明化石能源储量的96%，一直在一次能源生产和消费结构中占据主导地位。2015年，中国煤炭生产量37.5亿吨，消费量39.7亿吨，分别占一次能源生产和消费总量的74.9%和66.7%（国际能源署数据）。从资源量和开发利用条件等方面综合看，在未来相当长时期内，煤炭仍将是中国最稳定可靠的基础能源。

第一节　煤炭的基本概念

一、煤炭分类

各国在煤炭分类标准上存在一定的差异。美国煤炭主要分为4类。褐煤（lignite，L）是煤的最低品级，能量含量最低，破碎，水分含量高，碳含量为25%~35%，约占美国煤炭产量的8%；次烟煤（sub-bituminous，S）比褐煤具有更高的热值，通常含有35%~45%的碳，约占美国煤炭产量的47%；烟煤（bituminous，B）含碳量在45%~86%，热值是褐煤的2~3倍，约占美国煤炭产量的45%；无烟煤（anthracite，A）含碳量在86%~97%，平均热值比烟煤稍高，在美国很少见，不到美国开采煤炭的1%（煤炭产量占比数据为2015年数据）。

中国煤炭分类比较细致。根据国家标准GB/T 5751—2009《中国煤炭分类》，煤炭按其化学属性可分为无烟煤、烟煤和褐煤3大类，其中，烟煤又从煤化程度和黏结性2个维度划分为贫煤、贫瘦煤、瘦煤、焦煤、肥煤、1/3焦煤、气肥煤、气煤、1/2中黏煤、弱黏煤、不黏煤和长焰煤12个小类，从而形成14个类别的中国煤炭分类标准，并且广泛应用于工程技术和加工应用领域。但从煤炭经济研究的角度看，这种分类标准过于烦琐，特别是难以取得每一煤种的储藏、开发、加工和利用数据，给相关研究工作带来极大困难。

参照国际煤炭分类标准、每小类煤种的发热量和应用领域差异，中国将煤炭分为无烟煤、烟煤、次烟煤和褐煤 4 个大类（如图 6-1 所示）。其中烟煤包括肥煤、焦煤、1/3 焦煤、气肥煤、气煤、瘦煤 6 个小类，主要用于冶金工业，是炼焦煤的主体；次烟煤包括贫煤、贫瘦煤、中黏煤、弱黏煤、不黏煤和长焰煤 6 个小类，主要用于生活用煤和发电领域，它与褐煤一起构成了动力煤的主体。无烟煤主要用于化工行业，生产气化原料、合成氨等。

考虑环境问题对煤炭品质的要求，进一步按照国家标准 GB/T 15224.2—2010《煤炭质量分级　第 2 部分：硫分》中对硫的分类方法，将含硫量小于等于 1.0% 的煤称为低硫煤（low-sulfur，L），将含硫量为 1.0%~2.0% 的煤称为中硫煤（medium-sulfur，M），将含硫量大于 2.0% 的煤称为高硫煤（high-sulfur，H）。

因现实中各类煤炭的发热量差异很大，为便于相互对比和在总量上进行统计研究，中国把每千克含热量 7000 大卡（29.306 兆焦耳）的煤炭定为标准煤，也称

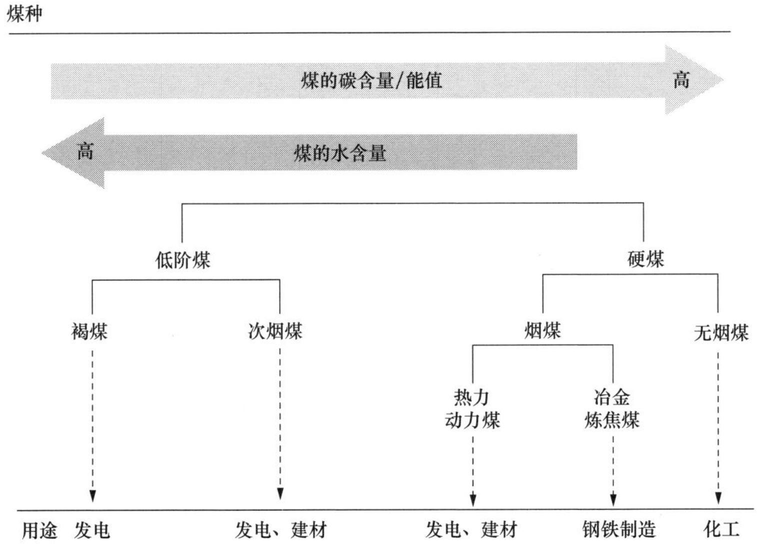

图 6-1　煤炭的类型及用途

标煤、煤当量。能源市场分析时，可将不同品种、不同品质的能源按各自不同的热值换算成每千克热值为 7000 大卡的标准煤（见表 6–1）。煤炭的分类还可以按交易市场的交易品种分类。

表 6–1　　各种能源折标准煤参考系数

能源形态	能源名称	低位发热量（千卡 / 千克）	低位发热量（千焦耳 / 千克）	折标准煤系数（千克标准煤 / 千克）
固体和液体能源	原煤	5000	20934	0.7143
	洗精煤	6300	26377	0.9
	洗中煤	2000	8374	0.2857
	煤泥	2000~3000	8374~12560	0.2857~0.4286
	焦炭	6800	28470	0.9714
	煤焦油	8000	33494	1.1429
	原油	1000	41868	1.4286
	燃料油	1000	41868	1.4286
	汽油	10300	43124	1.4714
	煤油	10300	43124	1.4714
	柴油	10200	42705	1.4571
	润滑油	9900	41449	1.4143
	石脑油	10500	43961	1.5000
	液化石油气	12000	50242	1.7143
	炼厂干气	11000	46055	1.5714
	液化天然气	12300	51498	1.7572
	煤矸石	1250	5234	0.1786
	氢气（液体）	34000	142351	4.8571
	标准煤	7000	29308	1

续表

能源形态	能源名称	低位发热量（千卡 / 千克）	低位发热量（千焦耳 / 千克）	折标准煤系数（千克标准煤 / 千克）
气体能源	天然气	7700~9310	32238~38979	1.1~1.3300
	煤矿瓦斯气	8000	33494	1.1429
	焦炉煤气	4000~4300	16747~18003	0.5714~0.6143
	高炉煤气	900	3768	0.1286
	发生煤气	1250	5234	0.1786
	重油催化裂解煤气	4600	19259	0.6571
	重油热裂解煤气	8500	35588	1.2143
	焦炭制气	3900	16329	0.5571
	压力气化煤气	3600	15072	0.5143
	水煤气	2500	10467	0.3571
	沼气	5500~5800	23027~24283	0.7857~0.8286
	氢气	3057	12797	0.4367
电力和热力	热力（当量）	—	1000	0.03416
	电力（当量）	860	3600	0.1229

注　资料来源于《能源统计工作手册》。

二、煤质特征

根据不同行业的用煤需求，可将煤炭分为动力煤、冶金煤和化工煤。动力煤是作为动力原料的煤炭；冶金煤是用于高炉冶炼的煤炭，包括炼焦煤和高炉喷吹煤；化工煤是用于生产各种化学品和油品的煤炭，主要是无烟煤。

1. 动力煤煤质特征

动力煤以燃烧产生动力为主要目的，多用于发电、建材、一般工业锅炉、居民生活和冬季取暖等。动力煤发热越高，转化的热能越多，经济价值越大。市场交易中，发热量通常是动力煤定价的主要参考指标，一般以大卡计量，1 大卡等于 4.18 千焦。动力煤各煤种中，灰分最低的是不黏煤，灰分最高的是贫煤；硫分最低的是褐煤，硫分最高的是贫煤；发热量最低的是褐煤，发热量最高的是贫煤（见表 6–2）。

表 6–2　　动力煤各煤种煤质情况

煤种	平均灰分（%）	平均硫分（%）	高位发热量（兆焦耳 / 千克）
平均	16.97	0.85	26.03
贫煤	19.51	1.67	27.89
弱黏煤	15.57	0.89	27.59
不黏煤	13.48	0.60	27.11
长焰煤	17.66	0.75	24.39
褐煤	16.52	0.55	19.99
未分类	15.21	0.80	26.56

注　资料来源于《中国煤炭价格指数体系的构建》。

2. 炼焦煤煤质特征

炼焦煤（见表 6–3）用于生产焦炭，主要包括焦煤、1/3 焦煤、气煤、肥煤、瘦煤、贫瘦煤等煤种。其中，肥煤、焦煤和 1/3 焦煤等中、高挥发分强黏结煤是配煤炼焦的基础煤，能单独炼焦。其他煤种为炼焦配煤，不能单独炼焦。优质炼焦煤是指原煤灰分小于 15%、硫分小于 1%、强黏结性、可选性为易选的焦煤、肥煤。

表 6–3　　炼焦煤各煤种煤质特征

煤种	用途	煤质特征
焦煤	基础炼焦配煤	煤化程度越高，黏结性强，加热时能产生热稳定性很高的胶质体，单独炼焦时能得到块体大、裂纹少、强度高、耐磨性好的优质焦煤
肥煤	基础炼焦配煤	黏结性最强，中等煤化程度，加热时能产生大量胶质体，单独炼焦能产生熔融性好、强度高的焦炭，但横裂纹多、气孔率高，易碎，因此多与黏结性较柔的煤配合炼焦

续表

煤种	用途	煤质特征
1/3 焦煤	基础炼焦配煤	介于焦煤、肥煤和气煤之间的过渡煤，具有中高挥发分，强黏结性，单独炼焦能生成熔融性良好、强度较高的焦煤
气肥煤	其他炼焦配煤	挥发分高，胶质体厚度大，强黏结性，结焦性介于肥煤和气煤之间，单独炼焦能产生大量气体和液体化学产品
气煤	气体炼焦配煤	煤化程度最低的炼焦煤，加热时能产生较多的挥发分和较多的焦油，胶质体的热稳定性低于肥煤，多作为炼焦配煤

注 资料来源于《中国煤炭价格指数体系的构建》。

3. 高炉喷吹煤煤质特征

高炉喷吹煤在钢铁冶炼环节主要发挥替代焦炭提供热量和还原剂的作用，从高炉风口向炉内直接喷吹磨细了的煤粉，降低焦煤的消耗，提高高炉风温，提升生铁产量水平。可用作高炉喷吹用的煤种主要有变质程度较深的无烟煤、贫煤、贫瘦煤，变质程度较浅的柔黏煤、不黏煤、长焰煤及黏结指数小于 50 的部分气煤。高炉喷吹技术要求喷吹煤的灰分、硫、磷含量越低越好，要求煤的发热量越高越好，要求煤的燃烧性能和可磨性好。

4. 无烟煤煤质特征

无烟煤是变质程度最深的煤种，固定碳含量很高，通常高达 90%~98%，而且可燃基氢含量很低，一般小于 4%，挥发分底，密度大，硬度高，燃点高，燃烧时间长，火力旺，燃烧时不冒烟。无烟块煤主要应用于化肥化工、陶瓷、机械制造、锻造等行业，是合成氨和化肥工业的基本原料，无烟末煤主要应用于高炉喷吹，也可以作为动力煤的配煤。

三、煤炭资源的储量

煤炭探明储量是指在现有的经济与作业条件下，将来可从已知储层采出的煤炭储量。储采比是剩余可采储量与能源年产量的比值，表明尚存的可采储量，如按当前实际或计划开采水平继续开采，可开采多少年，是反映国家或地区后备资源是否充足的一个重要指标。分区域看，煤炭资源主要集中在北半球，其中欧洲及欧亚大陆、亚太地区最为丰富，其次是北美洲，非洲、中东和中南美洲储量极少（如图 6-2 所示）。截至 2017 年年底，全球煤炭探明储量为 10350 亿吨，储采比为 134 年。其中，无烟煤和烟煤 7183 亿吨，占全球煤炭储量的 69.4%；次烟煤和褐煤 3167 亿吨，占全球煤炭储量的 30.6%。10 个煤炭储量最大的国家依次为美国、俄罗斯、澳大利亚、中国、印度、德国、乌克兰、哈萨克斯坦、波兰、印度尼西亚（见表 6-4）。中国煤炭储量虽然相对丰富，但储采比不足 40 年，远低于世界平均水平，与美国、俄罗斯、澳大利亚、德国等国差距明显。

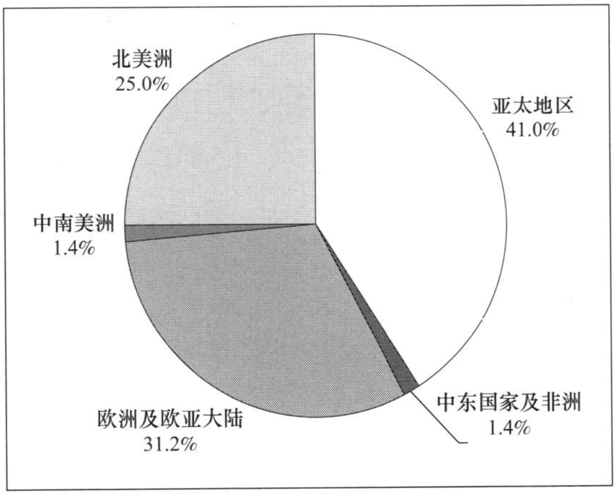

图 6-2　全球煤炭探明储量分布

注　资料来源于《BP 世界能源统计年鉴》。

表 6-4　　2017 年年底全球主要产煤国煤炭资源探明可采储量和储采比情况

国家	无烟煤和烟煤（亿吨）	次烟煤和褐煤（亿吨）	合计（亿吨）	所占比例（%）	储采比（年）
美国	2208	301	2509	24.2	357
俄罗斯	696	907	1604	15.5	391
澳大利亚	683	765	1448	14.0	301
中国	1309	80	1388	13.4	39
印度	928	49	977	9.4	136
德国	0.08	361	361	3.5	206
乌克兰	320	23	343	3.3	—

续表

国家	无烟煤和烟煤（亿吨）	次烟煤和褐煤（亿吨）	合计（亿吨）	所占比例（%）	储采比（年）
波兰	198	60	258	2.5	203
哈萨克斯坦	256	0	256	2.5	230
印度尼西亚	151	75	226	2.2	49
全球总计	7183	3167	10350	100	134

注 储采比 = 年末剩余可采储量（吨）/ 实际（或计划）年产量（吨）。
资料来源于《BP 世界能源统计年鉴》。

中国煤炭资源种类丰富，包括从褐煤到无烟煤的各种不同煤化阶段的煤种，但煤炭资源分布极不均衡，呈现西多东少、北多南少的特点。以“两纵”（大兴安岭—太行山—雪峰山线，贺兰山—龙门山线）和“两横”（天山—阴山线，昆仑山—秦岭—大别山线）四条线为界，可以划分为九个区域和东、中、西三大地带，形成“井”字形分布（见表 6–5）。“井”字形区划下，东部、中部和西部的煤炭资源量分别占中国煤炭资源总量的 7.9%、55.6% 和 36.5%；最大的煤炭资源富集区域为晋陕蒙（西）宁区，占全国资源总量的 41.4%，其次为北疆区，占比 30.8%；主要的资源富集省份依次为新疆、内蒙古、山西、陕西和贵州等。中国炼焦煤资源相对稀少，但分布较为集中，保有资源量约占全国保有煤炭资源总量的 17.6%。

分煤种看，无烟煤资源主要集中于山西东部和南部、河南北部和贵州西北部，华南地区有零星分布；烟煤资源集中于山西中部、西部和北部，山东南部和江苏、安徽北部，黑龙江东部和新疆西北部，内蒙古河套地区、宁夏、甘肃和青海有零星分布；次烟煤资源分布最广，集中于山西中南部和西北部、内蒙古和陕西北部、陕西南部和甘肃东部地区，新疆煤炭资源也以次烟煤为主，四川、重庆、湖北、湖南、江西东部和浙江也有零星分布；褐煤主要分布于内蒙古东部和北部、辽宁和吉林两省、山东东北部和云南贵州两省交界处。

表 6–5　　"井"字形区划格局

地带	"井"字形分区	地区
东部	东北区	辽、吉、黑含煤区
	黄淮海区	冀、鲁、豫、京、津、苏北、皖北含煤区
	东南区	闽、浙、赣、苏南、皖南、鄂、湘、粤、桂、琼含煤区
中部	蒙东区	内蒙古东部含煤区
	晋陕蒙（西）宁区	晋、陕、甘（陇东）、宁、内蒙古西部含煤区
	西南区	云、贵、川东、渝含煤区
西部	北疆区	新疆北部含煤区
	南疆—甘青区	青、甘（河西走廊）、新疆南部含煤区
	西藏区	藏、滇西、川西含煤区

注　对比传统上按聚煤环境划分的五大聚煤区，"井"字形划分格局区分了不同区域煤炭资源赋存状况和赋存条件的差异。东北区和蒙东区基本属于传统上的东北赋煤区；晋陕蒙（西）宁区和黄淮海区基本属于华北聚煤区；东南区和西南区基本属于华南聚煤区；北疆区和南疆—甘青区基本属于西北聚煤区；西藏区可以归于滇藏聚煤区。

资料来源于《煤炭资源可持续发展战略研究报告》。

美国是世界上煤炭资源最丰富的国家之一，煤炭资源赋存广泛，地区分布比较均衡。2017 年年底，煤炭探明储量 2509 亿吨，居全球第一，无烟煤和烟煤 2208 亿吨，占比 88%，次烟煤和褐煤 301 亿吨，占比 12%，可供开采 357 年。美国 50 个州中，有 38 个州赋存煤炭，含煤面积占国土面积的 13%。美国煤炭资源主要分布在东部阿拉巴契亚地区、中部地区和西部地区。其中，西部地区煤炭煤质相对较差，多为次烟煤和褐煤，热值较低，但硫含量也较低，大多在 1% 左右；东部地区煤炭煤质相对较好，多为烟煤（包括动力煤和炼焦煤）和无烟煤，发热量相对较高，灰分较低，但硫含量较高，通常在 2%~3%。美国炼焦煤资源较为丰富，绝大多数炼焦煤资源分布在东部的阿拉巴契亚煤田，该地区可采储量中炼焦煤约占 60%。褐煤资源主要分布在得克萨斯州北部、达科他州、路易斯安那州和蒙大拿州；次烟煤资源主要分布在蒙大拿州、怀俄明州、科罗拉多州、新墨西哥州、华盛顿州和阿拉斯加州；烟煤资源主要分布在阿巴拉契亚地区以及中西部地区；无烟煤资源主要分布在阿巴拉契亚山区和宾夕法尼亚州。

第二节　煤炭需求

一、区域特征

全球煤炭需求呈现明显的区域特征。亚太地区煤炭消费最为集中，印度、东南亚等新兴经济体煤炭需求保持较快增长，而欧洲、北美等发达地区煤炭需求持续下降。分区域看（如图 6–3 所示），2015 年，亚太地区煤炭消费量占全球煤炭消费总量的 72.88%；欧洲及欧亚大陆煤炭消费量占比约 12.19%；北美洲和非洲煤炭消费量保持平稳，占比分别为 11.17% 和 2.52%；中东地区、南美洲地区煤炭消费量增长速度逐步加快，但这两个地区的煤炭消费量占比仍较低，均不足 1%。

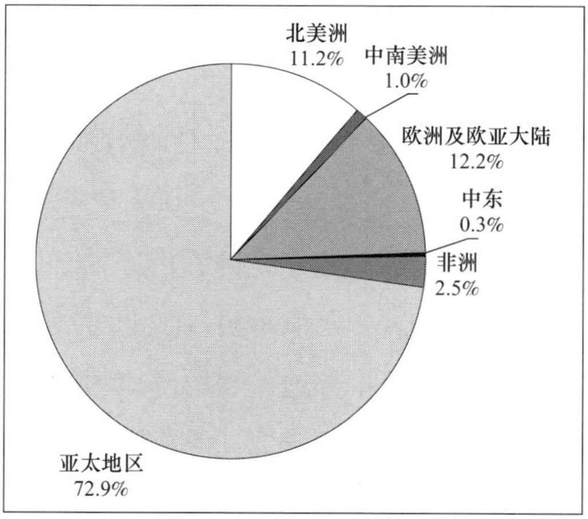

图 6–3　2015 年全球煤炭消费量区域占比情况

注　资料来源于《BP 世界能源统计年鉴》。

从煤炭在各区域能源消费占比情况看，亚太地区所占的比例高达 52.3%，大幅高于全球能源消费中煤炭 30.1% 的平均水平；除了亚太地区，其他地区的煤炭消费都是排在石油、天然气之后的第三大消费能源。非洲煤炭消费在能源消费中的占比为 24.2%，北美洲和欧洲的煤炭消费占比都在 17%，在这两个地区，天然气消费和石油消费占比不相上下。而中东地区由于煤炭资源相对匮乏，石油、天然气资源丰富，在其能源结构中煤炭所占比例全球最低，仅为 1.3%。

中国煤炭消费量在全球煤炭消费总量中所占比例最大，2011 年以来连续稳定在 50% 左右（如图 6-4 所示）。煤炭仍是中国最大的能源来源，但在能源消费中的占比不断下降。2000—2013 年，中国煤炭消费量快速增长，年均增加约 2 亿吨，2013 年煤炭消费量达到 39.4 亿吨的最高值。在经过 2014—2016 年连续下降后，中国煤炭消费再次企稳。2016 年，中国煤炭消费在一次能源消费中的占比降至 62%，较 2011 年的 70.4% 下降了 8.4 个百分点，距《能源发展“十三五”规划》提出的“煤炭消费比重降低到 58% 以下”的目标越来越近。

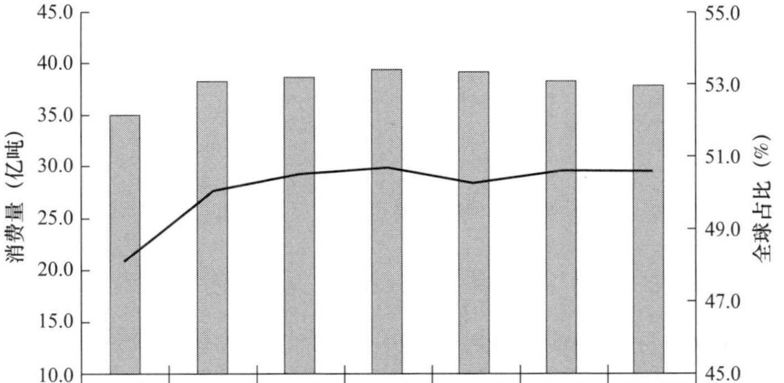

	2010年	2011年	2012年	2013年	2014年	2015年	2016年
消费量（亿吨）	35.0	38.1	38.6	39.4	39.1	38.3	37.8
全球占比（%）	48.1	50.0	50.5	50.7	50.3	50.6	50.6

图 6-4　2010—2016 年中国煤炭消费量及在全球的占比情况

注　根据《BP 世界能源统计年鉴》相关数据计算得出。

美国煤炭消费量在全球占比有所下降（如图 6-5 所示）。自 2000 年以来，美国煤炭消费量一直在 9 亿吨以上，直到 2012 年消费量下降到 8 亿吨，此后消费量进一步下降，到 2016 年下降到 7 亿吨。近年来，受到低成本天然气的冲击，很多燃煤电厂退役，新建电厂大多为燃气电厂，燃煤发电装机容量进入下降通道。加上电力需求下降、对燃煤电厂的监管加强、采暖季节平均气温上升、煤炭出口需求下降等因素的影响，天然气在 2016 年超过煤炭，成为美国发电量最大的一次能源。美国煤炭需求出现结构性转变，煤炭消费在美国未来能源消费总量中的比重将会变得越来越小。

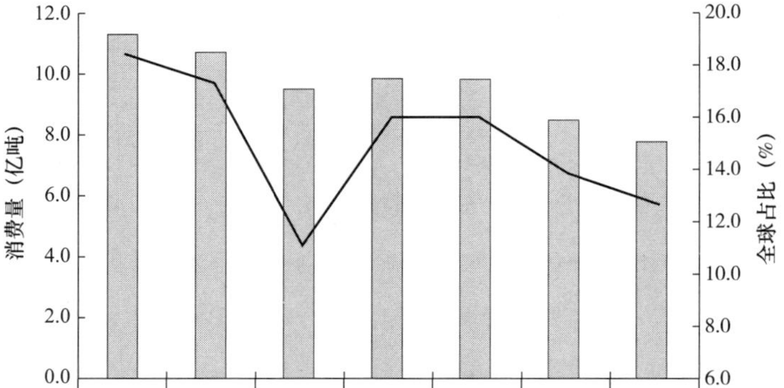

	2010年	2011年	2012年	2013年	2014年	2015年	2016年
产量（亿吨）	10.5	9.9	8.8	9.1	9.1	7.8	7.2
全球占比（%）	19.3	18.2	11.5	16.7	16.7	14.4	13.2

图 6-5　2010—2016 年美国煤炭消费量及在全球的占比情况

注　根据《BP 世界能源统计年鉴》相关数据计算得出。

二、行业消费

从全球范围看，煤炭仍是最重要的发电燃料之一，2015 年用于发电或供热的煤炭在能源消费中占比 61.1%（如图 6-6 所示）。美国、澳大利亚煤炭消费主要用

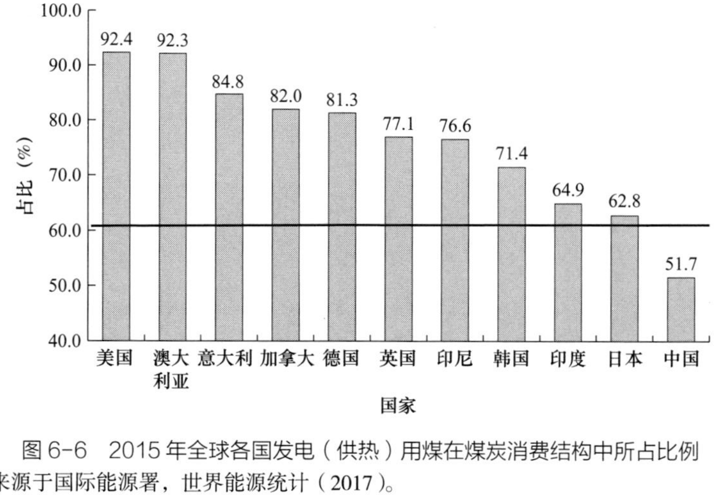

图 6-6　2015 年全球各国发电（供热）用煤在煤炭消费结构中所占比例

注　资料来源于国际能源署，世界能源统计（2017）。

于发电，燃煤发电在其国内煤炭消费结构中所占比例超过90%。加拿大、英国、德国、意大利等国家燃煤发电所占比例均高于全球平均水平。中国燃煤发电在煤炭消费中所占比例为51.7%，低于全球平均水平近10个百分点。

中国煤炭消费主要用于电力、冶金、建材、化工四大行业（如图6–7所示）。电力行业是最大的煤炭消费行业，包括发电耗煤和供热耗煤；冶金行业是第二大煤炭消费行业，炼焦用煤占比约80%；建材行业的主要能耗产品中，水泥、墙体材料和石灰主要利用煤炭提供热源；化工行业的煤炭消费主要集中在化肥制造业和基本化学原料业，其中用于煤头合成氨生产的煤炭消费量占化肥制造业煤炭消费量的95%左右。2016年，中国煤炭消费量为37.79亿吨，同比下降4.7%，连续第3年下降。其中，电力行业用煤18.75亿吨，占比49.69%；冶金行业用煤6.26亿吨，占比16.6%；建材行业用煤5.24亿吨，占比13.9%；化工行业用煤2.61亿吨，占比6.9%。

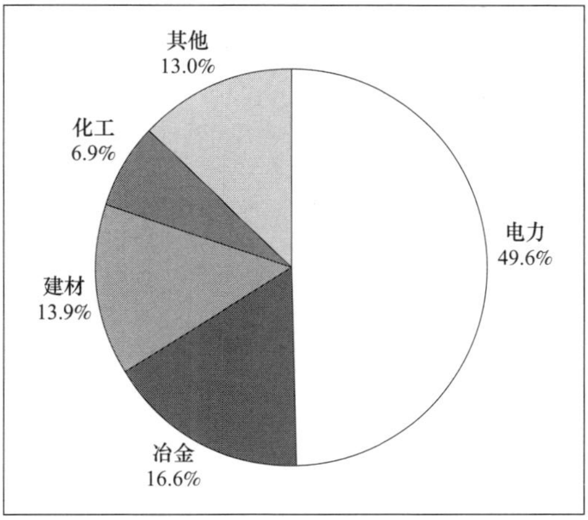

图6-7　2016年中国四大行业煤炭消费结构

注　资料来源于中国煤炭市场网、中国煤炭运销协会。

第三节　煤炭供应

一、煤炭产能

全球煤炭产能保持宽松态势。2016年，全球排名前十的产煤国家总产能规模

（见表 6–6）约 75.5 亿吨 / 年，平均产能利用率为 85%，其中印度尼西亚、美国产能利用率低于全球平均水平。

表 6–6　　2016 年全球主要产煤国家煤炭产能

序号	国家	估算产能（万吨 / 年）	估算产能利用率（%）
1	中国	400200	85
2	美国	85800	78
3	印度	80000	86
4	印度尼西亚	54600	67
5	澳大利亚	49100	95
6	俄罗斯	38200	100
7	南非	26400	96
8	哥伦比亚	9400	96
9	加拿大	6700	91
10	越南	4800	88
合计		755200	85

注　资料来源于神华科学技术研究院《全球及中国煤炭市场形势（2016）》。

二、煤炭产量

从全球能源生产结构看，21 世纪以来，煤炭在全球能源生产中的占比呈现出上升态势，石油生产的占比有所下降，天然气生产的占比有所上升，由于受到日本福岛核电站泄漏事故的影响，许多国家限制了核能，核能的占比有所下降。2005 年煤炭占全球能源生产的比例为 25.3%，2015 年煤炭占全球能源生产的比例达到 28.1%，增长近 3%。分区域看，亚太地区不仅是全球煤炭消费中心，也是全球煤炭生产中心，在全球煤炭供需市场中具有举足轻重的作用。2016 年，亚太地区煤炭产量占全球总量的 71.4%；北美洲和欧洲及欧亚大陆煤炭产量增长放缓，在全球总量中分别占比 12.1% 和 10.9%；中南美洲、中东地区及非洲的煤炭生产保持平稳，共占比 5.6%，如图 6–8 所示。

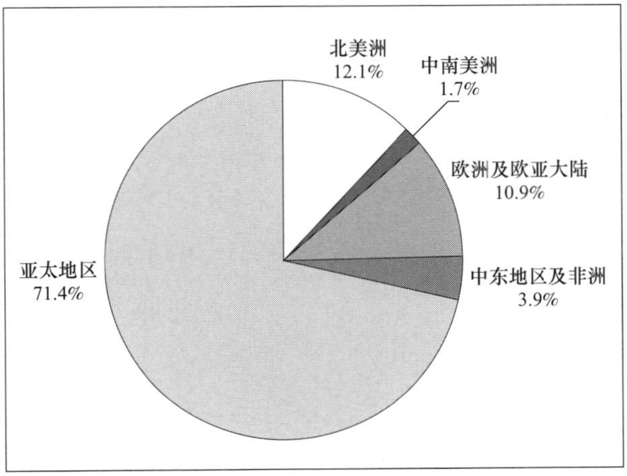

图 6–8　2016 年全球煤炭生产量区域占比情况

注　资料来源于《BP 世界能源统计年鉴》。

在供给侧结构性改革的相关政策措施作用下，近年来中国煤炭产量持续下降。2016 年，中国原煤产量 34.1 亿吨，其中规模以上煤炭企业（年主营业务收入 2000 万元及以上的煤炭企业）原煤产量 33.64 亿吨。分地区来看（如图 6–9 所示），

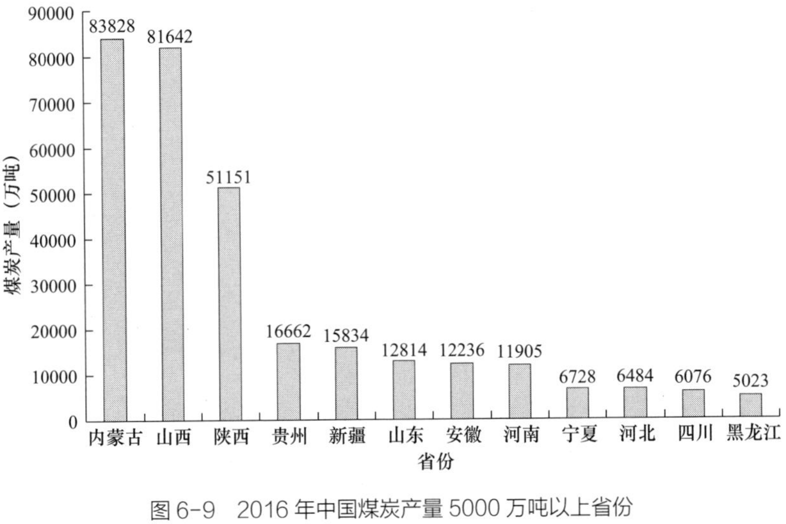

图 6–9　2016 年中国煤炭产量 5000 万吨以上省份

注　资料来源于中国煤炭资源网。

内蒙古、山西、陕西的煤炭产量位居前列，其中内蒙古原煤产量8.38亿吨，占总产量的24.9%；山西原煤产量8.16亿吨，占比24.3%；陕西原煤产量5.12亿吨，占比15.2%。三省原煤产量21.66亿吨，占中国原煤产量的64.4%。

1975年以来，美国煤炭产量逐年递增，2008年达到顶峰，2014年以后煤炭产量呈明显下降态势，与消费量趋势基本一致。据美国能源信息署（EIA）数据，2016年，美国煤炭产量为6.74亿吨，同比下降了17%，其中炼焦煤产量降幅明显。美国怀俄明州、西弗吉尼亚州、肯塔基州、伊利诺伊州和宾夕法尼亚州5个州占美国煤炭产量的70%。

三、煤炭开采成本

煤炭开采成本项目构成包括资源成本，材料、燃料及动力消耗成本，职工薪酬成本，折旧费，修理费，维简费，安全成本，环境成本及其他。由于各地区地质条件、开采工艺、劳动效率等方面不同，中国不同地区的煤炭成本存在显著差异（见表6–7）。主要矿区中，华东区原煤单位成本最高，为654.88元/吨，新青区最低，为248.71元/吨。

表6–7　中国各产煤区大型煤炭企业原煤单位成本及预测结果　单位：元/吨

区域	2011年	2012年	2013年	2014年	2015年	2020年
东北区	365.83	410.83	461.36	518.1	581.83	819.87
华东区	411.76	462.4	519.28	583.15	654.88	922.80
华南区	312.63	351.09	394.27	442.77	497.23	700.65
晋陕蒙宁甘区	284.17	319.12	358.38	402.46	451.96	636.86
新青区	156.38	175.61	197.22	221.47	248.71	350.47
全国	421.85	473.73	532.00	597.44	670.93	945.41

注　资料来源于《中国煤炭清洁高效可持续开发利用战略研究》。

四、产业集中度

作为燃煤电厂的上游产业，煤炭开采企业的集中度，在很大程度上影响着发电燃料的成本，进而影响着电力市场的边际成本。中国煤炭开采企业（通常称为煤矿）按照所有权归属、隶属关系主要分为国有重点煤矿、地方国有煤矿和乡镇煤矿等三类。从煤矿的发展来看，国有重点煤矿一直是煤炭生产的主力军。2000年以后，随着乡镇煤矿关停压产，大型煤炭企业集团建设步伐加快，煤炭市场集中度有所提升。2017年，全国有煤炭企业5000多家，5000万吨级企业17家，产量18.2亿吨，占全国的52.8%。其中产量最大的前4家企业国家能源集团、中煤能源集团、山东能源集团、陕西煤业化工集团的产量共计达到9.6亿吨，占全国的27.1%，较2000年提高19个百分点。美国前4家煤炭企业产量占比为52%、澳大利亚为40%、俄罗斯为46%、印尼为42%、德国为93%、印度为89%、南非为66%，如图6-10所示。

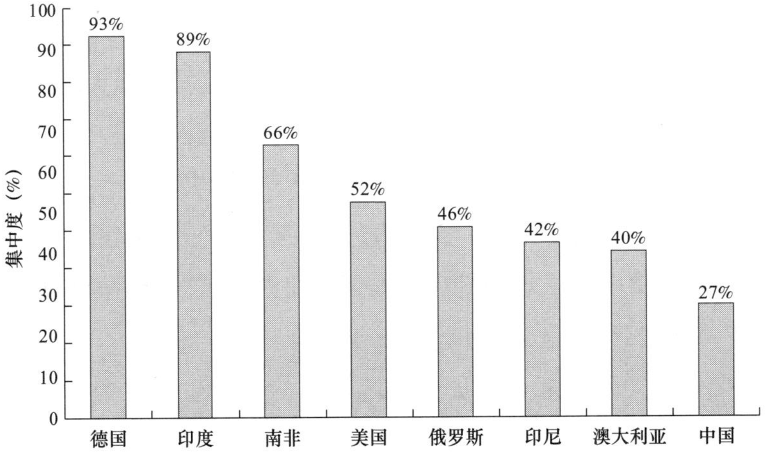

图6-10　主要产煤国前四家煤炭企业产量占比

注　资料来源于《我国煤炭市场运行趋势研究》。

第四节　煤炭进出口

煤炭在全球范围内分布比较广泛，但因运输成本较高，各国煤炭生产一般用于满足本国需求。因此，全球煤炭贸易量相对于消费量不大，国际煤炭贸易一般发生在邻近的国家之间。

一、全球煤炭贸易格局

全球煤炭贸易主要集中在亚太、欧洲、北美和拉丁美洲四大贸易市场。印度尼西亚和澳大利亚的煤炭主要向周边的印度、中国、日本、韩国等地输出；南非的煤炭主要向欧洲输出；哥伦比亚的煤炭主要向欧洲和北美输出；俄罗斯的煤炭主要向欧洲和东亚输出。亚太地区是煤炭贸易量最大的地区。2016 年，全球煤炭贸易量约 13.6 亿吨，约占全球煤炭产量的 17%。煤炭贸易中有三分之二进入了亚洲，其中中国、印度、日本和韩国占到全球煤炭进口量的一半以上。

从出口量来看，当前全球前三大煤炭出口国分别是澳大利亚、印度尼西亚和俄罗斯，中国曾是出口大国，2003 年出口量曾达到 0.9 亿吨，但目前已成为煤炭净进口国。2015 年全球十大煤炭出口国分别为澳大利亚、印度尼西亚、俄罗斯、美国、南非、哥伦比亚、荷兰、加拿大、韩国和波兰。其中澳大利亚出口量占全球煤炭出口量的三分之一，占亚太地区出口量的 50% 左右。

从进口量来看，世界煤炭进口国主要有中国、日本、韩国、印度等。2004—2010 年日本一直稳居第一煤炭进口国位置。中国在 2011 年超过日本成为全球第一大煤炭进口国。2015 年，印度进口煤炭 2.12 亿吨，成为第一大煤炭进口国。同年，中国进口煤炭 2.04 亿吨，日本进口煤炭 1.94 亿吨。

从煤种来看，动力煤和炼焦煤是国际贸易的主要煤种。全球炼焦煤需求总量的 30% 需要依靠国际贸易来满足，相对动力煤只有 14% 的国际贸易需求占比，炼焦煤是更加国际化的煤种。海运是最重要的国际煤炭贸易运输方式，占比约 90%。根据海运成本的差异，国际煤炭市场可以划分为太平洋市场和大西洋市场两个区域。其中，太平洋市场主要指进口到东南亚的煤炭市场，包括但不限于韩国、日本和中国；大西洋市场主要指进口到欧洲的煤炭市场，包括德国和西班牙等国家。

二、中国煤炭进出口

中国加入 WTO 之前，出口煤炭主要是为了换取外汇，促进国内经济发展。加入 WTO 两年后，中国 2003 年的煤炭出口量达到峰值 9393 万吨，此后便一路下滑，到 2015 年中国煤炭出口量仅 533 万吨。中国煤炭进口量在 2013 年达到 3.27 亿吨，约占当年煤炭消费总量的 9%，进口来源分为南线和北线两条线路。南线主要有印度尼西亚和澳大利亚等国，是中国煤炭进口的主要来源地，以海运为主；北线是蒙古和俄罗斯两个和中国接邻的国家，以火车和汽车运输，运量较小。2016 年，中国进口煤炭 2.55 亿吨，出口 878 万吨，净进口 2.46 亿吨。中国进口煤炭的进口国排在前 6 位的为印度尼西亚、澳大利亚、蒙古、朝鲜、俄罗斯及加拿大（见表 6–8），从以上 6 国的进口量占全部进口量的 96.7%。

表 6–8　　2016 年中国煤炭分国别进口统计

国家	总量（万吨）	褐煤（万吨）	动力煤（万吨）	炼焦煤（万吨）
印度尼西亚	10380	6472	3850	—
澳大利亚	7054	—	4295	2682
蒙古	2640	—	—	2357
朝鲜	2244	—	—	—
俄罗斯	1885	—	—	—
加拿大	519	—	—	—

注　资料来源于中国海关总署。

中国煤炭进口以动力煤为主（接近 70%），炼焦煤次之（约 23.6%），无烟煤最少（约 6.6%）。动力煤主要来自印尼和澳大利亚，东南沿海电厂大量采购来自印度尼西亚和澳大利亚的动力煤；炼焦煤主要来自澳大利亚和蒙古；无烟煤主要来自朝鲜，2014 年前中国曾大量从越南进口无烟煤，但 2014 年商品煤质量管理办法出台后，越南煤由于氟含量超标退出中国市场。2016 年，煤炭进口量排在前五位的省份为广东、江苏、内蒙古、福建及广西，五省共进口煤炭合计 1.57 亿吨，占全部进口煤炭的 61.6%。

三、美国煤炭进出口

美国煤炭产量仅次于中国，是全球第二产煤大国，美国煤炭出口量远高于进口量（如图 6-11 所示），2012 年出口量最大达到了 1.15 亿吨。2016 年出口量为 5455 万吨，进口量为 909 万吨。

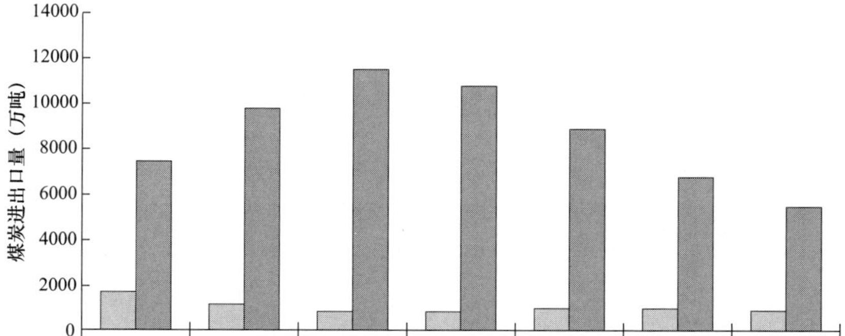

	2010年	2011年	2012年	2013年	2014年	2015年	2016年
进口量（万吨）	1727.3	1181.8	818.2	818.2	1000.0	1000.0	909.1
出口量（万吨）	7454.5	9727.3	11454.5	10727.3	8818.2	6727.3	5454.5

图 6-11　美国煤炭进出口情况

注　资料来源根据国际能源署数据计算得出。

第五节　煤炭运输

中国煤炭资源“西多东少、北多南少”的格局，决定了“西煤东运、北煤南运”的运输体系，主要依靠铁路、公路、沿海和内河水运等运输。长期以来，铁路以其动力大、速度快、成本低、能耗小等优势，一直是煤炭运输的主要方式。同时结合中国海运特点，将铁路与海运结合，形成了目前的“西煤下海、路港结合、联合转运”的煤炭长距离输送方式。公路煤炭运输存在成本大、运价高的问题，主要承担短距离运输，运输半径一般不超过 400 千米，仅作为煤炭运输的辅助手段。从市场份额看，铁路煤炭运输量约占整个煤炭运输总量的 60% 左右，水运占比 30% 左右，公路运输占比 10% 左右。

一、铁路运输

长期以来，铁路运输都是中国煤炭运输的主要方式，煤炭历来也是铁路运输的主要货物。2010—2016 年，中国煤炭发运量占铁路货物发运总量的 55% 左右（如图 6-12 所示）。

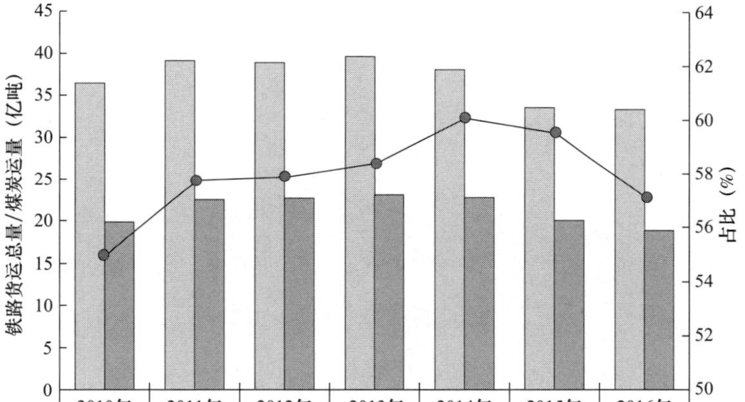

	2010年	2011年	2012年	2013年	2014年	2015年	2016年
铁路货运总量（亿吨）	36.4	39.3	39.0	39.7	38.1	33.6	33.3
铁路煤炭运量（亿吨）	20.0	22.7	22.6	23.2	22.9	20.0	19.0
占比（%）	54.9	57.8	57.9	58.4	60.1	59.5	57.1

图 6-12　中国铁路货物发运总量与铁路煤炭发运量情况

注　资料来源于中国煤炭市场网。

铁路运输是中国煤炭由西向东、从北向南的重要运输方式，中国主要的煤炭铁路运输通道是指“三西”煤炭外运通道、出关运煤通道和向华东地区调运煤炭的铁路通道。其中，“三西”煤炭外运通道是中国煤炭富集区山西、陕西和内蒙古西部的煤炭外运的最主要通道，根据铁路的地理位置、煤炭来源和去向，“三西”地区煤炭铁路外运通道分为北、中、南三大通路（见表 6-9）。中国内陆其他区域的煤炭铁路运输通道还包括，黑龙江煤炭向辽宁输送，新疆哈密煤炭向甘肃输送，山东煤炭向长三角输送，两淮煤炭向长三角输送，河南煤炭向华中输送，贵州煤炭向华南、川渝地区输送等。

表 6-9 "三西"地区铁路当前、远期货物运输能力 万吨 / 年

项目		线路名	2017 年		2020 年预测	
			货运能力	煤炭运能	货运能力	煤炭运能
"三西"地区煤炭铁路外运通道	北通路	丰沙大线	7500	5700	10000	7000
		大秦线	45000	45000	45000	45000
		集通线	4000	2500	7000	5000
		神朔黄线	35000	35000	45000	45000
		京原线	2800	1500	2800	1900
		张家口—唐山	—	—	10000	8000
		小计	94300	89700	119800	111900
	中通路	石太线	10000	8000	10000	8000
		邯长线	7000	6000	10000	8000
		刑和线	—	—	4000	2600
		小计	17000	14000	24000	18600
	南通路	太焦线	8000	7000	8000	7000
		侯月线	18000	15500	20000	17000
		山西中南通道	7000	6000	13000	11000
		陇海线	10000	5000	10000	5000
		宁西线	7000	5000	10000	7500
		西康线	5000	3500	7000	5000
		小计	55000	42000	68000	52500
合计			166300	145700	2118000	183000

注 资料来源于《中国煤炭市场发展报告》。

二、水路运输

煤炭水路运输因具有运力强、成本低的优势发挥了重要作用，缓解了铁路

运输压力，成为中国煤炭由北向南运输不可或缺的方式。水路运输包括沿海运输和内河运输。煤炭的沿海运输首先通过铁路或公路将煤炭从生产地集结到北方沿海中转港口，再由海轮运往渤海湾、华东和中南地区以及国外；煤炭的内河运输通道主要包括长江和京杭运河，主要是将来自晋、冀、豫、皖、鲁、苏及海进江（河）的煤炭经过长江或运河的煤炭中转港或主要支流港中转后，用轮驳船运往华东和沿江（河）用户，从而形成“北煤南运、西煤东运”的水上运输格局。

煤炭从“三西”地区由铁路、公路中转到东北、华北港口，转运至华东地区，形成了中国沿海的煤炭港口群，可分为装船港（煤炭下水港）和卸船港（煤炭接卸港）。主要下水港包括沿海北方七港，即秦皇岛港、天津港、黄骅港、京津港、青岛港、日照港、连云港；内河煤炭下水港，有长江四港南京港、武汉港、芜湖港、枝江港，以及京杭运河上的徐州港和珠江水系的贵港。主要接卸港包括华东地区的上海港、宁波港，华南地区的广州港；内河有长江和运河上的江阴港、南通港、镇江港、杭州港和马鞍山港。

在煤炭海运下水量中，北方七港（见表 6–10）占内贸发货量的 82%，尤其是秦皇岛、天津、黄骅和京唐港约占全部一次下水量的 94%。在南方接卸港中，浙江主要接卸来自秦皇岛港、天津港两个港口的煤炭，福建主要接卸来自秦皇岛港、天津港、黄骅港三个港口的煤炭。

表 6–10　　近年中国主要港口煤炭发运量统计情况　　万吨

年份	合计	北方港口	秦皇岛港	唐山港	天津港	黄骅港	青岛港	日照港	连云港
2010	55598	49610	21992	9390	6449	8904	1090	1163	624
2011	65333	58078	25130	12018	8411	9608	994	1328	590
2012	61992	56300	23455	12486	7390	10202	907	1221	639
2013	66856	61677	23564	16036	6486	13223	773	1152	444
2014	68148	63509	23705	15697	7837	13746	1170	931	423
2015	64400	59357	22101	13525	9459	11737	1194	962	471
2016	64373	59858	15911	12850	10921	17361	1046	1304	464

注　资料来源于中国煤炭市场网。

三、公路运输

公路煤炭运输作为铁路和水路煤炭运输的重要补充，在主要的煤炭生产基地和煤炭中转港腹地，一直有中、短距离的公路直达或公路集港运输。跨地区公路煤炭运输主要集中在山西、内蒙古和陕西等地。在“三西”煤炭外运中，前期由于铁路运力不足，公路运输发挥了较大作用。目前，“三西”地区有 13 条煤炭外运公路（见表 6-11），国道有大同—北京（109）、太原—北京（108）、太原—石家庄（307）、长治—邯郸（309）、晋城—阳城（207）；省道有大同—张家口、榆次—邢台、长治—安阳、晋城—焦作、左权—邯郸、高平—鹤壁等。

表 6-11　　煤炭公路直达运输关系省份情况　　万吨

地区	总公路直达数量	本省公路直达数量	公路直达其他省市及数量
山西	23897	19090	河北（4179）、河南（336）、山东（123）、陕西（109）、内蒙古（31）、辽宁（22）、安徽（5）、湖南（2）
陕西	21400	15102	山西（3614）、河北（1110）、山东（645）、河南（517）、内蒙古（170）、江苏（121）、上海（99）、天津（20）
内蒙古	21758	16146	辽宁（1635）、山西（1040）、黑龙江（558）、天津（541）、河北（526）、北京（412）、吉林（293）、山东（195）、宁夏（164）、甘肃（94）、河南（88）、青海（65）
贵州	13716	11843	广西（161）、云南（678）、四川（102）、湖南（24）、江西（5）
山东	10527	10242	江苏（124）、河北（76）、河南（45）、浙江（31）、安徽（7）、上海（2）
新疆	10205	10205	—
河南	7120	6731	江苏（154）、安徽（128）、山东（67）、河北（20）、湖北（17）、浙江（1）、上海（1）

注　资料来源于中国煤炭市场网。

第六节 煤炭市场价格

一、煤炭市场价格形成机制

发达国家煤炭市场化程度高，其煤炭价格主要通过市场机制形成，政府主要发挥对市场运行进行监督和调控的职能。以美国、英国和澳大利亚等产煤国为例。美国煤炭储量充裕，运输业发达，没有煤炭运输瓶颈，且煤炭行业和电力行业均高度市场化，煤炭价格由市场决定，政府不直接进行干预，一般通过调整税费影响煤炭价格。英国的煤炭资源相对匮乏，煤炭工业私有化程度很高，煤炭企业之间进行公平市场竞争，政府不对其进行干预。澳大利亚政府则根据国内与国际煤炭市场上的煤炭价格，制定相对公平的指导价供煤炭生产和消费企业参考，同时通过处罚或减少补贴等方式间接调控价格的过度偏离。与发达国家不同，南非煤炭市场价格形成受到政府监管，其煤电价格联动需要政府进行审批，政府为获取许可证的电力企业保障煤炭需求，同时向煤炭企业提供补贴。

中国煤炭价格形成机制经历了从计划经济、计划与市场并存，到完全市场化的演变过程。在计划经济时代，煤炭企业的生产、运输和销售完全按照政府计划，无须考虑生产数量、产品售价、销售去向和盈利水平等问题，没有自主决策权。改革开放后，国家逐渐将生产经营自主权下放于煤炭企业，但鉴于煤炭是国民经济的基础产业，采取了渐进式的改革方式，先于 20 世纪 90 年代放开了炼焦煤市场，进而于 21 世纪初放开了无烟煤市场，但对动力煤市场化推进一直较为谨慎。从 1997 年对电煤实施政府指导价，到 2002 年的不再发布政府指导价的厦门煤炭订货会，到 2005 年更名为“重点煤炭产运需衔接会”的长沙煤炭订货会，再到回归行政限价的 2011 年南宁煤炭订货会，直到 2013 年政府取消煤炭重点合同，实现计划煤与市场煤的并轨。2013 年 1 月，国家取消了重点合同和电煤价格双轨制，国家发改委不再下达年度跨省区煤炭铁路运力配置意向框架，动力煤价格由贸易双方自主协商确定，由此揭开了动力煤市场化改革的序幕。

2014 年 5 月，国家发改委印发《关于深入推进煤炭交易市场体系建设的指导意见》，要求在规范现有煤炭交易市场基础上，加快健全若干区域性煤炭交易市场，结合煤炭主产地、消费地、铁路交通枢纽、主要中转港口，以及国家批准开展涉煤品种期货交易的期货交易场所等，逐步培育建成 2~3 个全国性煤炭交易市场。随后，各地煤炭交易市场纷纷成立，规模较大的包括中国（太原）煤炭交易机构、秦皇岛海运煤炭交易市场、东北亚煤炭交易机构、内蒙古煤炭交易机构、陕西煤炭交易机构、华东煤炭交易市场和华南煤炭交易机构等。为指导各地煤炭市场交易，这些交易市场又先后构建并发布了煤炭价格指数，例如，中国煤炭工业协会编制了中国煤炭价格指数（CCPI）、秦皇岛煤炭网编制了环渤海动力煤价格指数（BSPI）、中国煤炭资源网编制了中国煤炭指数（CCI）系列，包括动力煤指数和冶金煤指数等，其中环渤海动力煤价格指数一度成为行业标杆。

二、煤炭价格类型

煤炭从煤矿生产出来，然后运输至港口或仓库，再运到消费地，过程相对复杂，产生了多种煤炭交易价格。按照煤炭商品所在的市场，可以将煤炭的价格类型大致划分为生产地价格、中转地价格和消费地价格（见表 6–12）。

表 6–12　　煤炭价格类型

类型		解释说明
生产地价格	坑口价	指在煤矿坑口进行交易的价格，一般不包含除煤价之外的任何费用
	出厂价	指煤炭经过洗选加工之后在洗煤厂（储煤场）交易的价格，包括坑口价、煤炭洗选费用及利润
	车板价	指在火车已装载煤炭，即将发出之前除火车运费以外的一切费用，包含坑口价、税费、汽车运费、火车站台上的若干税费、铁路计划费（点装费）
中转地价格	平仓价	又称煤炭装船价（FOB），是指煤运到港口并装到船上的价格，包含上船之前的所有费用
	船板价	指在船已装载煤炭，即将发出前除船运费以外的一切费用，包含煤炭的坑口价、税费、陆地运费、船码头上的若干税费等

续表

类型		解释说明
中转地价格	过驳价	指平仓价格加上过驳作业费用。过驳是指大船在锚地通过驳船或者其他小船从码头装卸货物
	库提价	指煤炭从仓库运出的价格，包括煤炭入库前的价格和仓库使用费
消费地价格	到岸价	又称到港价或到岸价（CIF），包括离岸价、保险费、海运运费等
	到库价	指煤炭通过运输送达到指定仓库的价格，包括车板价、运费，以及运输途中的其他费用
	到厂价	指煤炭运输到买方指定厂家的价格，包括车板价、运费，以及运输途中的其他费用

注　资料来源于《中国煤炭价格指数体系的构建》。

三、煤炭价格指数

国际煤炭价格指数产生于 20 世纪 80 年代，最初是煤炭贸易价格的原始反映。20 世纪 90 年代以后，国际煤炭价格指数进入快速发展期，许多公司开始设计和发布国际煤炭价格指数。煤炭价格发布机构大致分为四类：一是专业的煤炭信息、咨询和服务公司；二是直接从事煤炭贸易的贸易商；三是煤炭生产商和用户合资成立的煤炭贸易公司；四是政府部门。

全球煤炭市场上有四个重要的煤运港口或港口群，分别是中国环渤海港口群、欧洲 ARA 三港（ARA 是阿姆斯特丹、鹿特丹、安特卫普三个港口首字母的缩写）、澳大利亚纽卡斯尔港、南非理查德港。这四个港口的煤价反映了各自区域内煤炭市场的景气度。目前，国内外主要煤炭价格指数有以下六种，分别是环球煤炭价格指数、澳大利亚 BJ 价格指数、ACR 亚洲指数、PLATTS 煤炭价格指数、麦克洛斯基（McCloskey）煤炭信息服务公司价格指数和奥古斯（Augus）煤炭价格指数。这些煤炭价格指数有的是直接反映煤炭价格状况，有的是经过数据整理和处理以指数形式公布，总体反映了全球煤炭贸易过程中的价格情况。

1. 环球煤炭价格指数

环球煤炭公司为澳大利亚新南威尔士州纽卡斯尔港设计推出了出口动力煤价格指数（Newcastle Coal，NEWC，又称为纽卡斯尔煤炭价格指数），该指数以离岸价、标准煤炭合同为计算基础，发表周期为周和月。交货港是澳大利亚纽卡斯尔港口。具体煤质指标为：热值，低位收到基发热量 6000 大卡 / 千克（约等于空干基高位发热量 6700 大卡 / 千克）；最高水分，15%，一般 10%；挥发分，27%~35%；硫分，最高 0.75%，一般 0.6%。

环球煤炭公司设计推出的南非理查德港口远期合同煤炭价格指数 RB，又称为南非理查德港煤炭价格指数，该指数以离岸价、标准煤炭合同为计算基础，以煤炭在 3 个月内发运为成交条件，指数价格为实际成交价和期望价格的加权平均值。交货港是南非理查德港口。具体煤质指标为：热值，低位收到基发热量 6000 大卡 / 千克（约等于空干基高位发热量 6700 大卡 / 千克）；最高水分，12%；最高灰分，15%；最低挥发分，25%；最高硫分，1%。

环球煤炭公司设计推出的欧洲动力煤现货交易价格指数 ARA，又称 DES ARA，反映了煤炭买卖双方对现货动力煤的合同价，交货港是欧洲 ARA 三港，目的港不定，每周发布一次，主要为西欧市场煤炭交易商提供参考标准。ARA 三港所进口煤炭主要来自南非、俄罗斯、哥伦比亚、澳大利亚及波兰等国。

2. 澳大利亚 BJ 价格指数

BJ 价格指数是澳大利亚悉尼的知名煤炭与能源咨询机构 Barlow Jonker Pty Ltd 发布的亚洲市场动力煤现货价格指数，现在已成为指导日澳动力煤价格谈判和现货谈判的重要参考价格依据。BJ 价格指数反映了煤炭买卖双方对现货动力煤的合同价，发货港是澳大利亚纽卡斯特港，目的港不定，每周发布一次，包括现货招标、电子商务交易等。具体煤质指标为：热值，6700 大卡 / 千克；最高灰分，15%；最高硫分，0.8%；最低挥发分，30%。

四、煤炭金融衍生品

与其他商品一样，煤炭可以在交易所进行交易，也可以在场外进行交易。美国煤炭市场有多种可供选择的煤炭交易品种，根据合同周期的不同，可分为现货市场交易、短期合同和长期合同交易。受运输成本等因素影响，美国主要进行交易的煤炭品种是烟煤，电煤交易量并不是太大，发电厂商大约 60% 的煤炭供应通过 5 年以上的相对长期的合同来保证，供需双方只有签订标准的煤炭交易合同才能进行交易，电价与煤炭价格之间的相关性较低，煤价的波动很小。美国有完善的煤炭期货市场，并实施“优先回购权”，如A发电厂商购买了某煤矿的期货煤，一定条件下它又可以把期货煤卖给另一家急需煤炭的发电厂商B，但有一个附加条件是一旦A发电厂缺煤，A有优先回购权，即A把卖给B的煤炭以略高的价格购买回来。这些措施能够有效平抑煤炭市场价格波动、提高电煤交易效率、保证发电厂商煤炭供应。

随着交易所期货合同的日益增长，国际煤炭价格变得越来越透明。芝加哥商品交易所（CME）和洲际交易所推出了欧洲、南非和澳大利亚煤炭市场对冲的经济结算合同。欧洲煤炭期货合同是基于向西北欧ARA三港交付的煤炭装船价。南非煤炭期货合同以南非理查兹湾的煤炭装船价为依据。澳大利亚煤炭期货合同是基于澳大利亚纽卡斯尔的煤炭装船价。

中国煤炭金融衍生品市场在近年来得到快速发展，煤炭期货登录交易所场内市场，健全了价格形成机制，主要品种包括动力煤和炼焦煤。2013年，大连商品交易所推出焦煤、焦炭等煤炭期货品种，郑州商品交易所推出动力煤期货，进一步完善了动力煤市场体系，逐步提升了中国在动力煤国际市场的定价影响力。2013年以来，渤海商品交易所陆续推出了动力煤、焦炭、焦煤、主焦煤等多个煤炭现货交易品种。为满足市场的需求，上海清算交易所推出了动力煤掉期，使得煤炭场外交易实现新的突破，丰富了煤炭领域的风险控制工具。

第七章

原油及石油产品市场

石油（Petroleum）一般认为是由数百万年前动植物的遗体埋在地底形成的，形态为气态、液态和固态的烃类混合物，属于生物沉积变油。还有另一种观点认为石油是地壳内本身的碳生成。一般情况下，石油并不能直接使用，而是经过蒸馏和提炼形成各种石油产品（Petroleum Products）。石油产品多达上千种，其中 80% 以上为用于运输、发电和供暖的各种燃料，包括汽油、柴油、喷气燃料（航空煤油）、灯用煤油和燃料油等，其他的石油产品还包括数百种润滑油和润滑脂，以及石油沥青、石油蜡等。

原油（Crude Oil）是石油的基本类型之一，常压下呈液态，其中也包括一些液态非烃类组分。原油以液态形式储藏在地下油层或油藏中、沉积岩内的狭小空间中以及焦油砂或油砂的表面。在天然状态下，原油的密度和黏稠度各不相同，既包括稀、轻质、易挥发的流质稀油，也包括非常黏稠的半固态重油。原油颜色从浅金黄色到深黑色都有。从全球范围来看，原油消费量约占全球一次能源消费总量的三分之一，因此其对世界经济至关重要。

第一节　原油的基本概念

一、原油的密度

原油密度是指单位体积原油的质量，以克 / 立方厘米表示，分为密度和相对密度，它在生产和储运过程中有着重要意义，在原料及产品的计量中也是必不可少的。

原油的密度是原油的市场价值最重要的决定因素之一（另一个关键特性是硫含量）。中国规定油品在 20℃时的密度为其标准密度，表示为 ρ_0。在国际上，油的密度大小根据美国石油学会（API）的比重指标（API Gravity）进行衡量，该比重指标使用 60 ℉（约为 15.6℃）下油与水的相对密度，并按照以下的公式计算得到：

$$API=141.5/\text{相对密度}-131.5 \quad (7\text{–}1)$$

从上面的公式可以看出，API 比重值与相对密度成反比例，油品的相对密度越大，API 比重值越小。水的 API 比重值等于 10，说明当油品的 API 比重值大于 10 就会浮在水上，小于 10 就会沉在水下。

根据 API 比重指标的大小，原油可以分为：轻质油，API>31.1 ；中质油，22.3<API<31.1 ；重油，10.0<API<22.3 ；超重油，API<10.0。

根据产地和交易商的不同，原油会使用不同的分类标准。不同的国家、地区和地质构造产生不同类型的石油，一般根据其密度分为轻质原油和重质原油。

虽然比重是一个无量纲指标，但实践中的 API 比重指标通常被称为“度”。例如，西得州中级原油（West Texas Intermediate，WTI）的 API 比重指标为 39.6 度。

二、原油的交易单位

在原油交易中，中国和俄罗斯等国通常是以重量进行计量的，使用“吨”作为原油的计量单位。而在石油输出国组织（Organization of Petroleum Exporting Countries，OPEC）的成员国和英美等西方国家，往往采用以体积计量的方式，通常用“桶”作为原油的计量单位。原油用桶计量最早源于美国宾夕法尼亚州的“德雷克井”，后由石油大王洛克菲勒的标准石油公司大规模推广应用进而成为美国乃至全世界普遍采用的原油交易单位。美欧等国家的加油站，通常使用加仑作为成品油的单位，中国的加油站则以升为单位。

“桶”与其他单位的换算关系为：

1 桶 =42 美制加仑（1 美制加仑＝ 3.7854 升）≈ 159 升

因为各地出产的原油密度不尽相同，所以一桶原油的重量也会有波动，在 128~142 千克之间。1 吨原油等于 7.0~7.8 桶。[1]

三、原油的含硫分类

根据原油中的硫含量区分为低硫和高硫油。如果原油中硫含量小于 0.5% 则被

[1] 资料来源：《原油期货 100 问》，上海期货交易所。

认为是低硫油。早期采矿者通过品尝原油的味道来确定其质量，低硫油味道比较甜。一般而言，轻质原油的含硫量较低，因此都是低硫油。轻质原油的主要产地包括北美洲东部的阿巴拉契亚盆地、得克萨斯州西部、北达科他州和萨斯喀彻温省的巴肯地层、欧洲北海、澳大利亚和包括印度尼西亚在内的远东地区。各类原油的密度及硫含量如图 7–1 所示。

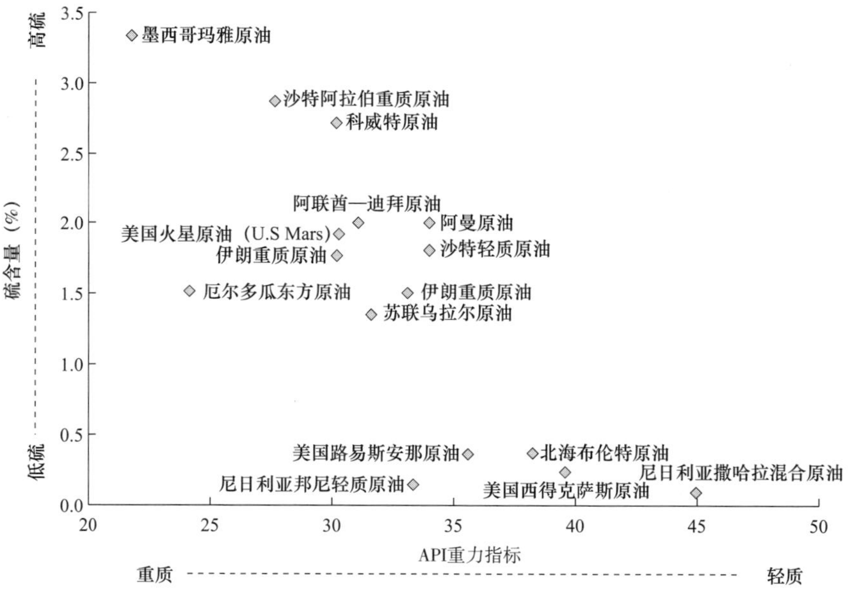

图 7–1　各类原油的密度及硫含量

注　资料来源于美国能源信息署。

高硫原油的硫含量超过 0.5%，同时部分硫以具有臭鸡蛋味道的硫化氢形式存在。硫化氢被视为工业危险品，因此高硫原油在用油轮运输之前，要通过去硫化氢的处理来保证稳定。

高硫原油在墨西哥湾、墨西哥、南美洲和加拿大比较常见，石油输出国组织成员国生产的原油往往硫含量也较高，平均硫含量为 1.77%。

低硫轻质原油的价格通常高于高硫重质原油。部分原因是炼化过程中生产的汽油和柴油，通常会比炼化出来的其他产品价格更高。采用低硫轻质原油进行汽油和柴油提炼时，过程更简单，成本更低，能源消耗更少。

第二节 原油的储量

根据《BP 世界能源统计年鉴 2018》，截至 2017 年年底，世界原油已探明储量（指在现有的经济与作业条件下，将来可从已知储藏采出的原油储量）为 16971 亿桶，其中中国已探明储量约 257 亿桶，占全球已探明储量的 1.5%，美国已探明储量约 500 亿桶，占全球已探明储量的 2.9%。已探明储量会随着新石油资源的发现、对已探明资源开采技术的发展、原油价格波动对开采经济性的影响等因素而出现波动。例如，发现巴西海上盐下油田就增加了原油产量的潜在来源，提高了全球已探明储量水平。水平钻井和高压水力压裂技术的进步使得页岩油更易于开采，从而增加了美国和其他国家的已探明储量规模。2008—2014 年间，世界原油交易价格在 100 美元 / 桶以上，高企的价格提升了高成本钻井的经济性，也就提高了探明储量规模。

从全球储量的分布上来看，虽然委内瑞拉和加拿大处于全球已探明储量排名前三的位置，分别占世界原油储量的 17.9% 和 10%，但世界上大部分已探明储量集中分布在中东地区。其中，沙特阿拉伯、伊朗、伊拉克、科威特和阿拉伯联合酋长国 5 个中东地区国家总共拥有全球已探明储量的 45.6%。在已探明储量排名前十的国家中，有 7 个国家是 OPEC 的成员国。2016 年世界主要的已探明原油储备国家的储量如图 7–2 所示。

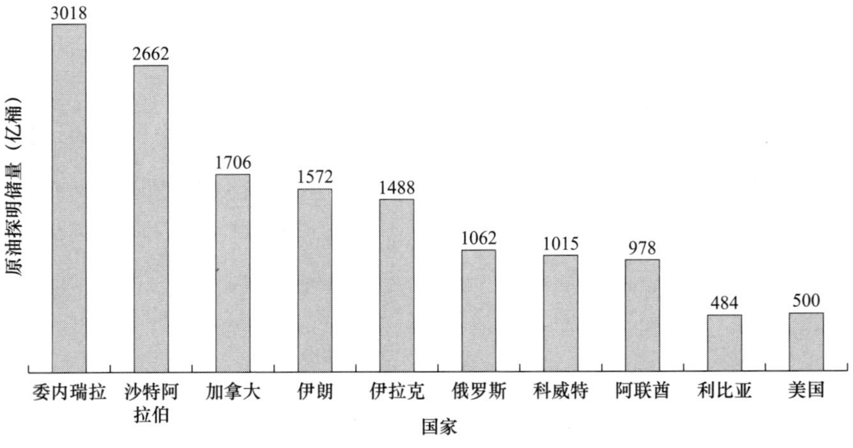

图 7–2 2016 年世界主要的已探明原油储备国家的石油探明储量

注 资料来源于《BP 世界能源统计年鉴 2018》。

第三节　原油的供应

2017 年，世界原油总产量达到 9264.9 万桶 / 日，比 2016 年增长 62 万桶 / 日，增长率仅为 0.7%，低于过去十年来的历史平均水平。作为世界原油探明储量最集中的地区，中东地区国家的原油产量为 3129.7 万桶 / 日，比 2016 年减少 25 万桶 / 日，其中沙特阿拉伯、科威特等国的产量下降明显，部分下降空间由伊朗、伊拉克等国的增长所抵消。北美洲和非洲成为原油增产最快的地区，分别占到世界原油总产量的 21.7% 和 8.7%，比上年增加产量 82 万桶 / 日和 38.5 万桶 / 日。[1]

中国原油产量在 2015 年达到 430.9 万桶 / 日的峰值之后，近两年来产量持续出现下滑。2017 年原油产量为 384.6 万桶 / 日，占世界原油产量的 4.2%，比上一年减少 15.3 万桶 / 日，减产幅度为 3.8%，创下了自 2000 年以来的新低。从过去十年来看，中国原油产量年均增长率仅为 0.8%，这个数字背后有两个方面的原因：一是受石油资源的影响，近年来中国新增探明储量出现下滑，很多成熟的常规油田由于资源逐渐被开发，投资减少，产量在经历峰值后开始出现急剧下降，从而造成总产量的下滑；二是受国际市场的影响，在原油价格持续下跌之后，一些油田的开发成本变得相对昂贵，因此国内的一些石油企业逐渐关闭了这些油田，使用进口渠道来补充原油供应，因此也造成了国内原油产量的下降。

相关数据表明，2017 年，中国一共从全球 45 个国家进口了原油，最大的进口来源国是俄罗斯，进口了价值 237 亿美元的原油。中国排名前十的原油进口来源国的进口量占比 79.2%。图 7–3 是 2017 年中国主要的原油进口来源国及其占比。可以看出，目前中国已经形成了多元化的原油进口来源，以及多渠道的进口通道，这对于保证中国石油安全供应具有举足轻重的作用。

水平钻井和高压水力压裂技术的发展使得美国国内石油和天然气产量快速增长。美国的原油供给量如图 7–4 所示。2017 年美国的原油产量达到 1305.7 万桶 / 日，比上一年增长 69 万桶 / 日，增速达到 5.6%，但仍然低于过去十年 6.1% 的年均增长率。美国逐渐扭转了进口原油占大多数的局面。1994—2013 年间，美国原

---

[1] 资料来源：《BP 世界能源统计年鉴 2018》。

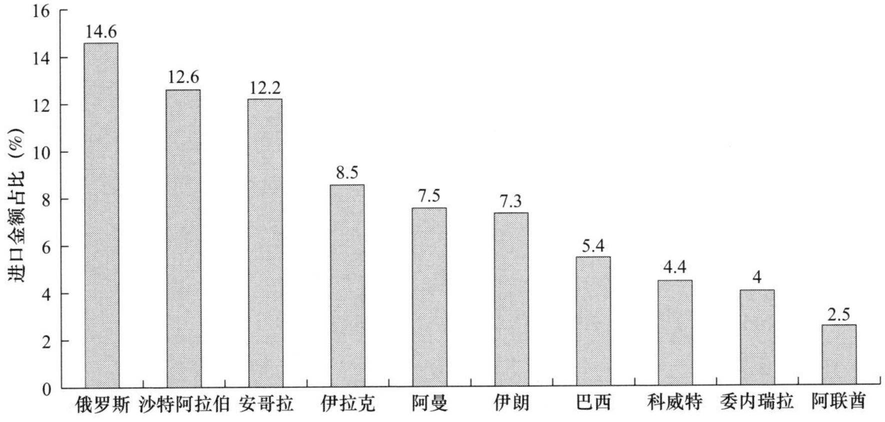

图 7-3　2017 年中国主要的原油进口来源国及其占比

注　资料来源于国际贸易中心的石油贸易地图。

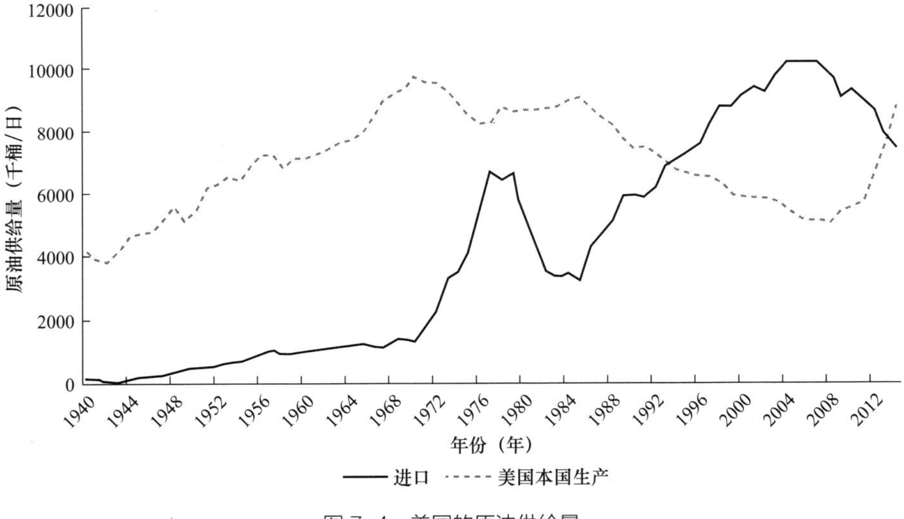

图 7-4　美国的原油供给量

注　资料来源于美国能源信息署。

油消费量超过一半是进口的，2006 年进口量达到峰值 1010 万桶 / 日，约占总供应量的 76%。

美国主要原油产地（如图 7-5 所示）包括得克萨斯州、北达科他州、墨西哥湾的海上地点、加利福尼亚州、俄克拉何马州和阿拉斯加州。得克萨斯州是美国第一大原油生产州，但是从 1980—2007 年期间，得克萨斯州陆上原油的产量逐步下降，2007 年的平均产量仅为 110 万桶 / 日。随着石油企业将目光投向石油资源更丰富的页岩地层，包括鹰滩页岩和二叠纪盆地，得克萨斯州近些年来的原油产量开始上升。2014 年，得克萨斯州的原油产量已经上升至 320 万桶 / 日。北达科他州的巴肯页岩（Bakken Shale）是水平钻井和高压水力压裂技术应用最为广泛的地区。在 1990—2005 年期间，北达科他州的平均产量仅为 8.9 万桶 / 日。2006 年，各石油公司纷纷开始采用水平钻井和高压水力压裂技术，产量开始快速上升。到 2014 年，北达科他州的原油产量已攀升至 110 万桶 / 日，成为美国第二大原油生产州。

水平钻井和高压水力压裂技术显著地提高了产量，与此同时，新增产的原油主要为低硫轻质原油，在很大程度上改善了美国的原油类型构成。据统计，2011—2014 年期间，美国原油增产了近 300 万桶 / 日，其中约有 90% 都是低硫轻质原油。

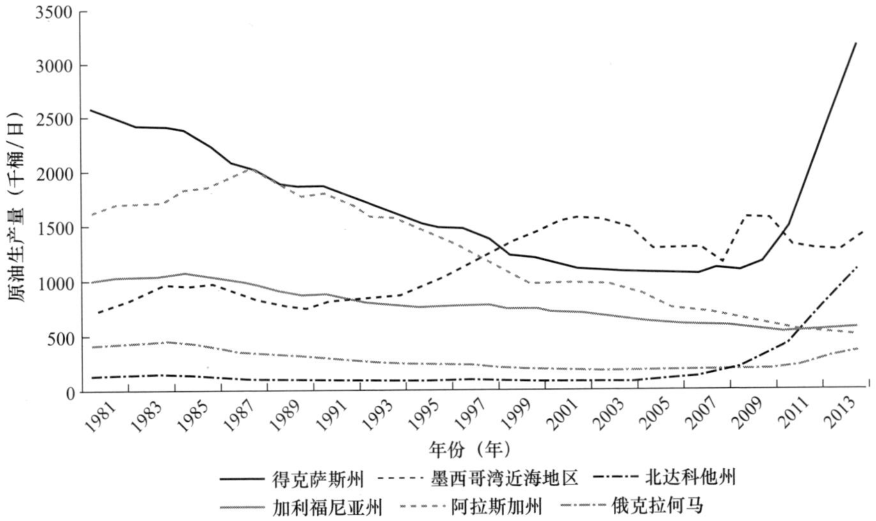

图 7-5　美国主要的原油生产州及其生产量

注　资料来源于美国能源信息署。

除了美国本土生产的原油之外，进口原油也是美国石油供给很重要的构成部分。2019 年美国排名前十的原油进口来源国如图 7-6 所示。这一年美国的原油进口量下降到 680 万桶 / 日，最大的原油进口来源国是加拿大，进口量达到 381 万桶 / 日，接近总进口量的 56%。美国第二大的原油进口来源国是墨西哥，进口量约为 60 万桶 / 日，紧接着依次是沙特阿拉伯、伊拉克和哥伦比亚等国家。

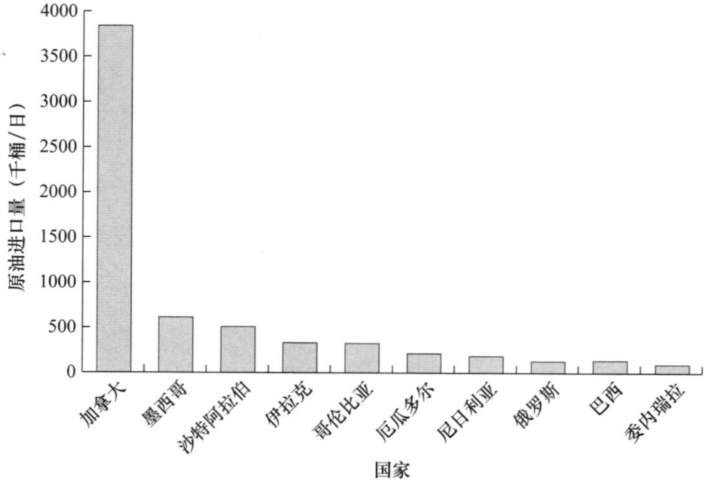

图 7-6　2019 年美国主要的原油进口来源国及进口量

注　资料来源于美国能源信息署。

第四节　原油的提炼

一般来说，原油的提炼过程就是利用蒸馏设备将原油加热，使得活跃的较轻组分上升，并且在蒸馏装置的上部加工成汽油和石脑油。重质燃料油和残余燃料油等较重组分在其温度降低后沉积在蒸馏装置里，取出后进入下一步加工流程。基本的原油蒸馏原理及产出如图 7-7 所示。有的炼油厂会对分离得到的较重组分进一步加工，并获得一些价值更高的轻质产品。然而，把重质产品加工成轻质产品需要更加专业和昂贵的设备及复杂的工艺流程，如催化裂化装置和焦化装置。2017 年，全世界原油加工量增长了 160 万桶 / 日，然而炼油能力仅增加 60 万桶 / 日，连续第三年低于历史平均。受此影响，炼油厂开工率上升到九年来最高水平。[1]

[1] 资料来源：《BP 世界能源统计年鉴 2018》。

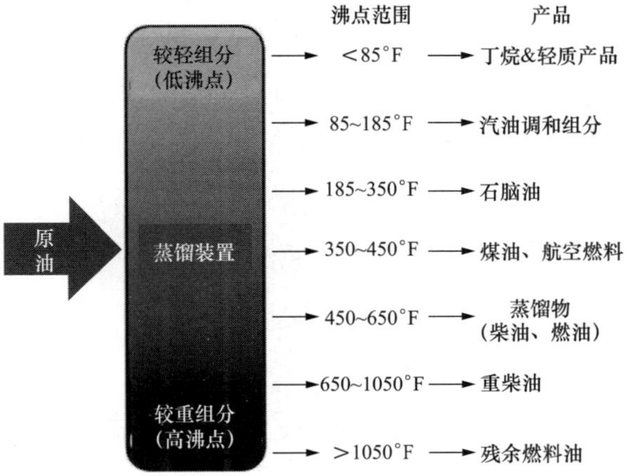

图 7-7 基本的原油蒸馏原理及产出

注 资料来源于美国能源信息署。

2017 年年底，中国炼油能力达 7.7 亿吨 / 年，较 2016 年净增 1760 万吨 / 年，居世界第二位。其中，新增炼油能力 4000 万吨 / 年，淘汰落后炼油能力 2240 万吨 / 年。中国炼油能力经过 2015、2016 年的徘徊后重回增长轨道。在炼油能力稳步增长的同时，随着中国对地方和民营炼油厂原油进口权和进口使用权的放开，在主营炼油厂开工率持续下降的情况下，全国炼油厂开工率仍然保持连续三年增长，2017 年同比上升了 1.9 个百分点。[1]

美国的炼油能力居世界第一位，2016 年年底其炼油厂的产能超过了 1862 万桶 / 日。根据第二次世界大战期间美国实行的石油配给制度，整个美国被分成 5 个地理区域，称为国防石油管理局区域（Petroleum Administration for Defense District，PADD）。位于墨西哥湾沿岸地区的国防石油管理局 3 区，炼油产能约占到美国全部炼油产能的一半，许多炼油企业都靠近墨西哥湾的石油传统生产或进口中心。绝大部分大型现代化炼油厂都位于得克萨斯州、路易斯安那州、密西西比州和亚拉巴马州的沿海地带，或位于对成品油需求旺盛的人口中心附近，包括加利福尼亚州、费城、纽约市、芝加哥市等地区。

[1] 资料来源：《石油市场回顾与展望》，中国石油集团经济技术研究院。

近年来，随着从页岩层开采出来的轻质低硫油产量增加，美国炼油厂加工的原油类型构成正在发生改变。在 20 世纪 90 年代，美国本地原油产量下滑，墨西哥湾沿岸的炼油厂花费数十亿美元重新配置炼油厂设备的运行条件，以加工从墨西哥和委内瑞拉进口的重质高硫油。从 2010 年开始，随着原油配送系统改进和该地区（二叠纪盆地和鹰滩盆地）产量持续增加，使得更多国内原油可以进入墨西哥湾沿岸的炼油中心，大大减少了对进口原油的需求。

第五节　原油和石油产品的运输

一般情况下，原油和石油产品的洲际运输使用油轮，而陆地运输则主要使用管道。原油管道将原油从原产地和进口接收站运输到炼油厂，炼油厂将石油提炼、加工成各类石油产品，再通过石油产品管道将产品配送到各地进行销售。2017 年年初，全球在役油气管道（见表 7–1）数量约 3800 条，总里程约 196.13 万千米，其中天然气管道里程约 127.36 万千米，占管道总里程的 64.9%；原油管道、成品油管道、液化石油气管道里程分别约 36.33 万千米、24.86 万千米和 7.58 万千米。分地区来看，全球管道主要集中于北美、俄罗斯及中亚、欧洲和亚太地区，分别占全球管道总里程的 43%、15%、14%、14%。[1]

表 7–1　全球各地区在役油气管道里程　千米

管道所在地	原油管道	成品油管道	天然气管道
亚太	4.35	2.87	17.05
俄罗斯及中亚	7.5	1.9	20
欧洲	2.6	2.3	23.1
北美	15.29	17.91	51.3
拉丁美洲	2.2	1.36	4.4
中东及非洲	5.7	4.4	10.4

[1] 资料来源：《全球油气管道发展现状及未来趋势》,《油气储运》2017 年，第 4 期。

截至 2017 年年底，中国的油气长输管道总里程累计约为 13.31 万千米，其中，天然气管道约 7.72 万千米，原油管道约 2.87 万千米（已扣减退役封存管道），成品油管道约 2.72 万千米。中国石油天然气股份有限公司（简称中石油）是中国管道资产规模最庞大的企业，在 2015—2017 期间其管道资产规模依旧在快速增长。根据 2017 年度的财报，截至 2017 年年底，中石油国内油气管道总里程为 82374 千米，其中天然气管道里程为 51315 千米，原油管道里程为 19670 千米，成品油管道里程为 11389 千米，占据了全国原油管道里程总数的近 70%，全国天然气管道里程总数的 70% 以上。中国石油化工集团公司（简称中石化）虽然在管道规模上逊色于中石油，但其管道资产也是国内油气管道的重要组成部分，国内油气管道总长度为 11162 千米。[1]

北美地区是全世界油气管道最为密集的地区，截至 2016 年年底，美国的石油管道里程超过 12.2 万千米，成品油管道里程达到 10 万千米。2012—2016 年期间，由于页岩油产量增加，美国的石油管道里程增长了 2.7 万千米，增长率约为 14%；与此同时，成品油管道里程由于部分管道退役，出现了些许的下降。

殖民管道公司（Colonial Pipeline Company）是美国最大的管道公司，2017 年该公司石油产品输送总量达 13160 亿桶·千米。该公司的管道连接了得克萨斯州、路易斯安那州的炼油中心和美国东海岸的主要需求地。例如，该公司从得克萨斯州的休斯敦市到新泽西州的林登市的成品油管道长度达到 8850 千米，中间穿越了 13 个州，每天输送约 3.78 亿升汽油、柴油、航空燃油及其他石油产品。美国第二大管道公司是英桥能源（Enbridge Energy），2017 年该公司管道输送总量约为 12170 亿桶·千米。该公司的管线始于加拿大艾伯塔省的油砂生产地区，输送量占来自加拿大的进口原油的 53%；进入美国后，该管线就将原油从北达科他州输送至芝加哥市，从南达科他州输送至俄克拉何马州的库欣市。美国第三大管道公司是泛加基石管道（TransCanada Keystone Pipeline），其规模较前两家要小得多，2017 年该公司从加拿大向美国中部大陆和墨西哥湾沿岸地区的管道输送量约为 3560 亿桶·千米。

近年来，由于一些以前没有原油管道的地区出现了原油增产，例如位于北达

[1] 资料来源：《“国家管网公司”的家底》，《新能源经贸观察》2018 年，第 9 期。

科他州的巴肯页岩层，对于原油的运输提出了新的要求。尽管管道运输方式更为经济，但是铁路运输具有迅速提高输送容量的优点，同时原油原产地和交货点的选择也更为灵活，因此美国铁路运油量出现了大幅度的增长。目前，美国采用铁路运输原油量最大的地区是国防石油管理局 2 区，主要是在北达科他州。除此之外美国和加拿大之间也通过铁路运输进出口原油，近年来的铁路运油量如图 7–8 所示。

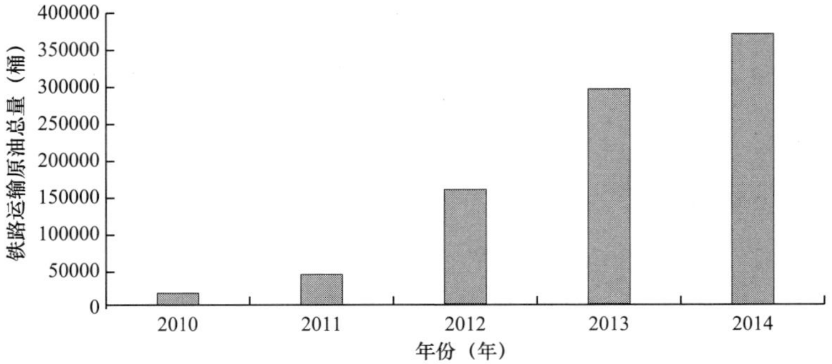

图 7–8　美国和加拿大铁路运油量图

注　资料来源于美国能源信息署。

第六节　原油和石油产品的消费

2017 年，世界石油消费达到 9818.6 万桶 / 日，比上一年增长 170 万桶 / 日，增速为 1.8%，连续第三年超过十年平均增速（1.2%）。其中，贡献增量最多的两个国家分别是中国（50 万桶 / 日）和美国（19 万桶 / 日）。[1]1992—2017 年全球石油分区域产量和消费量如图 7–9 所示。石油的消费量与各经济体的经济总量呈现高度相关关系，消费量前十的国家有 8 个国家的 GDP 位列全球前十。消费量大的国家包括美国、中国、印度、日本等，其中沙特与俄罗斯受益于资源禀赋优势，消费量也位列全球前十名。

2017 年，中国的石油消费量为 1280 万桶 / 日，比上一年增长约 50 万桶 / 日，增速达到 4%，约占全世界石油消费总量的八分之一。其中，包括汽油、煤油、柴

[1] 资料来源：《BP 世界能源统计年鉴 2018》。

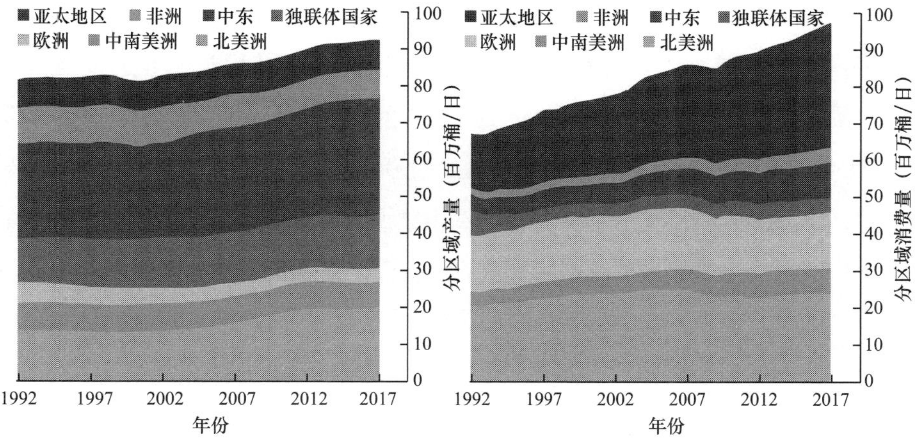

图 7-9　世界 1992—2017 年石油分区域产量和消费量

注　资料来源于《BP 世界能源统计年鉴 2018》。

油在内的成品油消费，约占全国石油消费总量的 53%，表观消费量（指当年产量加上净进口量，和实际消费量可能有一定的差异）达 3.20 亿吨，同比增长 2.8%。[1]

分品种来看，受新能源汽车发展政策等因素的冲击，汽油表观消费量继续保持低速增长。2017 年中国全年汽油表观消费量 1.2 亿吨，同比增长了 2.3%，但增幅较上年回落了 1.1 个百分点；受投资回升拉动基建项目和公路运输回暖，2017 年全年柴油表观消费量 1.7 亿吨，同比增长了 1.3%，增速达到了 5 年以来的最高水平；相比汽油、柴油，煤油表观消费量增速自 2006 年以来一直处于较快增长，且呈现出周期性波动，2017 年全年煤油表观消费量为 3287.7 万吨，同比增长了 8.7%，增幅较上年回落了 1.7 个百分点。[2]

2017 年，美国的石油消费量为 1988 万桶 / 日，比上一年增长约 19 万桶 / 日，增速达到 1%，约占全世界石油消费总量的五分之一。根据 2014 年的统计数据，美国有大约 90% 的石油最终都是以运输燃料的形式被消费的，包括汽油、柴油和航空燃油等。石油产品其他的消费领域还包括用于取暖和石化加工的丙烷；用于取暖和照明的煤油；用于混合成取暖燃料或柴油燃料的 1 号燃料油；用于商业取暖和发

---

[1] 资料来源：《石油蓝皮书：中国石油产业发展报告（2018）》。

[2] 资料来源：中国石油和化学工业联合会。

电的 4 号燃料油；用于发电和船舶锅炉的残余燃油；用于修建公路的沥青等。

2000 年以来，美国的非石油运输燃料的使用出现了稳步增长，但是 2014 年石油产品仍占到全美运输燃料总量的 92%，其余 8% 的运输燃料由生物燃料（乙醇和生物柴油）、天然气和电力提供。石油产品当中，比例最高的是车用汽油；其次是 2 号蒸馏油，包括绝大部分供长途卡车货运的运输用柴油，以及可用于采暖和少量发电的燃料油；再次就是其他交通运输燃料和航空燃料。美国石油产品消费量如图 7-10 所示。

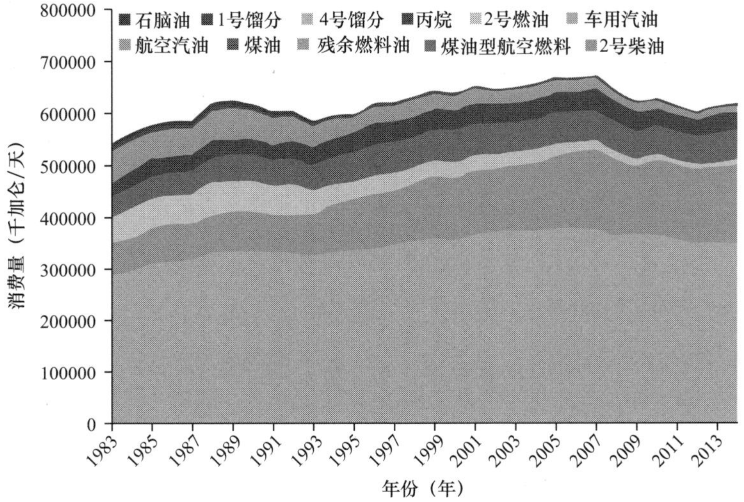

图 7-10　美国石油产品消费量

注　资料来源于美国能源信息署。

第七节　原油和石油产品市场及其国际贸易

全球石油资源分布与消费分布不均衡，因此原油和石油产品的国际贸易在全球商品贸易中具有非常重要的地位。2017 年，全球原油贸易量达到 6759.2 万桶 / 日，比上年增长 280 万桶 / 日，增速为 4.3%，远远高于过去十年平均增长率 1.7%。

从进口方面来看，欧洲、中国和美国成为国际贸易中原油进口的主要国家和地区，2017 年的进口量分别达到 1406 万桶 / 日、1021.1 万桶 / 日和 1007.7 万桶 / 日，其中中国的进口量增长率达到了 11.1%，远远超过世界总计的增长水平，也超过了中国过去十年 9% 的年平均增长率。

从出口方面来看，中东（除沙特阿拉伯）、俄罗斯和沙特阿拉伯成为国际贸易中原油出口的主要国家和地区，2017 年的出口量分别达到 1568 万桶 / 日、861.1 万桶 / 日和 823.8 万桶 / 日。由于页岩油气的开发和美国政府石油出口限制政策的松动，尤其是在 2015 年解除了延续 40 年之久的石油出口禁令，美国原油出口量出现了快速增长，2017 年出口量达到 554 万桶 / 日，比上一年增长了 13.7%，占到全世界出口总量的 8.2%。[1]

原油和石油产品在全球国际贸易中的价格受到国际供需、地缘政治、经济因素以及 OPEC 政策的影响，经历过多次大幅度波动（如图 7-11 所示）。世界排名

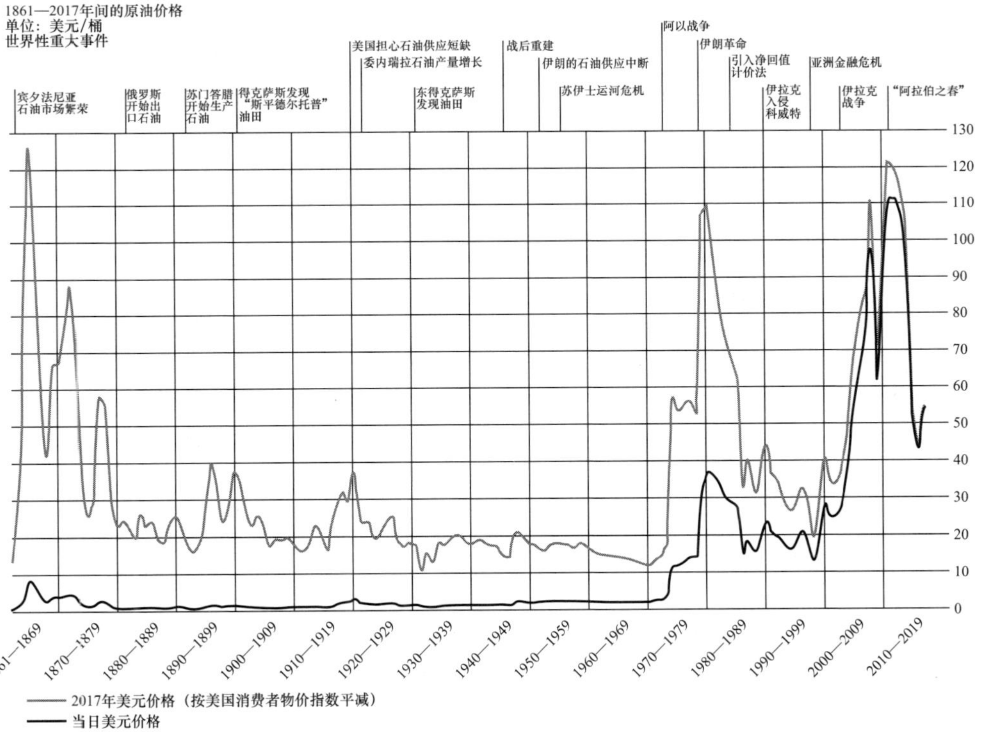

图 7-11　引起原油价格波动的地理和经济事件

注　资料来源于《BP 世界能源统计年鉴 2018》。

1861—1944 年的价格水平为美国平均价格；1945—1983 年的价格水平为拉斯坦努拉港公布的沙特阿拉伯轻质原油价格；1984—2017 年的价格水平为即期布伦特原油现货价格。

---

[1] 资料来源：《BP 世界能源统计年鉴 2018》。

前十位的原油出口国当中，很多国家都经历过政治动乱或存在政府管理问题，如伊拉克、哥伦比亚、科威特、俄罗斯和委内瑞拉等，这些社会不稳定因素影响了原油的生产，减少了市场的供应，从而导致原油价格上升。

由于原油种类和品质繁多以及原油集散地不同，各个国家通常会根据自身原油贸易流向，选定几种原油作为石油交易系统的基准原油，而基准原油之外的其他油品的交易，则会参考这些基准原油价格，并考虑 API 比重指标、硫含量和运输成本等因素，制定出高低不等的协商价格。作为基准原油必须具有的特性是流动性好，市场基本面的响应性强，交易过程中具有标准性、可替代性，简单易懂，直接趋近于实物油市场，基本面的透明度高等。

目前，世界上影响范围最大的三个基准原油分别是西得州中级原油、布伦特原油（Brent）和迪拜阿曼原油（Oman），很多国家和地区都选择了这些油品作为其基准原油。其中，西得州中级原油主要是北美地区生产、销售、运输的原油，交割地位于俄克拉何马州的库欣镇，主要反映北美地区油价情况；布伦特原油是指出产于北海布伦特和尼尼安油田的轻质原油，装运港为北海设得兰群岛的索伦佛，主要用户是位于西北欧和美国东海岸的炼油厂；迪拜阿曼原油主要用于亚洲的原油交易。和原油相类似的，石油产品也有相应的基准，包括美国的纽约港、欧洲的阿姆斯特丹—鹿特丹—安特卫普和亚洲的新加坡。

1987—2010 年，西得州中级原油与布伦特原油的价差仅有几美分，通常西得州中级原油价格会更高一些。然而，由于美国页岩油产量突然急剧上升，使得库欣地区供给过剩，导致了西得州中级原油价格下跌（如图 7–12 所示）。2011—2014 年，布伦特原油存在显著的溢价，并且在 2011 年 9 月溢价达到 27 美元 / 桶的峰值。2015 年以后，由于世界原油需求的下降，尤其是来自中国的原油需求下降，加上北美和世界其他地区供给的增加，使得世界原油价格大幅下降，布伦特原油的溢价程度也降低了很多。

全球原油的价格也不是完全是由市场来决定，其中 OPEC 就是影响原油价格主要的非市场因素之一。OPEC 最大的原油生产国是沙特阿拉伯，其他成员国还包括伊朗、伊拉克、科威特、委内瑞拉、利比亚、阿联酋、阿尔及利亚、尼日利亚、厄瓜多尔和安哥拉。

图 7-12　页岩油增产导致原油价格下跌

注　资料来源于美国能源信息署。

OPEC 成员国生产了大量的原油，这些原油在全世界范围内进行交易，因此 OPEC 试图通过管理成员国的产量来控制原油价格。每个成员国都有各自的生产指标，OPEC 通过降低这些生产指标以减少世界原油供给从而抬升价格，或者通过提高生产指标以降低价格。2015 年，OPEC 成员国原油产量约占全球总产量的 40%，其原油出口量约占到全球原油国际贸易总量的 60%。因此，OPEC 的一举一动，尤其是那些坐拥可观剩余产能的成员国的一举一动，都会对原油价格产生影响，但是，这种影响随着 2014 年开始的国际油价新一轮下跌被逐渐削弱。2018 年年底，卡塔尔宣布自 2019 年 1 月起退出 OPEC，结束其长达 58 年的成员国身份。虽然与其他 OPEC 成员国相比，卡塔尔的原油产能相当有限，仅仅是 OPEC 内部第十一大产油成员国，但是卡塔尔退出 OPEC 的行为，被认为是 OPEC 在面对深刻的国际能源格局变化的情况下，内部日益割裂、外部逐渐被边缘化的表现。

第八节 国际原油期货市场

原油期货是由交易所统一制定的、规定在将来某一特定的时间和地点，交割一定数量和品质原油的标准化合同，是期货交易的一个交易品种。原油期货诞生于 20 世纪 70 年代的石油危机，其后交易量一直呈现快速增长之势，目前已经超过了金属期货，成为国际期货市场的重要组成部分。与其他商品期货市场一样，原油期货市场具有价格发现、规避风险和规范投机三大基本功能。

（1）价格发现。原油期货市场上聚集着众多的生产者、经营者和投机者，他们在公开竞争和竞价过程中相互影响并最终形成的期货价格，往往被视为国际原油现货市场的参考价格，具有重要的价格引导功能，有利于提高资源的配置效率。

（2）规避风险。原油期货是在原油价格剧烈波动的石油危机下诞生的，因此套期保值是原油期货市场的基本功能之一。套期保值（Hedging，也称对冲交易，或简称套保），就是指在进行现货市场交易的同时，在期货市场上进行与现货市场数量相当，但是交易方向相反的商品期货交易。通过套期保值，市场成员可以在未来某一时间通过手头持有的期货合同，抵消现货市场价格波动带来的风险。套期保值者通过原油期货市场实现风险转移，能够使生产经营成本或预期利润保持相对稳定，从而增强企业抵御市场价格波动风险的能力。

（3）规范投机。与套期保值者不同，投机者无论是现在还是将来，其在现货市场中都不持有现货石油，他们参与期货交易的目的不是为了规避现货市场的价格风险，而是企图利用期货市场的价格波动，实现低买高卖并赚取利润。因此，原油期货市场吸引了大量投机资金，为石油产业发展提供推动力。在规范的期货市场，投机行为要受到严格的监督和管理，投机者是在严格遵循交易规则的条件下进行交易并追逐利润的，监督和管理也使投机行为成为调节期货市场的工具。有了投机者的参与，期货市场的交易量增加，流动性提高，市场供求关系也可以更好地得以调节。

目前，国际上一共有 12 家交易所推出了原油期货。其中，芝加哥商品交易所集团旗下的纽约商品交易所（NYMEX）和洲际交易所是全球影响力最大的两个原油期货交易所，其对应的基准原油分别是西得州中级原油和布伦特原油。除此之外，在迪拜商品交易所（DME）上市的阿曼原油期货也是重要的原油期货基准合同。

芝加哥商品交易所上市的能源金融衍生品还包括CL轻质低硫原油、2号柴油、RB汽油和期权等，其能源期货和期权交易量占到所有能源交易总量的一半以上，其中西得州中级原油是全球交易量最大的商品期货。西得州中级原油期货合同于1983年在纽约商品交易所挂牌上市，合同标的为轻质低硫原油，合同规格为1000桶/手，合同的交割方式为实物交割，交割地点为美国中西部俄克拉何马州的库欣镇，通过管道或储油设备进行交割，交割期限为最后交易日后1个月。2016年，西得州中级原油期货合同成交量达到2.77亿手，是北美石油市场最重要的定价基准。

1988年，布伦特原油期货合同在伦敦国际石油交易所（IPE，2001年被洲际交易所收购）挂牌上市，合同标的为出产于北海的布伦特和尼尼安油田的轻质低硫原油，合同规格为1000桶/手。2016年，布伦特原油期货成交量达到2.11亿手，是全球成交规模仅次于西得州中级原油的第二大原油期货，也是全球石油市场最重要的定价基准之一。据不完全统计，全球超过60%的原油和石油产品贸易定价直接或间接参考布伦特价格体系。

亚洲大部分原油进口来自中东地区，而欧洲或美国的原油则很少运到亚洲，因此西得州中级原油期货和布伦特原油期货均不能很好地对冲亚洲原油进出口价格的风险。目前，亚洲地区的国家也着手建立自己的原油期货合同，为亚洲地区的原油价格风险对冲提供管理工具。

2018年3月26日，中国原油期货在上海期货交易所正式上市交易，这是中国第一个国际化的期货品种，合同标的为中质含硫原油（包含中质中硫和中质高硫原油），合同规格为1000桶/手。与上述原油期货相比，中国原油期货还有一个显著的特点，就是采用人民币进行计价。中国原油期货的推出，改变了作为石油消费需求最高的亚太地区缺乏权威原油定价体系的局面，有利于形成反映中国和亚太地区石油市场供需关系的价格体系，从而发挥价格在资源配置中的基础性作用，为实体企业提供有效的套期保值工具，规避原油价格波动的风险。中国原油期货推出后，市场交易量迅速攀升。2019 年，按单边统计（只计算买期货的成交量）成交量 3464.44 万手，同比增长约 31%；成交金额 15.48 万亿元，同比增长约 22%；日均成交量 14.2 万手，同比增长 1.2%；日均持仓量 2.88 万手，同比增长约 45%。据美国期货业协会（Futures Industry Association，FIA）的统计，中国原油期货已经成为规模仅次于西得州中级原油期货和布伦特原油期货的第三大原油期货。

阿曼原油期货合同于 2007 年在阿联酋迪拜商品交易所挂牌上市，合同标的为中质中硫原油，合同规格为 1000 桶 / 手，2016 年成交量达到 195 万手，是全球原油市场重要的定价基准之一。阿曼原油期货是全球实物交割比率最大的原油期货，实物交割率超过 90%。[1]

[1] 资料来源：原油期货交割模式国际化比较与研究，《中国期货》，2018 年，第 2 期总第 62 期。

第八章

天然气批发市场

天然气市场对经济发展有显著影响，对那些以天然气为燃料进行发电、制造、取暖、烹饪和其他用途的个体也有显著影响。2017 年，中国天然气消费量超过 2400 亿立方米，占一次能源消费量的约 7%；[1] 美国天然气消费量约 7394 亿立方米，占一次能源消费量的比重超过 28%。[2]

天然气市场是多个子市场的融合，其中既有生产、输送、存储和消费的实物市场，也有金融市场。在金融市场上，实物天然气按金融产品的形式来买卖，这些金融产品从实物天然气衍生而来。天然气市场具有区域性的特征，其价格跟随市场需求而变化，也因产地、输送管道和存储设施的不同而变化。

天然气市场在不同程度上要受到政府的监管。中国正在进行促进天然气市场竞争的改革，但是终端销售以及具有明显自然垄断特征的管道运输仍处于政府监管之下。在美国，根据《天然气法》(Natural Gas Act)，天然气的输送和销售，以及参与这些活动的公司都在联邦能源监管委员会的监管范围内。

第一节　天然气的基本概念

天然气是一种在地表以下、孔隙性地层中天然存在的烃类和非烃类混合物，[3] 其主要成分为甲烷，其次为乙烷、丙烷、丁烷等。天然气在自然条件下无色无味，其燃烧时释放大量能量，但排放量比煤炭和石油等燃料小。天然气最早发现于地下储集层，由有机体埋于地下并加压形成。[4] 这些有机体的残留物转变为石油或天

[1] 资料来源：《中国统计年鉴 2018》。
[2] 资料来源：《BP 世界能源统计年鉴 2018》。
[3] 资料来源：《天然气百科辞典》。
[4] 天然气的成因仍无定论，有机成因说较为被普遍接受。

然气并渗透于周围岩石中，石油和天然气经常一起出现。有机体在其被掩埋时的深度和温度，通常决定了其转变为石油还是天然气。一般而言，石油通常在900米到2700米的深度被发现，而更深和更高的温度往往就会形成天然气。

在多种不同的地质条件下，天然气有不同的生成形式，如油田伴生气、气田气和煤层气等。如果天然气中除了甲烷外，还包含较多的其他轻烃（Natural Gas Liquid，NGL），如乙烷、丙烷和戊烷等，那么称该天然气为富气（RichGas）或湿气（WetGas），反之则称之为贫气或干气。通过将天然气中的水、轻烃等其他杂质去除，使得天然气适宜于销售。被分离的轻烃可另行加工销售。

天然气在常温下呈气态，但它可以被冷却至零下161.5摄氏度变成液态，体积减小了600倍，此时这种呈液态的天然气通常被称为液化天然气（Liquefied Natural Gas，LNG）。天然气的液化设施属大型工业设施，通常耗资20亿美元以上，部分甚至可高达500亿美元。液化天然气通常由具有低温（或称为隔热）槽罐的特种船舶运输。

当液化天然气到达接收站之后，它仍将以液态卸载并存储，直到准备输出。为了输出气体，接受站加热液化天然气将其还原为气态，然后输送到天然气运输管网中，最终传输到用户。当前，全球再气化产能达到年8.5亿吨，约是液化产能的2.3倍。[1] 再气化产能过剩为液化天然气供应商提供了更大的灵活性，让他们能够在价格最高的市场区域卸货。

液化天然气的具体成本取决于天然气生产、液化和与运输距离相关的船运成本，其中液化和运输构成了成本的最大部分。再气化成本在液化天然气供应链所有环节中占比最低。各地再气化设施的成本相差很大，主要在于港口设施和储罐的建设开发。液化天然气的各环节成本[2] 大致如下：

（1）勘探和开采2.38~4.76美元/百万千卡；

（2）液化3.57~5.16美元/百万千卡；

（3）运输1.98~7.14美元/百万千卡；

（4）储存和再气化1.59~2.38美元/百万千卡；

---

[1] 资料来源：《2018 World LNG Report》，统计时间截至2018年3月。

[2] 根据相关工厂和政府报道统计。

（5）总成本 9.52~19.44 美元 / 百万千卡。

第二节　天然气工业

天然气工业一般划分为三个环节。第一个环节是供应环节，包括天然气资源和储量的勘探、开发和生产，其中的生产包括钻井、抽采和集气；第二个环节是中游环节，即用小管径集输系统将天然气从气源处运输到加工厂，在工厂去除杂质和其他碳氢化合物，从而获得满足管道输送标准的干天然气；第三个环节是输送环节，即用大管径的长距离管道运输系统将天然气输送至存储设备和广大消费者，包括电厂、工厂以及负责零售的地方配气公司。

天然气供应链的每一个环节都至关重要。储量和产量都会影响市场参与者对于当前供给和未来供给的期望值，进而影响价格。类似地，管道和存储容量的可用性决定了能够使用哪些气源，以及能够将多少天然气由生产端输送至消费端。所有这些因素都会影响天然气供应链，进而也会影响整个市场的天然气供需平衡。

若两条或多条管道的连接处可以买卖天然气，就可以形成天然气枢纽。在中国，上海、广东、宁夏中卫、湖北和河北永清中的一个或多个，未来有可能发展成为基准枢纽。在美国，能够反映美国天然气市场整体状况的基准枢纽是路易斯安那州的亨利枢纽（Henry Hub）。要标识其他各地区的价格，通常不是按实际价格，而是按相对于亨利枢纽价格的差值。

区域性的供需差异导致了不同地理位置的价格差异。在生产成本低廉、基础设施充足、需求量有限的地区，价格往往偏低，例如中国的新疆、陕西，美国的怀俄明州的奥珀尔枢纽（Opal Hub）；在生产和输送资源有限并且需求量较高的地区，价格较高，例如中国东部沿海的江浙沪和广东地区，美国马萨诸塞州的阿冈昆城市门站（Algonquin Citygate）。从供给到需求地区的输送成本也是影响区域价格差异的一个因素。

第三节　天然气需求

近年来，世界上许多国家的天然气消费都出现了快速增长，占能源消费的比重显著提高。在中国，天然气消费量由 2000 年的 245 亿立方米增长到 2017 年的约 2400 亿立方米，增长了近 9 倍；占一次能源消费的比重由 2000 年的 2.2% 增长到 2017 年的 7%，增长了 2 倍多。[1] 在美国，天然气已经是很多行业的首选燃料，满足了约 27%[2] 的美国能源需求。

天然气需求存在大幅波动的可能性。从长期来看，天然气的利用由整体经济和人口增长、环境政策、能源效率、科技变化、天然气和替代能源（如石油、煤炭与电力等）的价格关系所驱动。从短期来看，需求变化源于天气、经济活动，还有与石油和煤炭等其他资源的竞争关系。

一、天气的影响

天气是影响季节性天然气需求的最重要因素。天然气需求量也会在特定的一天之内发生很大波动，尤其是在极端天气下。天气的短期变化，例如热浪和暴风雪，可以在一天之内导致需求和价格激增或暴跌，甚至有的时候无法预测。这种不可预测性给供应商和运输管道提出了挑战，尤其是在运输管道的输送量已达极限的情况下。

二、经济活动和增长的影响

经济增长会导致工业、发电厂和商业的天然气用量上涨，因为消费者需要更多的产品和服务。在经济不景气时期，天然气的用量通常比较低。另外，经济增长可能会导致个人收入增加，从而促进电器等商品的使用和消费。

经济结构变化也可能会影响天然气用量。制造业衰退和服务业增长会导致天

[1] 资料来源：《中国能源统计年鉴 2017》《中国统计年鉴 2018》。

[2] 资料来源：美国能源信息署。

然气使用的变化，包括全球竞争加剧也会对其造成影响。产品和服务的新市场可能会需要更多天然气，制造业迁往海外则可能会导致天然气使用量减少。

经济活动的日度、周度特性会导致需求的周期性特点。在工作日，需求会因为人们起床去上班或上学而增长；在周末，一天之内的需求变化往往较小。

三、天然气和可替代能源价格的影响

天然气和可替代能源的相对价格关系是影响天然气需求的重要因素之一。例如，居民用户可能会购买天然气壁炉或采暖炉以及相连的管道，以使用天然气取暖；发电厂商可能会决定对天然气发电机组进行长期投资。在建设房屋或发电厂时，这种长期投资决策通常最经济、最容易，而后续改造决策就很复杂。因此，从长期来看，天然气需求会受到可替代能源期望成本的影响，如天然气锅炉相对于电锅炉的成本、燃煤发电厂相对于天然气发电厂的成本。

从短期来看，在电力生产中燃料的选择和切换非常普遍。电网系统运行机构通常是基于发电机组群中每台可用机组的边际成本 / 报价进行调度的，边际成本 / 报价较低的发电机组（如核能发电机组）通常在边际成本 / 报价较高的发电机组（如天然气发电机组）之前被调度，直接影响了对天然气的需求。

四、人口和社会发展趋势的影响

天然气的长期需求可能受人口和社会发展趋势变化影响。例如，采暖地区人口变化会对天然气用量产生影响，房屋大型化趋势也会对其造成影响。

时至今日，大部分家庭都拥有很多的家用电器，而且随着这些家电设备节能水平的提高，未来家用电器的数量和使用都会越来越多。因此，如果电能生产越来越多地由天然气供给，天然气需求可能也会随着电能需求的增长而增长。

五、环境问题和能源效率的影响

与其他化石能源相比，天然气产生的环境问题更少，因此许多国家在电能生产中越来越多地使用天然气。除帮助实现城市空气清洁目标之外，天然气发电不像核电和煤电那样导致很多社会负面情绪，天然气发电机组可以建造在用电负荷中心附近。风力发电和其他间歇性发电机组，可以通过和天然气发电机组配合而获益，因为天然气发电机组可以快速调整出力，两者配合就可以向系统提供稳定的出力。

天然气的排放优势也鼓励了一些城市的快速公交系统。中国以天然气为动力的汽车保有量已经超过 600 万辆，加气站保有量 8400 座。[1] 美国西海岸港口运营和其他车队，也正在把燃料从石油和柴油改变为天然气。

六、用户和需求结构的影响

天然气需求具体到不同类型的用户，可以分为以下几种。

1. 发电用天然气需求

发电用天然气需求可能在任一时刻激增。天然气发电机组可以快速改变其出力，在电网负荷变化或某处出现故障时，可以要求天然气发电机组频繁改变出力。在夏季，发电厂往往为了满足空调负荷而消耗较多天然气；而在冬季，电力需求为满足电取暖和照明的需要，可能也会上升。发电用天然气需求受到天然气和其他燃料（尤其是煤炭）价格的影响。

2. 工业用天然气需求

天然气作为一种燃料用于生产钢铁、玻璃、纸、服装和砖等商品，也被用作油漆、肥料、塑料、防冻剂、染料、胶片、药品和炸药的原材料。工业负荷往往季节性需求波动非常小，但是对宏观经济形势较敏感。

3. 居民用天然气需求

居民用天然气的年需求量变化，很大程度上取决于这一年的天气。一个有漫长寒冬的年份，相比于暖冬年份，需要更多天然气；尤其是居民会在寒冬使用天然气来取暖的地区，天然气需求量会激增。在中国，越来越多的居民家庭开始安装壁挂式燃气采暖炉进行分户取暖。在美国，超过一半的家庭使用天然气作为其

---

[1] 资料来源：四川省清洁能源汽车产业协会，http://www.scqjqc.cn/lanmu/shuju/2018/0517/1784.html。

主要取暖燃料。

4. 商业用天然气需求

与居民用气类似，商业天然气年用量的变化，很大程度上也取决于天气。商业用户包括酒店、饭店、批发和零售店以及政府机构，主要使用天然气取暖，因此其需求量会随着季节、周和日出现波动。

各国天然气用户和需求结构大不相同。2016 年中国天然气消费总量中，制造业消费占比约为 37%，电力和热力生产用气消费占比接近 20%，生活消费用气占比约 18%，交通运输等用气占比 12%。[1] 在美国，2007 年发电用天然气量超过了工业用天然气量，成了天然气的最大用户；2016 年，美国天然气消费量中，电力生产用气占比接近 40%，工业、居民、商业用气占比分别约为 31%，17%，12%。[2]

每类用户对总需求的贡献不尽相同。这种贡献分为两个方面：一是一定时期内消费量占比；二是系统峰值时的消费量占比。例如，采暖地区居民的天然气需求在冬天达到峰值，和系统峰值往往保持一致。然而，发电用天然气需求的峰值，通常出现在空调负荷较高的夏季，这在一定程度上与为满足冬季系统高峰而建设的地下存储设施形成竞争。工业用天然气的需求，则全年保持相对稳定。

从短期来看，居民和商业的天然气需求往往缺乏弹性，消费者不会因为价格而改变其使用行为。而发电厂需求就对价格比较敏感，因为在发电过程中，天然气需要和其他燃料尤其是煤炭进行竞争。价格刚性意味着在供应受限的时期，可能会出现价格的尖峰。

因此，区域内各类用户结构会影响到系统的运行和成本，管道和其他设备的容量需要与天然气峰值需求相匹配。需求基本恒定，就少有运行难题，并且能享受到更为低廉的价格。剧烈变化的需求会导致输送管道和设备在大部分时间都不会满载运行，导致较高的服务价格。一方面是因为在峰荷时期，输送量可能会因为管道容量而受到限制，另一方面是由于管道容量在全年没有得到充分利用。

---

[1] 资料来源：《中国能源统计年鉴 2017》。
[2] 资料来源：美国能源信息署。

第四节　天然气供应

一、天然气资源量、储备量和产量

蕴藏在地下的天然气资源的数量需要通过很多手段来估算，并且要考虑到天然气的开采技术。对技术上可开采的石油和天然气资源进行估算，是一个随着技术进步逐步演变的过程。分析师们使用不同的方法对天然气储量进行估算。天然气供应通常可按资源量、探明储量和产量来描述。

资源量是描述天然气总计潜在供给量的最大范畴。探明储量考虑了开采天然气的可行性和经济效益。产量则描述了从地下开采到的天然气数量。

天然气存在于地表以下，与其所在的盆地或岩层特征密切相关。常规天然气（Conventional Natural Gas）位于可渗透的岩层，是天然气的传统来源。

非常规天然气（Unconventional Natural Gas）位于页岩、煤层和致密、低渗透的岩层中。在 2007 年，美国国家石油委员会将非常规天然气定义为无法以经济流量率进行开采或总量未达到经济开采规模的天然气，除非使用诸如大型水力压裂处理、水平钻井或分支井等先进技术，将更多气藏置于井筒中。

在过去的几年中，钻井技术的发展使得生产者可以开采到非常规天然气尤其是页岩气。这显著提高了产量，也提高了探明储量。2017 年，全世界天然气探明储量达到 193.5 万亿立方米，较 10 年前增加了近 30 万亿立方米。[1]

从世界范围来看，大部分的天然气资源[2]位于中东，即伊朗、卡塔尔和沙特阿拉伯，接下来是俄罗斯，土库曼斯坦和美国。

2017 年，中国天然气产量达到约每日 4 亿立方米，年均增长近 8.8%，[3]页岩气的贡献率也在逐步增加。美国国内资源量和探明储量的增长已经转化为更多的

---

❶ 资料来源：《BP 世界能源统计年鉴 2018》。
❷ 以探明储量计算。
❸ 资料来源：《中国能源统计年鉴 2017》。

天然气产量。2017 年，美国天然气产量超过了每日 20 亿立方米，年均增长率约为 3.8%，[1] 大部分的增量来源于页岩气。目前，页岩气占到了美国天然气资源量的 50%。

天然气勘探和开采过程如图 8-1 所示。

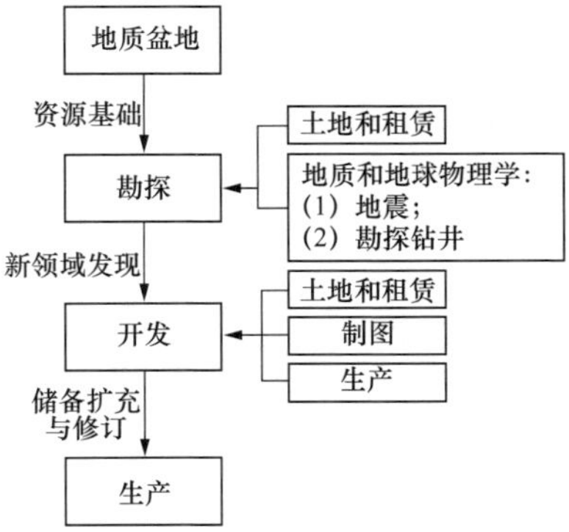

图 8-1　天然气勘探和开采过程

注　资料来源于 FERC。

二、钻机数和钻机生产率

钻机数衡量了实际用于石油和天然气勘探的旋转钻机数量。钻机数由很多进行钻井作业的公司汇集得来。从历史上看，钻机数能够用于粗略估计未来产量，然而钻井技术和实践的改进导致了钻机数和天然气产量逐步脱钩。根据贝克休斯公司统计，美国石油和天然气钻机数量在 1981 年 12 月 28 日达到峰值 4530 台，在这之后，钻机数量降幅超过了 80%，但钻机的生产率大幅提高。近几年，使用水平钻井机开采页岩层的天然气和石油越来越多，而传统的垂直钻机用得越来越少。

使用水平钻机显著提高了单个钻机的产量。因此以钻机数量来衡量天然气产量越来越不可靠，水平钻机比垂直钻机的生产率高出许多。

三、常规和非常规天然气

天然气盆地通常分为常规的和非常规的盆地或富集区。这些盆地地质和天然

[1] 资料来源：《BP 世界能源统计年鉴 2018》。

气深度又各不相同。图 8-2 说明了能开采出天然气的地质构造。

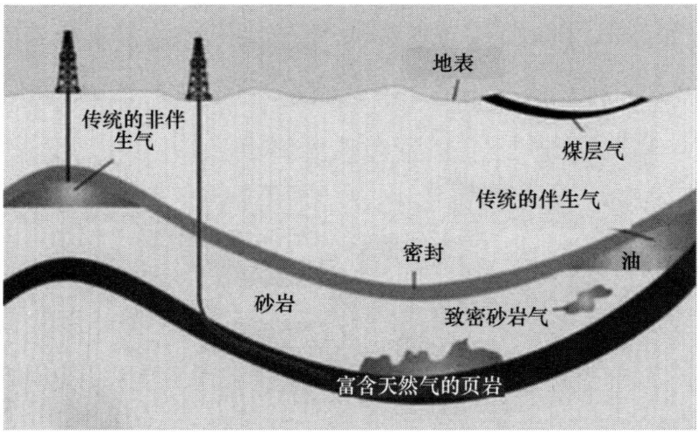

图 8-2　天然气开采原理图

注　资料来源于美国能源信息署。

1. 常规天然气

历史上，天然气一直产自常规天然气资源，此类资源一个多世纪以来满足了人们对天然气的大部分需求。常规天然气通常存在于由能够容纳大量天然气的多孔隙渗透性岩石构成的地质盆地或气藏中。

常规天然气资源在陆地和海上区域均有发现。中国天然气资源集中在中西部地区，主要为包括四川盆地、鄂尔多斯盆地、塔里木盆地、柴达木盆地在内的川渝、陕甘宁、新疆、青海四大产气区以及琼东南盆地、东海盆地等海上产区。美国常规天然气主要分布于落基山脉到墨西哥湾再到美国东部阿巴拉契亚的弧形区域。最大的常规天然气资源位于美国得克萨斯州、怀俄明州、俄克拉何马州、新墨西哥州以及墨西哥湾的联邦海上区域。

海上天然气的开采生产已经延续了几十年，随着近岸浅井生产变得越来越不经济，生产商开始把视野扩展到了更深水域里的资源储备。技术进步使得能从深海海上气井继续生产天然气。

2. 非常规天然气

在近几年来，勘探和钻井技术的创新使得非常规天然气开采迅猛增长。非常规天然气主要是指不在传统的、边界明显的天然气盆地，而是在页岩、致密砂岩、煤层这三类地层中散布的天然气。

几十年前，人们就知道在这些非常规地域存在天然气，但是直到 20 世纪 90 年代初，乔治·米歇尔（George Mitchell）和他的米歇尔能源公司（Mitchell Energy Co.）研发出一种新的钻井技术，并在美国得克萨斯州的巴尼特页岩（Barnett Shale）经过多年实验，才实现了非常规天然气的经济开采。新的技术包括水力压裂、水平钻井和定向钻井等，这些新的钻井技术使得生产商可以钻通各种不同岩层，大大提高了钻井的成功率和生产率，大大增加了天然气的供应。常见三种井如图 8-3 所示。在美国，由于页岩气的开采，天然气产量达到了 40 年以来的最高水平，缓和了整个国家的价格矛盾。尤其是一些临近东部人口中心的天然气资源被勘探和开采，降低了天然气的运输成本，有了低成本的天然气供应。截至 2017 年年底，美国非常规天然气的产量已经可以满足美国国内约 78% 的天然气需求。[1]

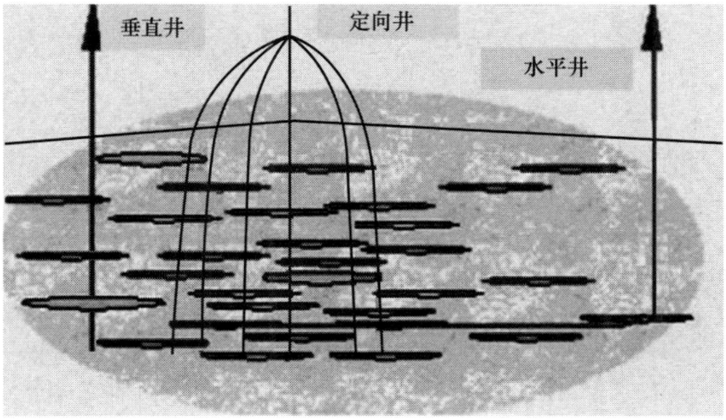

图 8-3　三种井

注　资料来源于能源信息署。

致密砂岩气（Tightsandsgas）是天然气的一种，存在于砂岩、沙泥岩、碳酸盐岩等渗透性较差的气藏，在钻探时不会自然流动。为了提取致密气，需要压裂岩石来提高产量。在美国大概有 20 个致密砂层盆地。

煤层气（Coalbedmethane）是包裹于煤层内的天然气。水经常通过裂缝渗透至煤层，煤层越深，渗透进去的水就越少。为了从煤层内开采天然气，需要抽取煤

[1] 资料来源：美国能源信息署。

层中的水降低压力从而析出天然气。中国的煤层气地质资源量约为36万亿立方米，主要可划分为东北、华北、西北和南方四大煤层气聚集区。[1] 据美国地质勘探局估计，美国的煤层气资源超过20万亿立方米，但是其中经济可开采量不到3万亿立方米。在美国，大部分煤层气开采都集中在落基山地区，大陆中部和阿巴拉契亚地区也有煤层气的开采。

页岩气存在于少孔、低渗透性的细纹理沉积岩中，包括泥石、泥质岩和页岩。这些岩层状况要求使用水力压裂这种特殊技术来释放天然气。该技术包括使用一系列的径向爆破和水力在水平方向压裂岩石（如图8–4所示）。

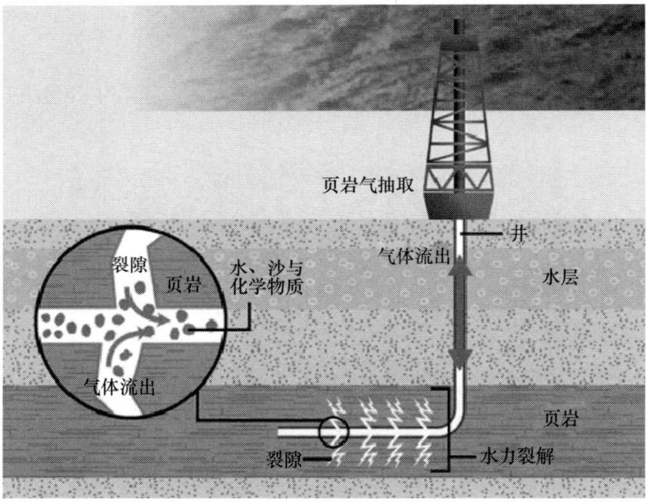

图8–4　页岩气水平井液压裂技术原理图

过去十年，寻找富含页岩气的地质层或页岩气藏的技术有了突破性的进展，新打的气井几乎都能产气。不断改进的开采、钻井和生产技术，降低了寻找和生产页岩气的成本，大幅度提高了其产量。2017年，美国页岩气产量占总天然气产量的57%，[2] 并且有望在未来大幅度提升。中国页岩气资源丰富，依据中国地质调查局的数据，中国页岩气可采资源量达到25万亿立方米，[3] 居世界首位。相比于

❶ 中国矿业报网 http://www.zgkyb.com/zcjd/20171207_46663.htm。
❷ 资料来源：美国能源信息署。
❸ 资料来源：《中国页岩气资源调查报告（2014）》，原国土资源部中国地质调查局。

美国，中国页岩气的开采相对滞后，但近年来发展迅猛。2017 年，中国页岩气产量约 91 亿立方米，位居世界第三。❶ 根据中国国家能源局印发的页岩气发展规划（2016—2020 年），到 2020 年，中国将力争实现页岩气产量 300 亿立方米；到 2030 年，实现页岩气产量 800 亿 ~1000 亿立方米。❷

相比于传统天然气资源，页岩气分布更加广泛，有可能在需求中心开采，减少由于运输导致的消费，并且降低成本，带来额外效益。

在很多页岩中存在轻烃，提高了页岩气井的利润。相比天然气价格，轻烃价格更接近石油价格，富含轻烃的天然气井比只生产天然气的井利润更高。一桶典型的轻烃可能含有 40%~45% 的乙烷，25%~30% 的丙烷，5%~10% 的丁烷和 10%~15% 的天然汽油。相比只生产天然气的干井而言，页岩气井对天然气价格的敏感度更低。

环保问题可能会是页岩气发展所面临的最大挑战。水力压裂需要消耗大量的水，并且有废水需要处理，因为压裂溶剂由化学药品和沙子加入水中制成，再泵入地底深层。一些公司回收并且循环再利用这些废水。这些废水有渗入到饮用水层的可能，这种潜在危险及其引起的健康危害也令人担忧，特别是当这些废水存储在地表的蓄水池里时。

第五节　天然气加工和运输

许多天然气产地远离主要人口和用气负荷中心，因此需要一个由各种加工设备和长距离输送管道组成的庞大网络，将天然气从气源送到终端用户。在中国，这个网络正在快速建设中，截至 2017 年年底，网络干线管网的总输气能力达到每年 3100 亿立方米❸。在美国，这个网络每年给数以百万计的用户输送了超过 7000 亿立方米的天然气，可以从美国本土 48 个州的几乎任何位置输送和获得天然气。

---

❶ 资料来源：《人民日报海外版》，2018 年 7 月 28 日。
❷ 资料来源：中国国家能源局。
❸ 资料来源：《中国天然气发展报告（2018）》白皮书。

高效的市场要求天然气输送网络坚强可靠，并且允许消费者从一个以上的生产中心获得天然气。供应多元化能够提高可靠性并调节价格矛盾，相反地如果供应的网络受限就会提高价格。

一、天然气的加工

介于气源和管道之间的是天然气的中游环节，该环节包括从气源采集天然气，去除气体中的轻烃和杂质，将处理后的天然气转送至管道，提取的轻烃送至分馏塔被分离成独立的成分。

未处理的天然气或者井口天然气，其成分因地区不同而存在差异。因此，天然气的品质决定了加工方法。在地下时天然气会溶解在石油里，抽采石油时由于压力降低而从石油中分离出来。在此过程中，石油和天然气被输送到各自的加工设备。当两者不能够自然分离时，还需要进行额外加工。

当完成钻井并开始生产时，天然气进入到集气管道。天然气通常经由小口径集气管道从井口输送到加工厂，或输送到更大口径的管道。

当天然气和石油不能自然分离时需要对其加工。在加工厂，湿天然气首先需要进行脱水，去除其他产品和杂质（如硫和二氧化碳）。从天然气当中提取得到的轻烃产品，是石化工业中的高价值产品，可以提供给石化工业、炼油厂和其他工业消费者。经过加工提取到的轻烃，通过分馏，利用各种烃的沸点不同将它们分离成独立组分。加工完毕后，天然气的主要成分就成了甲烷，并且达到管道运输的质量要求，便可由天然气管道进行输送。

二、天然气管道运输

天然气长距离运输管道将天然气从生产地输送到消费地的配气公司、大型工业客户、发电厂和储气设施。管道的直径小到 406 毫米，大到 1219 毫米，在主要枢纽和支线之间输送天然气。支线的直径为 152~406 毫米不等，将天然气配送给零售客户。

大型管道又被称为主干线运输管道，通常由坚硬的碳素钢制成。管道内部有防腐蚀的涂层。支线等小尺寸配送管道的运行气压要低得多，除了钢管外还可由塑料制成，灵活性高而且易于更换。

通常沿着管道每 80~160 千米有一个压气站，用来增加或维持天然气的压力，推动天然气沿管道流动。天然气在管道中被加压至 1.4~10 兆帕。加压可通过涡轮机、电动机、发动机完成。涡轮机和往复式天然气发动机从管道中取用一些气体用作燃料；电动机则依靠电能驱动。

管道沿线设有计量站，当天然气流过时测定其流量。天然气沿管道的流动由一系列阀门分段控制，可以打开阀门让气体自由流动，或者关闭阀门让气体在一段管道内停止流动。沿着管道每 8~30 千米，可设置一处大型阀门。

管道运营机构使用监控和数据采集系统（Supervisory Control And Data Acquisition，SCADA），监测流过管道系统的天然气。SCADA 是收集、控制和管理仪表和压缩机站数据的集中通信系统。SCADA 也将信息传达给集中控制站，让管道工程师随时了解系统的状况。

天然气可以存储在靠近消费区域的地下储气系统中。充足的存储容量增加了管道和配送系统的灵活性，帮助运营机构在低谷时段存储过剩气体，在高峰时段释放所存气体来稳定价格。部分天然气也可以存储在管道中作为管存气体，这些天然气以大于正常压力被留在一段管道中。

配送管道通常从大的运输管道转运天然气，并提供给零售客户。然而工厂和发电厂等一些大型用户，可能直接从输气管道获得服务，其余大多数用户从地方配气公司获取天然气。这些公司通常代表他们的客户购买和运输天然气，在当地城市门站接收天然气，然后在约定的计量点交付给客户。据美国交通部（DOT）统计，这种配送管道系统由超过 300 万千米的小口径管道组成。

输气管道的建设将新的供应区和市场联系了起来，改变了很多地区之间的价格关系。截至 2017 年年底，中国天然气长距离运输管道总里程达到 7.7 万千米，“西气东输、北气南下、海气登陆、就近外供”[1]的供气格局已经形成，互联互通相关工作正在全面开展。在美国，新建设的洲际输送管道，使得东北部和东海岸等地区有了新的供应来源，同时也扩大了来自传统供应源的天然气量，提高了全网

[1] 资料来源：《中国天然气发展战略研究》。

的输送能力。这既降低了总体价格水平，又可在需求高峰时段缓和极端的价格波动。

三、天然气的转运枢纽

管道运输网络的一个关键部分是天然气转运枢纽。通常，转运枢纽是多条管道互联的一个特定位置，允许气体从一个管道转移到另一个管道。

中国尚无明确定义的天然气转运枢纽。中国国务院发展研究中心的研究结果认为，未来中国天然气管网将逐步形成五大枢纽中心，即上海、广东、宁夏中卫、湖北和河北永清，每一个都有可能发展成为基准枢纽。

美国有几十个天然气枢纽，其中主要枢纽超过 20 个。亨利枢纽位于路易斯安那州中南部的伊拉斯（Erath）小镇，有十几条大型天然气管道汇集和换气，这得益于它在墨西哥湾开采区的战略位置和连接到东海岸和中西部地区消费中心的管道数量。亨利枢纽成为美国天然气实物市场的一个主导基准点，有 12 个交货点和 4 个主要的收货点。

在亨利枢纽或国内其他枢纽，天然气可以作为一种实物商品在日和月市场上进行买卖。此外，纽约商品交易所在 1990 年以亨利枢纽为交割点开发了天然气期货合同，此合同获得广泛接受并被普遍用作美国天然气的价格参考。

第六节　天然气存储

天然气存储设施让生产者和消费者可以在需求相对较低的时段低价存储天然气，然后在需求和价格相对较高的时段使用天然气。存储设施的注入量或采出量是需求量和产量之间的差值。存储设施为管道和配气系统增加了灵活性，并且通过在低需求时段存储富余天然气的方式来平稳价格。在需求高峰时段，存储设施可以随时供应天然气。某段天然气运输管道也可以在大于正常气压的条件下将一些天然气存储起来作为管存气。

有了存储设施，可以在需求低谷期存入天然气，在需求高峰时使用，平抑了天然气价格季节性的大幅度波动。美国能源信息署每周四上午 10：30 发布《存储周报》（Weekly Storage Report），向市场披露美国国内天然气供给和平衡情况。天然气期货价格可以在存储报告发布的数秒之内急剧变化。如果报告中的注入量或采出量与市场期望明显不同，那么天然气期货的价格可能会升高或降低。所有其他市场条件相同时，更高的存储水平趋于降低远期价格，而较低的存储水平往往会抬高价格。

地下储气库是最为典型的储气设施。不同的成本特性和运行特点决定了每种设施的不同使用方式。

（1）回采率（Deliverability Rate）反映了储气设施能够供应天然气的速率。存储的天然气释放得越快，存储设施越适合于用来满足快速变化的需求。

（2）周转（Cycling）能力反映了天然气注入和采出存储设施的速度，这对需求和供给的平衡很有用。盐穴往往有更高的注入和采出率，这使得他们每年可以处理十多个注入和采出周期。液化天然气的存储也有这样的能力。

地下储气库中的天然气被分为两大类，工作气（Working Gas）和垫底气（Base Gas）。垫底气是指包括原始气在内的天然气，作为储气库的永久库存，来保持采气季整个储气库足够的压力和采气率，因而是十分必要的。工作气是指储气库中垫底气之外的气体，它可以在储气库正常运行期间被采出。

常见的地下储存设施的类型如图 8-5 所示。枯竭油气藏（Depleted Reservoirs）是一种较为典型的地下储气库，它可以对包括油井、收集系统和连接管道这些最初用于生产而建造的基础设施进行再利用。这种储气库大概 50% 的总容量成为垫底气，用来保持设备中的运行压力，通常一年周转一到两次。

改造过的含水层（Aquifers）也可以用来建造储气库。含水层储气库主要采用背斜含水砂层构造。含水层储气库在地下储气库中是较为昂贵的，因为它们不具备类似枯竭油气藏的保留能力。因此，垫底气可能远远超过总气量的 50%。这使得此种储气库对注入和采出方式更加敏感，因此通常一年只周转一次。

盐穴（Salt Cavern）储气库是地下盐层通过水溶解盐后取盐，形成一个不透水、不透盐、可以充当加压容器的洞穴。只需要少量的垫底气，一年内能周转十几次，提高了注入率和采出率。一般来说，盐穴储气库的容量要比枯竭油气藏储气库和

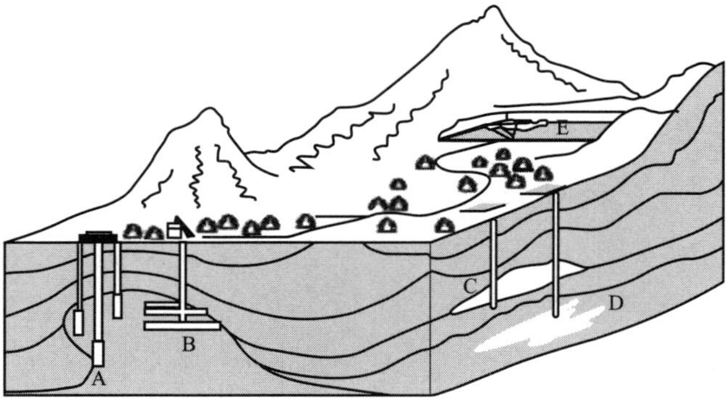

图 8-5　地下储存设施的类型

A—盐穴；B—矿井；C—地下含水层；D—枯竭油气藏；E—硬岩洞室

地下含水层储气库小。

天然气也可以存储在地上存储罐内，这就是液化天然气。所有陆上液化天然气接收站都有液化天然气储罐。液化天然气船也可以作为存储设备，这取决于时间和经济性。液化天然气存储非常灵活，每年允许多次库存周转，还有高注入率和采出率。

第七节　美国天然气市场和交易

美国天然气工业具有高度竞争性，有着数以千计的生产商、消费者和中间经销商。有些生产商有很强的天然气营销能力，可以直接销售给地方配气公司、大型工业用户和燃气发电厂。一些生产商把天然气卖给经销商，这些经销商把零散天然气聚集起来以配合不同类型客户的需求，然后再卖给客户。

大部分居民和商业客户从配气公司处购买天然气。许多工业客户和大部分电厂也可以选择从经销商或生产商处购买天然气，从而避免配气公司的收费。

在美国，洲际管道公司不买卖天然气，只限于提供运输和存储服务。洲际管道公司以联邦能源监管委员会批准的价格输送天然气。

一、天然气经销商

美国大部分天然气交易由天然气经销商进行。任何人只要参与天然气销售，原则上都可以被称为经销商，然而经销商通常特指那些只专注于能源市场实物和金融交易的专业化企业。天然气经销商通常会活跃在多个能源市场，充分利用他们的市场知识使他们的业务多元化。

经销商可以是天然气生产商、管道附属经销商、配气公司附属经销商，也可以是独立经销商、金融机构，或者是天然气的大用户。一些经销商可以提供全方位的服务，营销各种形式的能源和金融产品，而另外一些经销商的业务范围可能有限。例如，生产商附属的经销商，不销售来自第三方的天然气，因为他们更关心的是卖出自己的产品，以及通过对冲来保证销售的毛利。

一般而言，经销商可以分为以下五类：大型全国性综合经销商、生产型经销商、小型地方性经销商、集成商和经纪人。

大型全国性综合经销商在全国范围内提供全方位的服务，销售许多不同的产品，并且拥有大量资本用以支持其交易和销售业务。生产型经销商通常只关注销售自己的天然气，或者其附属天然气生产公司的产品。小型经销商面向特定的地理区域和特定的天然气市场，许多隶属于配气公司的经销商就是这种类型，专注于在其提供配气服务的地理区域内进行销售。集成商一般从各种来源收集小额天然气进行整合，并用比小额天然气单独销售更加有利的价格和条款卖出大额天然气。经纪人是经销商中的异类，因为他们永远不会拥有天然气，只是充当中间人，促成买家和卖家进行交易。

所有的经销商除了核心交易团队外，都有着必不可少的后台运营。这些后台人员负责协调出售和购买天然气实物和金融产品的所有事项，包括安排运输和储存天然气、记录已完成的交易、开账单、会计等环节。

除了交易员和后台工作人员，经销商通常都有大量的风险管理业务。风险管理团队负责确保交易员不会给经销商带来过多的风险。

二、市场枢纽

天然气可以在美国许多不同的地点进行交易并且定价。这些分布于全国各地主要管道系统的交汇点被称为市场枢纽。天然气的交易价格在不同的枢纽是不同的，取决于在该特定枢纽上天然气的供应与需求情况。亨利枢纽价格与另一个枢纽价格之间的差异被称为区域性差异，也称为基差。除了市场枢纽外，重要中心城市门站是天然气的另一类定价地点，城市门站指的是那些配气公司从管道中接收天然气的地点。

除了是全国的基准枢纽之外，亨利枢纽还是纽约商品交易所天然气期货合同的交割点。亨利枢纽的价格变化，为全国范围内的价格总体变化提供了一个很好的参考指标。

基差通常反映了把天然气从亨利枢纽运输到其他枢纽的可变成本。例如，佛州某个枢纽的天然气价格，是亨利枢纽的天然气价格加上佛州该枢纽的基差。根据当地市场的情况，基差可以有变化，甚至可以有巨幅变化；当两个点之间的管道出现阻塞时，基差就会大幅地增加。超出运输成本的基差主要是由于管道受限及管道缺乏竞争造成。

三、天然气实物贸易

天然气实物交易合同由买卖双方共同协商决定。天然气实物合同的类型多种多样，但是绝大多数合同都有一些标准规格，包括指明买方和卖方、价格、天然气的出售总量（通常以日均交易量来表示）、收货和交货地点、合同的有效期（通常以从某一天起的总天数来表示）以及其他的条款和条件。定制的条款和条件通常会列出付款日期、待出售天然气的品质以及双方都同意的任何其他事项。

买家和卖家通过电话、电子公告板或者电子商务交易网站谈判天然气实物合同。

天然气实物合同有三种主要的类型：浮动合同（Swing Contracts）、基荷合同（Baseload Contracts）、固定合同（Firm Contracts）。

（1）浮动合同又称为可中断合同（Interruptible Contracts），通常是指期限为一天到一个月之内的短期合同。这种合同非常灵活，虽然合同双方在签订合同时约定了具体价格和数量，但是双方都没有法律义务接收或提供约定数量的天然气。因此，这种合同通常用于卖家天然气供应量或者买家天然气需求量不确定的情况。

（2）基荷合同与浮动合同类似，买家和卖家都没有交割准确数量的义务。与浮动合同的差异在于合同双方达成共识，都将竭尽所能去提供或者接收指定数量的天然气，即便天然气市场价格出现波动，双方也不会终止合同。当然，这种共识并不具有法律约束力，如果其中一方认为另一方没有竭尽所能地履行合同，他也不能通过法律途径进行追索。因此，这种合同通常依赖于买卖双方之间的关系，包括私人关系和工作关系。

（3）固定合同和以上两种合同不同，买卖双方对于接收或提供的天然气具体数量都需要承担法律责任。这种合同通常在供求双方的天然气交易量不太可能改变的情况下使用。

四、市场价格发现

1. 天然气现货市场

美国天然气现货市场竞争非常激烈，经纪人及其他人每天在这个市场里进行天然气交易。天然气现货交易市场非常活跃，一周七天，每天 24 小时连续发生。洲际交易所中，经纪人可以在超过几十个枢纽进行天然气实物交割交易，其中主要的枢纽有约 20 个，路易斯安那州 Henry 枢纽由于靠近墨西哥湾天然气产区，并且接入很多输气管道，因此成为主要的国家级枢纽。在这些天然气交易的枢纽地区，天然气的交易异常活跃，交易价格也在此确立。除了这些市场枢纽外，其他地点也同样进行着活跃的天然气交易，包括单个管道的节段以及与地方配气公司的管道连接点。

现货市场交易通常在电子交易所或者是通过电话进行，买方同意为次日在指定交货地点交割的天然气向卖方支付协议价格。天然气现货价格反映了每日的供求，有时候价格波动很大。

2. 天然气的竞价周

每个月的最后五个交易日被称为竞价周。这一周中，卖家会出售下个月的天然气产量，买家会购买天然气以满足下个月的主要需求。

3. 天然气价格指数

一些出版商，比如《普氏气日报》（Platts Gas Daily），《天然气情报》（Natural Gas Intelligence）和《天然气周报》（Natural Gas Weekly），通过调查市场交易价格，形成日度指数。这个指数通常在当日夜晚或下一个交易日的早上发布。许多市场参与者将他们竞价周的价格告诉出版商，后者使用这些价格形成月区域性指数，这个指数在竞价周结束后的下一个工作日发布。这些日指数和月指数成为那些不签订（或者被州及地方监管机构禁止签订）固定价格合同公司的定价基础。

4. 天然气的金融市场

除了天然气实物交易外，美国还有一个重要的天然气衍生品和金融工具市场。在金融市场中，市场参与者更关心如何通过天然气价格的波动来获利，而不是交付或接收天然气。这些金融产品的定价和结算与天然气实物挂钩。一般情况下，在金融市场交易的资金量，至少是天然气实物交易资金量的十几倍。

衍生品作为金融工具，其价值来源于标的物价格。衍生品可以十分简单，也可以极其复杂。传统上，绝大部分衍生品在场外市场进行交易，这个市场本质上是由一群对相互交换衍生品感兴趣的市场参与者构成。

第九章

能源金融市场及交易

在美国，金融市场对天然气、电力、石油、煤炭等能源品种的实物市场有着关键性的影响。过去十年，从交易量和产品种类来看，与天然气、电力、石油和煤炭相关的大宗商品市场都有扩张，由此导致实物市场和金融市场之间的传统关系发生了变化。传统的观点认为实物市场会影响金融市场，金融产品的价值由实物产品衍生而来。而今，两者的关系变成了双向关系，实物市场仍然会影响金融市场，但金融市场也会反过来影响实物市场。

第一节　金融市场及市场机制

金融市场不像实物市场一样有固定的场所，它主要由一系列产品、市场机制和市场参与者构成。金融市场与实物市场的区别在于金融市场没有实物交割，但这并不意味着金融市场的参与者只有投资者和投机者，实物市场的参与者也可以利用金融市场进行对冲（套期保值）。类似地，这也不意味着金融市场中的合同只有现金交割而无实物交割。金融交易员也会使用中长期的实物合同，但是他们会确保不用进行实物交割。实物市场和金融市场经常紧密地交织在一起，它们有着相同的市场机制。

因此，理解金融市场的方法是观察其组成的要素，包括市场参与者、产品、市场机制和市场交易。无论是实物市场还是金融市场，交易都需要在交易所或场外市场进行。对于电力来说，交易也可以在区域输电组织进行。

一、交易所

在交易所交易的合同已经标准化，意味着有关产品质量、数量和交割地点的具体规格都由交易所事先就制定好了。在交易所进行交易要遵守交易所的规则，同时也要遵守法律法规。规则一般允许双向交易，既可以买也可以卖。

交易所的交易可以通过电子平台完成，交易员在网站上买卖；也可以在交易所内通过公开喊价完成，交易员就买卖指令大声喊价。

纽约商品交易所是世界上最大的大宗商品期货交易所，金属、农产品等大宗商品都可以在交易所进行交易。除此之外，纽约商品交易所提供的服务还包括天然气的实物和金融产品交易，电力的金融合同交易等。洲际交易所也向市场提供碳排放许可、天然气和电力产品等交易。节点交易所（Nodal Exchange）为电力市场的参与者提供地点 / 节点的期货合同，允许参与者在区域输电组织的枢纽、子区域或者节点上进行电力远期月度合同的交易。

金融交易一般采用保证金（margin）交易制度，即市场参与者按照大宗商品合同当前市值的一定百分比缴纳保证金，而不需要支付合同的全款就可以进行交易。在此制度下，使用保证金交易的交易员，相当于从交易所或经纪公司借了大部分资金进行买卖。因此，交易员需要事先提交一定的抵押品作为保证金，保证金既可以是现金，也可以是能被交易所接受的其他有价物。

二、场外市场

除了在交易所和区域输电组织进行的交易以外，其他的一切市场都被称为场外市场。场外市场交易没有标准化的要求，既可以通过单独的谈判达成一次性结构化的合同，也可以在电子经纪人平台上进行标准化产品交易。场外市场的主要优点之一就是可以按双方特定的需求定制合同。场外市场中的合同是双边的，即完成买卖的协商过程仅发生在两个市场参与者之间。

场外市场交易可以通过合同双方直接谈判完成，也可以通过经纪人完成。经纪人可以是语音经纪人，也可以是电子经纪人平台。与交易所不同的地方在于，电子经纪人平台为特定的买卖方配对，而且不匿名。

场外市场交易的产品既可以通过单独协商形成的产品，也可以是已经标准化的产品。通过单独协商形成的合同被称为结构性合同。实际上，在场外市场交易中，许多协商形成的合同都是在某一个标准合同的基础上，根据双方需求修改而确定的。场外交易经常参考的标准合同包括北美能源标准委员会（NAESB）推出的天然气合同，爱迪生电力协会（EEI）的电力购销总协议（Master Power Purchase and Sale Agreement）和西部系统电力库协议（WSPP协议）等。当然，也有一些协商形成的合同，内容是由谈判双方从头开始自主拟定的。

如果要对场外交易的合同进行转让，合同所包含的条款和条件就必须可以引起两家或者更多机构的兴趣。专为客户定制的一次性结构化合同只有极少的二次交易价值，甚至是完全没有二次交易价值。在交易所或电子经纪人平台交易的标准化合同，其设计往往都对市场参与者具有较强的吸引力。

三、区域输电组织市场

电力的购买和销售可以通过区域输电组织进行。通常，该组织负责运行市场是为了支持其所掌控的输电网络的物理运行，包括决定如何调度发电来满足用户的负荷需求。区域输电组织市场是多边性的，买方和卖方不是通过一一配对来确定的。区域输电组织也允许双边实物交易，但是不同的区域输电组织处理双边交易的方式不同。区域输电组织还提供结算服务，但是与交易所提供的结算服务有所不同。

区域输电组织也用“出清”这个词来表述供需达到了匹配状态，市场出清意味着其接受了足够多的市场发电竞标来满足用电负荷需求。如果一个发电厂商的竞标在日前市场上出清，就意味着这个发电厂商的竞标小于或等于市场出清价格，并且被选中在第二天向系统提供电能。区域输电组织维持信用政策，将违约或者其他未履约的成本在所有市场成员中分摊。

在本质上，区域输电组织市场有一些要素是和金融交易相似的，其中之一就是虚拟交易。例如，某交易员可能会在日前市场进行发电竞标，但却不会在实时市场中实际发电。其结果就是此交易员会在日前市场中获得他发电中标电能对应的报酬，但在实时市场中他需要按照实时电价，向其他市场成员购买电能以完成中标的责任。虚拟交易合同属于金融合同，与区域输电组织的实物市场运行融合在一起，影响实物供需关系及价格。

区域输电组织也提供金融输电权交易，这在第四章已进行了详细的介绍。输电资产拥有者将输电网的运行权交给区域输电组织，希望能确保自己的输电权和输电成本回收。然而区域输电组织通过市场运营，无法直接向电网拥有者提供这样的确定性。因此，其通过金融输电权或者类似金融工具，能够为输电资产拥有者和牢靠输电权持有者提供一定程度的经济补偿。由于预期的输电容量决定了可供出售的金融输电权容量，金融输电权也就与区域输电组织的物理运行联系在一起。

四、其他市场机制和概念

头寸是市场参与者在一个市场内的净持有量。对一个特定的金融工具而言，交易员的头寸是买入和卖出合同的总和。一个交易员的总头寸是指其持有的所有类型合同对应的所有头寸之和。

平仓是处理掉头寸的过程，即持有特定合同的交易员将其合同卖出的过程。平仓后，交易员不持有任何合同。如果交易员已经卖空了特定合同，则需要买入相应的合同才能平仓。

杠杆的作用是用少量资产来控制大量资产。它增加了潜在的回报率，同时也增加了交易的风险。当交易员用保证金来进行交易时，实际上就是杠杆在起作用。

除了提高潜在的回报率以外，一些交易员还可能会试图利用杠杆来操纵市场。举例来说，交易员可以购买一种金融产品，该产品价格由某种实物产品衍生而来；然后，他们会试图以购买、出售或其他方式来影响该实物产品的价格；由于他们在实物市场上操作的头寸较少，而在金融市场上操作的头寸较多，如果操纵市场成功了，他们将从其持有的金融头寸中获取大量的利润。

流动性是指某一市场上的交易次数和交易量。如果市场上的交易次数和交易量能让任一交易员在任何时候都可以实现平仓，并且在这个过程中不会对价格造成影响，就称这个市场具有较好的流动性。如果市场的交易次数或交易量不大，那么就称这个市场流动性不足。流动性经常会被用来证明一些增加交易次数或交易量的做法是合理的。然而并非所有的交易次数或交易量对市场都同样有利，还需要考虑到其他的市场因素。

未平仓合同数是指在某交割月或某市场中已经签订，但尚未在市场中通过互补合同平仓，也未通过交割方式履行的合同总数。在结算期快结束的时候，未平仓合同数（无论是合同的数量，还是交易对手的数量）会迅速减少。在未完成的次月合司中，给定数量的合同占比会越来越大。

清算是将金融或实物交易传到清算所，让清算所成为每个买卖双方的交易对手方。清算所承担买方或卖方无法履行其义务的风险。一般而言，清算所设定的规则涵盖交易员信用度、必须提交的担保品，以及必须为服务支付的费用。

结算发生在交易时段的最后环节。此时，实物合同（全称实物性结算合同）需要实际交割，金融合同（全称为财务性结算合同）需要现金交割。在交易所进行的交易和场外交易都需要结算，其中交易所的交易按照交易所规定的书面程序和时间表进行结算，场外交易根据交易双方约定的条款进行结算。

例如，纽约商品交易所在每天交易收盘后，会进行天然气远期月份期货合同的结算。对给定月份的合同，在交割月开始前的三个工作日进行最终结算，最后一天的结算价格是该期货合同的最终价格。需要注意的是，期权合同交易的最后一天，是期货合同到期日的前一天。

随着到期日的临近，价格风险及其波动性可能会增加，同时市场流动性和未平仓合同数会减少，因此大多数市场参与者都会避免在结算期内进行交易。仍然以纽约商品交易所的天然气期货合同为例，多数市场参与者早在结算期还没有到来时平仓，或者将其未平仓的头寸滚动到次月。滚动是将还未到期的当月合同进行平仓、同时购买次月合同类似头寸的过程。在这个过程中，交易员持有的合同数量是相同的，但随着时间的推移和合同到期，所持的合同月份会相应变化。

为了进行会计记账和保证金计算，每日结算价格可以用来重估交易员在目前市场价格下的头寸。交易所会在市场价格指数和定期出版物中，公布每日的结算价格和最后一天的结算价格，这些价格有利于市场价格的发现。

逐日盯市就是在每个交易日结束后，把所有的交易头寸根据当前市场价格进行重估，以反映资产价格的变动，并且形成财务和会计上的收益和亏损。在存在收益的情况下，交易员不必选择平仓来兑现收益，可以选择提取自己账户中的收益，也可以将其用于后续的交易。然而，如果出现了亏损的情况，由于交易员所持有头寸的价值减少了，如果交易员的保证金数额不足以维持交易的需要，可能会导致交易所或经纪人发出追加保证金通知（Margin Call）。

卖空是指交易员出售自己未持有的合同，并且假设将在合同到期前买入相应的互补合同进行平仓。这可以在交易所或其他允许双向交易的市场上进行。卖空行为一直受到监管机构的关注是由于其可能伴随潜在的市场操纵问题，例如交易员先卖出合同使产品价格下跌，然后在价格较低时重新买入。卖空是市场参与者只在财务上买卖期货的方式之一，即他们出售期货，然后在合同到期前买入，净交易量为零，以使自己不会面临实际交割的义务。

头寸限额是洲际交易所和纽约商品交易所等交易所遵守商品期货交易委员会（Commodity Future Trading Commission）的监管条例和规则，对交易员所能够持有的特定投资合同的数量进行限制的规定。头寸限额的有效期有不同的规定，可能是任何时间点，也可能是合同到期的月份，还可能是结算前的某段时间。例如，纽约商品交易所的亨利枢纽天然气期货合同，其头寸限额是所有月份总共 12000 份合同，单个月 6000 份合同，到期月 1000 份合同。交易机构可以申请豁免或者修改这些头寸限额。

交易量表明市场上任一时间内交易活动的活跃度。交易量可以用很多种方式来表示，既可以是在某一特定的时间段内执行的交易数量，也可以是交易的合同所包含的产品数量。交易量可以向市场参与者提供市场行情方面的信息。例如，如果纽约商品交易所的合同数量很多，但是交易次数相对较少，市场参与者就会知道是少数交易员在进行大批量的交易。相反，如果纽约商品交易所的合同交易量和交易次数都很高，那就说明有些交易是小批量的，可能是由许多活跃的交易员引起的，也有可能是相对较少的交易员进行了很多次交易的结果。

五、产品

金融市场的产品就是可以被买卖的合同，也称为证券或金融工具。金融合同不需要交割产品，而是进行现金交割，它是用付款换来的获得交割的权利，虽然其净价值可能随时间变化而变化。

金融衍生品是指这样一类合同，其价值来自其他一些实物或金融的产品或合同。例如期货合同是实物合同的衍生品，期货期权合同是期货合同的衍生品。在期货合同接近到期时，其价格在理论上应该收敛于现货价格。然而，在其他时候，期货合同价格只是合同各方愿意购买（或出售）未来某个时候的天然气的价格，可能无法从其他产品或合同中推演出其价格。相反地，那些即将到期的期货合同可能会影响现货价格。

六、金融工具基础

每种金融工具都在它自己的市场上进行交易，其性质包括时间、地点、合同类型、合同标的物。对于互换这个金融工具而言，合同还要设定交割金额的机制。

1. 合同标的物

每个合同都会明确买卖的产品。对于实物合同，产品可能是天然气或电能；对于衍生品，可能是从天然气或电力价格中衍生出的金融工具。标的物为天然气的所有合同和从天然气价格衍生而来的所有合同都属于天然气市场的范畴。

2. 时间

每个合同都有几个时间要素。

交易日是拟定合同的日期，通常就是签署交易的日期。

到期日是合同有效的最后一天，合同到期后不能再继续进行买卖通常到期日就是合同的结算日。交易所和电子经纪平台也可能人为设定一个到期日，即可交易合同的最后日期。对于纽约商品交易所的天然气期货合同，到期日和结算日是天然气交割月上个月份的倒数第三个工作日。结算期是到期日的下午 2 点到 2 点半。

交割日（或月），实物合同会规定在交割日（或月）进行产品的交割。交割期在未来一个月或多个月的合同是远期合同，如果在交易所进行交易，则称为期货合同。例如，纽约商品交易所天然气期货合同要求在指定月份交割 10000 个百万英热单位的天然气，未来 12 年的每个月在市场上都有对应合同供交易。

月度合同按距离到期日的远近来分类。现货月指本月，现货月后的下个月份被称为次月。例如，对于在一月发生的交易，二月就是次月。

时间要素还包括交割的时段，对于月度天然气合同而言，一般情况是在下个月份按指定价格每天等量交割；而电力则是在下个月内每小时按合同电量进行交割。除此之外，电力的实物和金融合同还可以规定在高峰或非高峰时段进行交割，高峰或非高峰的时段在合同中约定。

3. 地点

所有实物合同都会指定实物交割的地点，如天然气合同选择路易斯安那州的亨利枢纽作为交割地点。金融合同也有地点，这一地点通过标的物来确定。例如，一个金融衍生品以纽约商品交易所的天然气合同作为标的物，那么衍生品的地点就是亨利枢纽。

对于天然气而言，其地点往往是市场枢纽，即主干管道系统的交叉点。天然气的主要枢纽和定价点是亨利枢纽，所有的纽约交易所天然气期货合同都用它，并且它也是美国天然气整体价格的参考点。其他地区的价格往往标示为与亨利枢纽的差值，称为基差。对于电力而言，合同地点往往是节点、子区域或枢纽。

无论是在交易所交易的产品，还是在场外电子交易平台（例如洲际交易所）上交易的产品，都使用了标准化的地点。其他场外交易的地点，则可以是交易双方所期望的任何地点。对于实物合同而言，选择的地点必须切实可行。对于金融合同而言，地点可以是任何期望的位置，但过于复杂的地点会因缺乏可以发现价格的参考点而使定价变得困难。

4. 数量

所有实物合同都会规定天然气或电能的交割量。对在交易所或场外电子经纪平台上交易的合同，数量会预先规定好并在合同中写明。对于场外市场交易的双边合同，合同中的数量可以是交易双方所期望的任意数值。

5. 价格

合同的价格通常由市场确定，常见的价格形式包括两种。

（1）固定价格，即价格水平在交易发生时就已经确定，它是买卖双方都愿意成交的价格。以固定价格出售的合同一般是在购买时进行支付。

（2）浮动价格，它是一种交易时不知道，合同到期时才知道的价格，往往根据特定的计算公式，与相关的价格指数进行挂钩。例如，价格可能与某个地区一个月内所有日价格的平均值相关联，这个平均值通常是以指数形式公布的。

现货价格是可以立即（或次日）交割的实物商品的市场价格，并以指数形式进行公布。

标准化的远期合同和期货合同，可以在未来的每个月、每年进行交易。例如，纽约商品交易所的天然气期货合同，可以在未来 8 年内进行交易，每个有达成交易的合同都有一个价格，不过最初几年的合同流动性较强。各月期货合同的价格共同形成了一个价格轨迹，被称为远期曲线或期货曲线。

结算价格是特定合同的最终官方公布价格，也就是结算期内所有交易的平均价格。例如，天然气期货合同结算价格在 30 分钟的结算期（合同到期日最后 30 分钟的交易）内形成。结算价格也就成了以合同为标的的金融衍生品的交割基础，也是追加保证金通知和公布相关指数的基础。

第二节 金融市场的产品

金融合同不需要实际交割产品，只需要进行现金交割。这些金融合同的价值来源于合同中规定的，作为交割基础的实物或金融工具的价值，因此被称为衍生品。

金融产品的主要优点是不需要实物交割，并且可以自行平仓。期货交易的投机者必须平仓，以避免交割义务。金融衍生品的交易员可以不进行平仓，而是直接等待合同到期，接收或支付合同的交割金额。

一、期货合同

通过场外市场（包括电子经纪平台）交易的远期产品是需要未来数月进行实物交割的一种合同。如果该产品已经完成标准化，在受监管的交易所进行交易，则称之为期货合同。这里的标准化是指每一个期货合同代表相同数量和质量的交易标的实物大宗商品，估值所用标价格式相同，并且在相同的交割地点进行交割和接收，交割日期和接收日期也是相同的。期货合同在进行买卖时，唯一可变化的因素就是价格。

在美国天然气行业占主导地位的期货合同是纽约商品交易所的天然气期货合同。这个标准合同的内容包括：

（1）交割地点，位于路易斯安那州亨利枢纽内的萨宾管道枢纽（Sabine Pipeline Hub）；

（2）期限，月度；

（3）交易量，10000 个百万英热单位，并且在目标月份进行平均分配后进行交割。

任何市场参与者都可以交易期货合同。实物参与者可以使用远期或期货合同，来获得在未来月份交割的天然气或电能，也可以将它们用于管理他们实物头寸的风险，即对冲实物头寸。然而，进行实际交割的期货合同只占很小的比例（通常不到 1%）。

金融交易员可以用买卖期货合同的方式达到其金融目的，因为交易所允许双向交易。对交易员而言，买入和卖出期货合同都非常便利。某次金融交易可以是先买入一个远期或期货合同，然后再卖出该合同，或者通过获得一个互补合同来进行抵消。因为两者互补了，所以交易员没有实物交割的义务。纽约商品交易所大多数的天然气期货合同都不进行实物交割。

二、互换交易

互换交易是一种资产或债务与另一种类似的资产或债务之间的交换，它可能意味着在现货市场上购入，并在远期市场中将其售出。此外，互换也可能涉及收入流的交换。互换包括日历价差或基差价差，这两者反映出对时间或地点价差的期望。在天然气和电力市场中，互换是一个重要的金融工具。

但是，实物大宗商品不能进行互换交易，因为实物交易双方支付或接收款项是为了进行实物的交割。

三、期权合同

期权合同给出了以特定价格在指定日期（或之前）购买或出售某物品的权利（而不是义务）。期权的买家购买了在未来买 / 卖某物品的权利，如果买家行使他的权利，那么出售期权的卖家有义务出售 / 购买该物品。

允许买入的期权称为看涨期权，允许卖出的期权称为看跌期权。买 / 卖期权的支付价格通常简称为期权价格。行使期权的价格称为行权价格。选择要买 / 卖标的大宗商品或证券的行为称为行权。

在交易所或电子交易平台上交易的期权，在到期前和到期日都可以交易。因此，一个期权的拥有者可能会选择卖掉它，而不是行权或者让它过期。

交易员会有很多动机来进行期权的买卖。首先，期权提供了一种类似于保险的风险管理工具；其次，交易员可以用交易所或电子交易平台上的期权交易来进行投机；最后，交易员可以利用期权来增加其交易收入，或者减少回报的波动性。期权需要的预付资金比期货合同或互换更少，这对于那些资金比较有限的交易员而言，可以帮助他们开展更大量的交易。

第三节　金融市场的交易

一、交易机制

市场价格是所有单笔交易共同作用的结果。未平仓合同是交易员头寸的总和。

交易行为就是多次买入合同和多次卖出合同这两种行为的总称。单笔交易是单一的买入或者卖出。头寸是某一时间点上所有已买入或卖出但未到期合同的累积量。交易员可以在每一个合同中都有头寸，同时总体头寸也反映了交易员的全部合同。

交易行为需要有买方和卖方，并且他们都愿意以同一价格进行交易。买家报出自己愿意购买合同的价格，这是竞买价。卖方报出自己愿意出售合同的价格，这是竞卖价。

这些价格可能相同，也可能不同。当价格不同的时候，两者之间的差价就是买卖价差（bid-offer spread 或 bid-ask spread）。该价差是买家目前愿意购买合同的最高价格（最高竞买价）与卖家目前愿意出售合同的最低价格（最低竞卖价）之差。例如，一个买方竞买价为 7 美元，而卖方竞卖价为 10 美元，买卖价差就是 3 美元。

二、交易概念

交易员需要知道他们的交易和头寸会如何受到市场变化的影响。一种方法就是考虑在价格上升或下降时，某一交易或头寸是获益还是亏损。如果头寸在价格上涨中获益的话，就是多头。如果头寸在价格下跌中获益的话，就是空头。如果无论价格上涨还是下跌，头寸都不会获益的话，就称为平头。

例如，买了纽约商品交易所天然气期货合同的交易员成多头，当价格上涨时，该合同就从中获利。一个卖出合同的交易员就成空头，当价格下跌时他会盈利。

多头和空头的概念同样适用于其他形式的交易。要是没有其他任何情况，发电厂商属于电能多头，电力用户属于电能空头。如果发电厂商与电力用户签订了以它的发电成本作为成交价的合同，那么发电厂商属于平头。

有的时候确定交易员是多头还是空头并不容易，这是因为交易员可能持有很多金融合同，并且对应着不同的头寸，其中有些是多头，有些是空头。那么总体头寸随着价格的波动是受益还是亏损，既取决于每个头寸的情况，也取决于他们之间的相互关系。

三、交易策略

交易策略是指交易员决定交易什么产品、怎么交易，以及如何组合交易。

具体的交易策略取决于交易员的目标。概括来说，市场参与者交易的目标主要有三个：第一，买卖实物产品，例如天然气或电力；第二，管理实物仓位的风险，也称为对冲（套期保值）；第三，进行投机赚钱。

四、对冲

对冲是指拥有实物仓位的市场参与者，在市场中买卖天然气和电力金融合同，来提高其实体业务的盈利能力。实体业务决定着他们的风险和对冲需求，每个实物市场的参与者都有风险头寸，这与他们在天然气和电力实物交割及消费中扮演的经营角色相关。

举例来说，天然气生产商的风险与对冲目标和地方配气公司不一样。天然气生产商关心的可能是卖掉全部产品（除非可以储存），以及卖掉这些产品的收入。地方配气公司关心的是获取足够的供应量来满足客户不稳定的需求，以及购买这些天然气的价格。此外，实物市场的参与者还会有其他的考虑因素，例如生产商可能需要可预测的现金流，来支持他们的融资活动。地方配气公司可能要顾及州立监管机构，因为这些机构要判定他们的天然气采购行为是否足够审慎。

这些因素不仅驱动着采购和销售决策，也影响着风险管理决策两者常常纠缠在一起。例如，地方配气公司需要购买足够的天然气来满足变化莫测的零售需求，但购买量又不能过多。地方配气公司想获得一个让监管者和消费者都觉得合理的价格所以地方配气公司常常会摸索出一套把上述因素都考虑了的采购和风险管理（即对冲）策略。

为了购买足够的量，地方配气公司会建立供应组合，其中有一部分是可靠供应以满足每天的最低需求。地方配气公司的交易员也会决定在现货市场购买满足尖峰需求的量。地方配气公司会多选择几种天然气供货源，一方面是为了提高供应的可靠性，另一方面也是为了使价格更加多元化。

五、投机

投机是指利用市场出现的价差，进行买卖并从中获得利润的交易行为。

根据交易员的盈利策略，可以将他们分为投资者和投机者。可根据他们为从市场获利而使用的策略来进行区别。投资者相对比较被动，他们入市的目的是通过价格的长期变化获利，以及通过更大规模的投资组合多元化而获利。相反地，投机者会频繁地寻求从短期的价格变动中获利。

六、交易分析

对冲者和投机者在决定是否交易时，都会关注市场中正在发生的一切，进而对市场将会如何发展做出自己的判断。他们会做出复杂的预测，并以此为基础做出一系列决定：是否、何时以及在何地建发电厂，如何对天然气生产进行对冲，何时进行买卖等。

当交易员对市场进行分析并寻找交易机会时，其思路可以分为两个学派。

第一个学派是基本面分析，主要考虑实物供求的基本面，包括产量、管道及输送能力、计划和非计划停产、天气变化、经济变化、人口变化。有关基本面信息的变化（或者对基本面感觉的变化）会改变交易员对供求平衡的看法，因此会改变他们对价格的看法。基本面分析经常用来确定供求关系对实物市场长期趋势的影响，例如页岩气供应的发展如何影响实物市场。

第二个学派是技术面分析，即基于价格变化、变化速度、交易量变化、未平仓合同变化的模式来预测价格的变动情况，而不用考虑其下基本面的情况。技术分析关注交易和价格变化，而不是实物买卖的市场。这些量化方法已成为市场分析的主流方法。技术分析大多数用于确定市场短期变动和趋势，帮助交易员判定何时进行买卖。

第四节　资本市场

资本市场为基础设施（如发电厂或天然气管道）的投资、电厂和公司的经营及交易提供资金。融资渠道既取决于资本市场的健康程度，也取决于公司融资过程中风险的大小。为了度量上述的风险，许多资本提供方都会看不同的风险指标，其中包括三大信用评级机构标准普尔（S&P）、穆迪（Moody's）和惠誉（Fitch）评定的信用评级指标。

一、资本支出

由于公司运营和投资都不离开资本，因此资本市场对能源市场的影响集中体现在行业的资本支出方面。2009 年受经济衰退和资本市场震荡的影响，全球能源行业基础设施的投资出现了多年以来的首次下降，2011 年以后，能源行业的投资一直处于上升趋势。

在能源行业内部，电力工业的资本支出占了能源公司预期资本支出的大部分，电力工业的资本支出主要在输配电网络投资，以及发电容量投资。

二、资本类型

一般情况下，资本市场具有债务融资和股权融资两个融资渠道。

1. 债务融资

债务融资是指通过债务方式融资，投资者不会成为公司的拥有者。一般规定借款的偿还时间，以及固定利率或可变利率。债务融资的常见类型包括：公司在金融市场上发行的期限为一年以上的证券，又称为公司债券；公司通过金融市场发行的短期债务；银行贷款，如信贷额度。循环信贷额度是银行或其他机构承诺，公司可以随时借贷或偿还资金，只要总借款额在某个限度内。市政公用事业单位和合作社制公用事业单位因为没有所有权可以供出售，所以他们通常使用债务融资的渠道。

债务融资的特征包括：

（1）通过债务获得的资本必须偿还或再融资。

（2）债务可以是短期的（如银行的信贷额度或公司票据），也可以是长期的。

（3）公司必须按时还本付息，否则债权人可以采取多种行动，包括迫使公司破产。公司必须通过运营或其他融资获得足够的资金来偿还这些款项。

（4）应在股权分红前支付利息。

（5）利息支付可用来抵扣税额。

（6）债务基本不给贷方任何公司控制权（除非它陷入财务困境）。

（7）债务可能放大公司的收益，同样也可能扩大损失。

（8）借贷机构通常保守，希望能够最小化下行风险。

（9）为了对债务进行担保，借款人可能需要提交抵押。没有抵押的债务被称为无担保债务。

2. 股权融资

股权融资是以一部分所有权换来的资金。公司不必偿还融得的资本，股东有权从公司的经营中获益（可能通过分红等方式）。股权融资的特征包括：

（1）公司可以无限期持有股权资本。

（2）公司可以通过金融市场发行股票，也可以使用私募股权的方式，即从风险投资公司或私人投资公司获得资金。

（3）最常见的股票形式是普通股，普通股不要求定期派息，但也可能会收到股息。投资者拥有的公用事业单位通常会支付股息。

（4）股权不能被公司用于税额抵扣，股息和其他派付不可用于税额抵扣。

（5）股东和私募股权投资者在公司运营方面有话语权，并可能对公司运营加以限制。

（6）股权投资者可能更愿意承担较高的风险，以换取较高的潜在回报。

（7）吸引股权所得到的回报应高于向债权人支付的利息。

（8）股权资本不需要抵押物，投资者获得了公司股份。

（9）额外的股权资本注入会降低现有股份的价值。

公司经常会为其投资寻找相匹配的融资类型。天然气管道、发电厂和输电设施都是长期资产，因此通常利用长期资本融资，例如股票和长期债券（期限可以达 30 年）。短期投资和日常运作，也会依赖于商业票据和银行贷款，以满足日常的现金需求。如果公司面临严重问题，可能不得不发行高价债券（垃圾债券）以获得融资。

三、信用评级

对于投资者来说，不是所有企业（或政府）的风险都是相同的。投资者、交易员和其他出资方都会考虑自己的交易对手可能会带来的风险（包括违约风险）。信用评级就是指用于评估相对风险的一个标准化工具，其反映了发行人违约的可能性，也反映了借款人按照义务条款支付本金和利息的能力和意愿。

每当公司想要发行债券时，标准普尔、穆迪和惠誉等信用评级机构会对其风险进行评估。每个信用评级机构都有自己的风险评估方法，这会在他们使用的评级系统中反映出来。在设定信用政策的时候，许多组织（包括 RTO）都会考虑债券的评级，会依此选择自己的交易对手，以及确定是否需要交易对手提供担保。

四、能源企业的信用评级

在信用评级体系下，大多数的电力公用事业单位都被评为投资级，等级为

BBB 或以上。

商业化发电厂商，包括与一体化公用事业单位完全无关的独立发电厂商，以及附属于一体化公用事业单位的发电厂商，他们至少有一半的现金流是从竞争性的电力销售中获得，通常也有较高的信用评级。标准普尔认为，一体化商业公司的评分会更高一些，而独立发电厂商的评分会更低一些。

天然气行业的中游部门，如管道、加工工厂和仓储设施等，通常也被评为投资级。这些天然气中游部门的评级平均水平一般都是 BBB，信用评级机构往往都认为其前景较为稳定。

第十章

市场操纵行为

针对能源市场操纵行为，中国已经出台了《反不正当竞争法》《反垄断法》《电力监管条例》等有关法律法规。这些法律法规从市场监管和行业监管等维度出发，为市场操纵等行为的认定和查处提供了法律依据。考虑到目前中国能源市场还处于发展建设阶段，美国能源市场中市场操纵行为的相关法规，可以为中国能源领域的执法机制建设提供借鉴。

在美国西部发生能源危机之后，美国国会颁布了《能源政策法》（Energy Policy Act of 2005，EPAct 2005）。该项法案在《联邦电力法》（Federal Power Act，录于2012年版《美国法典》第16卷第824条V款）和《天然气法》（录于2012年版《美国法典》第15卷第717条C–1款）里加入了反操纵条款。为了实施这些条款，美国联邦能源监管委员会发布了第670号令并宣布实施《反市场操纵条例》（Anti–Manipulation Rule），目前该条例主要内容被编入了2014年版《联邦法规汇编》第18卷第1条C款。考虑到其他监管机构在证券和大宗商品等其他市场中禁止市场操纵这一行为已有较多的经验积累，联邦能源监管委员会在行使该委员会反操纵权力的过程中，向多家联邦机构借鉴了经验。

《反市场操纵条例》适用于任何个人或组织，不论其法律地位、职能或活动。《反市场操纵条例》规定：禁止使用欺诈性的设备、计划或技巧，禁止对重要事实发表不实言论，禁止在陈述中发表误导性言论，禁止参与或意图参与任何舞弊、欺骗其他个体的行为或组织；禁止主观上故意违反上述条例；联邦能源监管委员会将会重点关注涉及其管辖范围内的相关交易行为。联邦能源监管委员会在判断个体行为是否属于违规时，并不依赖于个体行为所造成的损失或破坏后果。

设置上述禁令的目的是为了惩治批发市场中的舞弊行为。联邦能源监管委员对舞弊行为有明确的定义，即任何以妨害、阻碍或破坏市场良好运行的行为、交易都属于舞弊。舞弊是事实性行为，需要依据案件的所有情况进行综合判断。在第670号法令中，联邦能源监管委员会认为应当参照美国证券交易委员会（SEC）

第 10b-5 号条例来设计《反市场操纵条例》，以防止或补救舞弊行为和操纵行为影响其管辖范围内的各类市场。同 SEC 10b-5 条例类似，联邦能源监管委员会的《反市场操纵条例》也是反舞弊的全面控制条例。

美国联邦能源监管委员会在第 670 号法令中明确规定，在依据政府定价需要或者响应 FERC 号令、规则条例和要求等情况下，个体的陈诉都不得制造不实言论或存在重要遗漏。与此同时，《反市场操纵条例》将规则进一步延伸到如下情形：在个体自愿，或者依据政府定价需要，或 FERC 要求提供信息的情况下，该个体制造失实陈诉或遗漏重要事实，以至于提供的信息存在实质性的误导，那么该个体将需要承担相应的法律责任。

联邦能源监管委员会规定，如果说某种行为违反了《反市场操纵条例》中相关规定，那么该个体的欺诈行为和某项受委员会管辖的交易必须存在充分联系。个体在违反《反市场操纵条例》时，需要具有足够的主观意志性，例如个体在违法过程中存在主观故意性或者鲁莽行为。

市场操纵的手段有很多种类。在一起联邦法庭上诉的案件［引自《Cargill，Inc. v. Hardin，452F.2d 1154，1163（8th Cir. 1971）》］中，关于大宗商品市场操纵手段曾进行了这样的表述“我们认为有关市场操纵行为的认定必须最大限度地按实情来进行……操纵市场的方法和手段仅受限于人类的创造力”。联邦能源监管委员会也形成了这样的认识，因此他们在《反市场操纵条例》中并没有明确详细列出违规的行为，而是将其宽泛地进行使用。以下列出了几大类典型的操纵手段，它们过去都曾经在证券市场和大宗商品市场（包括能源市场）出现过。这些操纵手段类型的界限很灵活，有的操纵手段属于多个类型，例如洗售（Wash Trading，指同时同价或不承担经济风险地买卖相同的股票或大宗商品），交易员可以把多种类型的手段元素结合在一起来实施操纵行为。

第一节　操纵性交易手段和交叉操纵

联邦能源监管委员会颁布的《反市场操纵条例》对许多在证券和大宗商品交

易中出现过的操纵性交易手段都进行了限制。例如为了维持市场对某公司证券的信心，或是将某证券价格推动至触发某个期权的水平，交易员可能会故意拉高市场交易量或者以非正常价格进行交易。

收盘作价（Marking the Close）就是一种典型的操纵性手段，是指交易员在一天或者是合同交易接近关闸时间的时候进行大量交易，以影响收盘价格或结算价格。这样做可能是为了获得用以估值的市价计价基准，也可能是为了避免追加保证金通知，或者是为了通过其他相关金融工具的头寸获利。

开市砸盘（Banging the Open）是另外一种相似的操纵手段，指的是交易员在交易刚刚开始时，大量买入或者大量卖出，用以诱使其他参与者参照其价格进行竞标，并且释放基本面的信息。

随着衍生产品的广泛使用，市场操纵者的手段也变得更加复杂和隐蔽，因为衍生产品的价值由相关产品的交易价格决定。在美国联邦能源监管委员会执法办公室调查和起诉的案件当中，有很多都是属于交叉产品操纵的行为。在这些案件中，某个体在实物市场中参与设定价格的交易，而且这些交易通常会出现亏损，这些交易的主要目的是为了影响相关衍生品的结算价格。交叉产品操纵也被称为相关头寸操纵，因为这种类型的交易不是对市场供需基本面的反应，而是为了从相关头寸中获利，所以此类交易可能违反了《反市场操纵条例》，并且被认定为破坏了相关市场的有效运行。

理解交叉产品操纵的关键是要理解实物市场和金融市场的关联性，实物市场上的天然气、电力等商品交易形成了能源的价格，此价格也正是其他金融产品的定价依据。操纵者可以通过实物交易（或影响实物价格的其他能源交易）操纵价格变化，并使总体金融头寸获益。有一种方法可以有效地发现交叉操纵行为，即把实物市场上的交易看成一种工具，并且使用这种工具以实现某一个市场的价格。举例来说，实物工具是日前市场中某一个特定节点上的实物电力潮流，而目标则是市场运营机构在日前市场为该节点设置的出清价格。再以天然气为例，实物工具是管道附近某交易点的天然气采购行为，目标则是该交易节点对应的公开指数价格。交叉操纵就是使用这些工具来影响实物价格的上升或下降，进而增加其在受益头寸中的收益，此受益头寸的例子包括电力市场中的金融输电权产品、互换、期货合同或其他衍生品。

进行市场操纵的动机通常是增加其受益头寸的价值，因此，理解市场操纵者的受益金融头寸的性质和范围，以及受益头寸和实物头寸之间的联系，便成为市场操纵案件的关键议题。联邦能源监管委员会的《反市场操纵条例》是一种基于意图来判定的规则：指证某个体的市场操纵行为，就必须要证明操纵者是故意（或者莽撞行动）导致价格偏移或干扰该委员会所辖能源市场的正常运作。一个公司进行大规模的交易都有可能会影响市场价格，但如果这笔交易目的是基于市场基本面的风险对冲或者投机，而不是影响市场价格让相关金融头寸获利，那么这种行为并不会违反《反市场操纵条例》。

第二节　基于信息的市场操纵

许多市场操纵行为都依赖于虚假信息的传播，即通过有意传播虚假的资产价值信息来影响该资产的价格。其中抬价出货（Pump and Dump）就是一个很常见的基于信息的市场操纵行为。在这类案件中，市场参与者通过散布谣言使资产价格上涨，然后抛售其股份来获利。在 21 世纪初，虚假报告以及洗售等基于信息的操纵行为是造成西部能源危机的源头之一，并且被详尽记录在案。市场参与者向价格指数出版商提交虚假交易或虚假信息以影响指数结算价格，统称为虚假报告。

另外一种形式的信息操纵行为是提供虚假信息，其目的是为了扭曲市场参与者的特点、状况、意图，以使其通过误传而受益或达到中标的目的。这种类型的市场操纵行为包括市场参与者有意识地进行一些交易，然而这些交易的结果和交易目的并不相符。

与之类似，洗售涉及的则是在同样两个市场成员之间按相同的（可能非市场的）价格进行可以相互抵消的交易，以至于根本没有发生经济交换行为，但是这些交易可能会在某个价位上虚增交易量，给人一种实际存在大量交易活动的印象。美国司法部已经提起了多个针对提供虚假信息和洗售的刑事诉讼案件。

第三节　实物持留和经济持留

持留（Withholding）是市场操纵行为中最为古老的形式，指的是减少市场中的供给。囤积居奇（Market Corner）是一个经典的市场操纵，就是持有可交割商品的多头仓位，并囤积实物供应，迫使持有空头仓位的市场成员以高价买回。

持留在2000年席卷加州的西部电力危机中扮演了重要的角色。在这场危机中，以安然公司（Enron）为代表的市场成员充分利用了市场的供需不平衡和市场设计的不完备。例如，发电厂商在用电负荷需求高峰时段安排机组停运检修，这属于典型的实物持留现象。输电线路被人为地压限调度，以造成输电阻塞的假象，从而进一步减少了电力供给。这些行为和经济持留，以及此前叙述过的基于信息的操纵行为综合在一起，造成了加州批发市场电价急速上涨。由于加州设置了售电价格上限，太平洋气电公司（PG&E）、南加爱迪生公司（SCE）等企业无法将批发市场上的价格上涨传导给其终端零售客户。这场危机造成了大范围的限电，全加州经济损失严重，并且导致太平洋气电公司于2001年4月破产。

与实物持留中关停发电机组的做法不同，经济持留中的市场操纵者给市场中必需的电源设置一个很高的报价，导致该电源在电力市场中很难中标。例如在受阻塞约束的纽约市电网中，一台发电机组可以故意报出足够高的价格，使其无法中标。这样就会造成纽约市的电力短缺，进而使该发电厂商的其他机组获利。由于经济持留的目的是使市场成员的总体收益最大化，因此这种类型的市场操纵行为与上文中讨论的交叉产品操纵比较相似。

附录

电力系统基本概念

电力系统是由发电、变电、输电、配电、用电等设备和相应的辅助系统，按照规定的技术和经济要求组成的，将一次能源转换为电能，并输送和分配到电力用户的一个统一系统。

第一节　电力、电量

一、能量

能量是物质运动的一般量度，是物质做功的能力，简称能。能的基本形式有机械能（包括动能与势能）、热能、化学能、电能、磁能、核能、光能等。对应于物质的各种运动形式，通常可由一种形式转变为另一种形式，但总量不变。能量的单位与功的单位相同，常用单位有卡路里（Cal）、焦耳（J）、千瓦·时（kW·h）、兆瓦·时（MW·h）等。

二、电流

单位时间内通过导体任一横截面的电荷数量称为电流强度，简称电流。

电源的电动势形成了电压，继而产生了电场力，在电场力的作用下，处于电场内的电荷发生定向移动，形成了电流。

三、电功率（电力）

电流在单位时间内做的功叫作电功率，也就是常说的电力，是用来表示消耗电能的快慢的物理量，用 P 表示，它的国际单位是瓦特（Watt），简称瓦，符号是 W。常用单位有千瓦（kW）、兆瓦（MW），中国常用单位还有万千瓦等。其中，瓦特是由对蒸汽机发展做出重大贡献的英国科学家詹姆斯·瓦特的名字命名。换算关系为：1 万千瓦＝ 10000 千瓦＝ 10 兆瓦。

四、电能（量）

电能量是电荷及其运动（电流）做功能力的度量，简称电能。电能分为静电能和电磁能两类，用于生产和生活中的电磁能主要是电力，可分为直流电能、交流电能等形式，单位为千瓦·小时。

电力乘以时间就是相应的电能量，简称电量。常用电功率单位乘以时间单位来表示电能量单位。例如，1 千瓦时就是 1 个功率为 1 千瓦的耗能设备在 1 小时内所消耗的能量。在计算用电量（发电量）时常使用“瓦时”作为发电量的主要计量单位，其中千瓦时又是用电量（发电量）中最常用的计量单位，俗称“度”。因此兆瓦又可以理解为是每小时发电量 1 兆瓦时，或每小时发电量 1000 千瓦时（度）。

第二节　频率与有功功率、电压与无功功率

一、电能质量

对电力系统为电力用户供应电能的频率、电压、波形是否符合规范条件的评价内容。

二、频率

频率是单位时间（1 秒）内完成周期性变化的次数，是描述周期运动频繁程度的量，常用符号 f 表示，单位为秒分之一。为了纪念德国物理学家赫兹的贡献，人们把频率的单位命名为赫兹，简称赫，符号为 Hz。

电流方向随时间作周期性变化的为交流电。它的最基本的形式是正弦电流。

电力系统的频率，简称系统频率，是指电力系统中交流电流的频率，它是一个同步电力系统一致的运行参数。电力系统的额定频率为 50Hz 或 60Hz，中国

及欧洲地区采用 50Hz。中国电力系统正常频率偏差运行值为 ±0.2Hz（小系统为 ±0.5Hz）。

三、电压

电压，也称作电势差或电位差，是衡量单位电荷在静电场中由于电势不同所产生的能量差的物理量。电压的方向规定为从高电位指向低电位的方向。电压的单位为伏特（V）、千伏（kV）。

四、有功功率

有功功率又叫平均功率。交流电的瞬时电功率不是一个恒定值，是随时间周期性变化的，电功率在一个周期（0.02 秒）内的平均值叫作有功功率，它是指电流在电路（包括负载）中电阻部分所消耗的功率。有功功率单位同电功率，常用单位为瓦、千瓦、兆瓦、万千瓦等。

五、无功功率

无功功率是交流系统电压、电流有效值及两者相位差正弦的乘积。反映了交流系统及所连各类电气设备运行时电场能量、磁场能量与电源之间能量往返交换的最大速率，是表征交流系统运行特性的一个特有指标，单位为乏（var）、千乏（kvar）、兆乏（Mvar）。

六、网损功率、网损电量

有功网损或线损是指电能输送过程中以散发热能的形式损失的有功功率，即电网中的电阻、电导所消耗的有功功率；相应地，损失的电能量，称为网损电量。

无功功率在输送过程中也会有损失，但这部分功率损失是由线路的电抗、变压器铜线绕组的电抗、变压器铁芯的感纳（感性电纳）以磁能的形式散发的。另外，线路对地支路的电纳为容性，其不但不消耗无功功率，而且还能为线路注入无功功率。

七、有功功率与频率调整

电网的有功负荷包括用户用电的有功功率和有功网损。

当电网的有功负荷与发电厂输出的有功功率（简称有功出力）相等时，系统频率保持不变；用电有功负荷大于发电有功出力时，系统频率下降；反之，系统频率上升。调整发电机输出的有功功率可以控制系统频率。因此，要保证电力系统频率稳定，需要发电有功出力与电网有功负荷时时刻刻保持平衡，即实时电力平衡。由于有功负荷的变化具有一定的随机性，在电力系统运行中，为了实现实时电力平衡，需要电源按照系统频率控制的要求调整有功出力，称为调频。按电源响应系统调频需要的时间分类，从快到慢依次将系统调频分为一次调频、二次调频和三次调频。

八、无功功率与电压调整

电网的无功负荷包括用户用电的无功功率和无功网损。

当电网的无功负荷与电力系统（包括发电厂和电网）提供的无功功率相等时，电网的节点电压保持不变；无功负荷大于电力系统提供的无功功率时，电压下降；反之，电压上升。调整发电机和电网中无功设备输出的无功功率可以控制节点电压；调整变压器分接头位置可以改变节点电压，同时也会改变电力系统中的无功功率分布。

调频和无功 / 电压调整是保证电力系统安全、稳定运行不可或缺的调度手段，同时也是提高电能质量、降低电网的有功损耗和提高传输效率，从而提高供电质量和电网运行的经济效益的有效手段。

第三节　电源类型及特点

电能是由化石能源、水能、风能、太阳能等转化而来的二次能源。发电厂（电源）通常是以其转换的一次能源种类进行分类，再按发电机组的特定运行技术进行更细致的分类。发电厂主要分为火力发电、水力发电、核能发电、新能源与可再生能源发电等四大类，每一大类又有细分。

一、火力发电厂

火力发电厂利用煤、石油、天然气等化石燃料，将其燃烧所产生的热能来发电，因而有燃煤电站、燃气电站和燃油电站之分。按作用划分，火电厂可分为凝汽式火电厂和热电厂，凝汽式火电厂只生产电能，热电厂既生产电能又向用户提供热能；按原动机方式可分为汽轮机发电、燃气轮机发电、内燃机发电、燃气—蒸汽联合循环发电。

汽轮机发电（蒸汽发电）是利用燃料在锅炉中燃烧产生的高温高压蒸汽，推动汽轮机的转子旋转，由汽轮机带动发电机旋转发电。为了减少循环水带走的热量以提高发电厂的热效率，可将汽轮机中一部分做过工的蒸汽抽出后直接供给热用户，或经过热交换器将水加热后，将热水供给用户。这种既发电又供热的火电厂称为热电联产电厂，简称热电厂。

燃气轮机发电是以连续流动的高温高压气体为工质，带动叶轮高速旋转，驱动发电机发电。燃气轮机中所采用的工质可以是燃料燃烧后的气体和空气的混合物，也可以是加热到高温的气体。另外，还可以将燃气轮机的排气通至余热锅炉中，加热锅炉中的水产生蒸汽驱动汽轮机做功，然后发电。这种方式就称为燃气—蒸汽联合循环发电。

内燃机发电是将液体或气体燃料与空气混合后，直接输入气缸内部的高压燃烧室燃烧，然后将热能直接转化为机械能驱动发电机发电。

二、水力发电厂

水力发电厂利用河流的水能发电，其发电功率与流量和落差的乘积成正比。按集中落差方式不同，水电的开发方式分为堤坝式、引水式和混合式三类；按调节能力不同，水电厂分为径流式水电厂、调节式水电厂和抽水蓄能发电厂，调节式水电厂又可按库容的大小分为日、周、季、年或多年调节水电厂。

堤坝式水电厂利用拦河筑坝方式建成水库以维持高水位。堤坝式水电厂又可分成坝后式水电厂和河床式水电厂两种。坝后式水电厂单独筑坝，坝身高，水位也高，厂房建在坝后，不承受水压。河床式水电厂适用于河床平缓地区，由于落差小，将厂房和坝建在一起。

在河流上游，当河床坡度较大时，宜于修建隧洞和渠道以获取最大落差，利用这种方式建造的水电厂称为引水式水电厂。引水式水电厂不建坝或只建起壅水作用的堤坝，落差靠引水渠道或隧洞形成。

根据河流特点也可建造兼有堤坝式和引水式两种特点的水电厂，称为混合式水电厂。

径流式水电厂的水库容量很小，发电功率基本上由河流的流量来决定。

调节式水电厂有较大的库容，可按库容的大小进行日、周、季、年或多年调节，以便根据电力需求的周期性变化，有计划地充分利用水能。

抽水蓄能电厂利用夜间用电负荷低谷时的剩余电力，使水轮机以水泵方式工作，将下游的水抽到水库内，再在白天用电负荷高峰时发电。

三、核能发电厂

核能发电厂利用核燃料在反应堆中产生的热能，将水变为蒸汽，推动汽轮机，带动发电机发电。反应堆是核能发电厂的关键设备，常用的反应堆有轻水堆（又分为压水堆和沸水堆）、重水堆和石墨堆。一般说来，核能发电厂的设备费用较高，燃料费相对较低。通常核电机组装换一次燃料，无论实际发电量多少以及是否发电，18 个月后都要重新更换核燃料。为了提高发电厂的反应堆运行安全性和电厂的经济性，核能发电厂一般按恒功率负荷运行。

四、新能源与可再生能源发电

新能源是指在新技术基础上开发利用的非常规能源，包括风能、太阳能、海洋能、地热能、生物质能、氢能、核聚变能、天然气水合物能源等。其中，风能、太阳能、海洋能、地热能等属于可再生能源。随着风力发电的技术发展日趋成熟和大规模应用，风电目前在一些国家已不被列入新能源发电范畴。

第四节　输电网与配电网

电网的基本作用是将低电压的电能通过升压变压器升压到 110 千伏以上后，输送到很远的地方，然后再通过降压变压器把高压电降为低压配送给电力用户。

一、输电网

在现代电力系统中，输电网一般是由电压为 220 千伏及以上的主干电力线路及高压变电设备组成，它连接大型发电厂、配电网和大容量用户。

按输电技术的不同，可分为交流输电和直流输电。交流输电是以交流电流传输电能。直流输电是将发电厂发出的三相交流电用整流器变换成直流电，经直流线路送至受端，再经逆变器变换成三相交流电后送往用户。

输电网一般用于电能的远距离输送，规模较大，由于涉及电能的远距离传输，并连接大型同步运行的发电厂，其运行直接影响电力系统的整体安全稳定性。对电力现货市场交易进行安全校核，通常只考虑输电网范围。

二、潮流与潮流分布

电力系统中的潮流指从电源通过电网各元件流入用电负荷的有功功率和无功功率，相应地分别称为有功潮流和无功潮流。

潮流分布是指电力系统在某一确定的运行方式和接线方式下，某一时间点电网中各条线路上有功功率、无功功率的稳态分布以及各节点电压（包括幅值和相角）。

三、配电网

配电网由高压（一般为 35~110 千伏）、中压（6~10 千伏）和低压（一般采用 380/220 伏）电力线路和配电设备组成。配电网的作用是将电力通过高中压线路送至配电变电站后再向用户供电，或不经配电变电站直接将电力分配到大用户。

配电网用于向电力用户配送电能，规模较小，其运行一般对电力系统的整体安全稳定性影响也较小。

四、主动配电网

主动配电网是可对局部的分布式能源设备（包括分布式发电、储能、可控负荷等）进行主动控制和主动管理的配电系统。相对而言，传统配电网的运行、控制和管理模式都是被动的，是被动的配电网。

五、微电网

一般认为，微电网是一种由分布式电源（包括微型燃气轮机、燃料电池、光伏发电等）、储能设备（包括超级电容、蓄电池、飞轮等）和灵活性负荷共同组成的配电系统，可以实现自我快速灵活控制、保护和管理，具有能源来源多元化、能源管理智能化、能源供应个性化等特点。

欧盟对微电网的定义是由分布式电源、储能装置、可控负荷和低压配电系统组成，通过适当的控制手段，可以通过联络线与大电网相连实现与主网并网运行，也可以独立孤岛运行。美国关于微电网的定义与欧盟略有不同，美国认为微电网是负荷和微电源共同组成的系统，可同时提供电能和热能，是单一的受控单元，并可同时满足用户对电能质量和供电安全方面的要求。欧盟和美国的定义当中，一个为分布式电源，一个为微电源。美国的定义中不强调如何组网，强调的是必须保证用户的电能质量。

随着新能源的发展，大电网在分布式能源接入等方面面临着一些挑战。大电网对于分布式电源的控制，对通信和控制技术都提出了更高的要求，运行成本高昂。随着通信和控制技术的完善，微电网能够自己解决发电、用电问题，但同时还需要跟大电网连起来，一旦微电网出现问题，可以马上从大电网得到救济，因此微电网与主网并网运行是一种救助手段。微电网有几个特点：第一，它是广义上电网的概念，也就是电力系统的概念；第二，它跟传统小电网的不同之处在于它有一套现代控制手段，主要是服务于新能源；第三，它既可以并网运行也可以孤岛运行，它的形成跟产生都是建立在现代信息通信控制技术的基础之上。通过有效管理和协调，微电网能够提高整个电力系统的效率水平。

第五节　电力系统运行

一、电网调度

电网调度是指电力系统运行机构（简称系统运行机构）为保障电网的安全、优质、经济运行，对电网运行进行的组织、指挥、指导和协调。一方面，电网调度必须按照电网的客观规律和有关规定，使电网连续、稳定、正常运行，使电能质量（频率、电压和谐波分量等）指标符合国家规定的标准。另一方面，电网调度需要按照公平、经济的原则，依据有关合同或协议，按电力市场调度规则，保护发电、供电、用电等各方的合法权益，使电网经济地运行。

二、电力系统电力电量平衡

电力系统总发电量与总负荷用电量，以及系统联络线交换电量在任何时刻都达到平衡的全部运行调整过程，称为电力电量综合平衡。

三、日前机组组合（机组启停计划）

由于系统用电负荷在一天内的高峰时段与低谷时段的差值较大，为了满足高峰时段用电需求而运行的发电机组中，一部分可能在低谷时段不得不停机，另一些没有运行的机组还可能需要在第二天并网发电，并且有一些机组（如煤电机组）停机和并网发电都需要数小时，因此系统运行机构需要提前一天确定次日 24 小时内，每个小时哪些机组会并网发电或停机。这一项电网调度工作称为日前机组启停组合，简称机组组合或机组启停计划。在一些系统用电负荷峰谷差较大且电源调节能力较差的电力系统中，甚至需要考虑 2~3 天的机组组合问题。

一些机组不适于频繁启停（如核电机组）；一些机组虽然可以一天启停一次，但启停机会造成很高的燃料成本（如燃煤机组，特别是大型燃煤机组）；还有些机组启停会造成较高的机会成本，浪费能源资源（如径流式水电机组、风电机组和光伏电站等弃水、弃风、弃光)。因此,优化机组组合方案能够有效降低系统发电成本,减少化石能源消耗,促进可再生能源利用,提高电力系统运行经济性。

在制订发电机组启停计划时,系统运行机构需要考虑日前系统用电负荷预测、发电机组的技术特性约束(包括机组改变出力的速率、最大 / 最小出力水平、机组启机最短运行时间等)、机组启停机成本等因素。

机组组合优化过程中会对电力系统运行的安全性进行分析。如果分析表明,最经济的机组组合方案不能满足系统安全稳定运行约束,系统运行机构就会调整机组组合方案,可能会使用变动成本较高的机组来代替变动成本较低的机组发电。

四、安全约束经济调度(简称安全经济调度)

在系统调度阶段,系统运行机构还需要基于次日 24 小时各时段用电负荷预测,同时考虑实际电网运行状况及其安全约束、机组运行状况和成本、系统辅助服务需求等,以发电成本或购电成本等经济性指标最小化为目标,决定运行各机组的有功出力曲线,以确保电网的安全稳定运行。这一项电网调度工作称为日前(发电)安全经济调度。不考虑电网安全约束时,称为日前经济调度。在预计次日部分时段电力供应不足时,还需要对可中断负荷制订调度计划。

系统实际运行状况与日前机组组合和安全经济调度阶段的预测状况会有所不同,系统运行机构必须在系统实际运行时进行相应调整,称为实时调度。在实时调度过程中,系统中的用电负荷功率、发电功率和网损功率必须保持平衡才能维持系统频率。

此外,系统运行机构还需监测潮流数据,以保证系统潮流可以满足电压稳定和系统可靠性要求。如果输电线路中的潮流超出了安全限制,系统运行机构必须采取相应纠正措施,包括启动削减计划、改变调度方案、强制甩负荷等。

五、辅助服务

辅助服务是市场主体(包括发电厂商及电力用户、储能企业)为了维护电力系统的安全稳定运行,在供应及消耗电能的同时,向系统额外提供的服务性产品,主要包括调频、（运行）备用容量和黑启动以及无功电压调整等。

调频服务是机组能在短时间内跟踪用电负荷变化，提供调频服务的机组通过接收发电自动控制信号上调或下调其出力，通常情况下，这一调节过程在几秒钟时间内完成。调频服务的目的是纠正系统出现的频率偏差，维持电力系统频率的稳定。

运行备用服务是指在电力系统运行状态发生变化时，为确保电力供需平衡而留有的发电侧以及负荷侧容量备用，由发电机组和可以快速响应的需求侧资源提供，通过增加发电机组出力或者减少用电负荷来弥补系统中发电出力不足的影响。运行备用服务分为三种类型。

（1）旋转备用是运行备用的最主要形式。提供旋转备用的机组必须并网同步运行（与系统频率同步），且要保有一定的富余发电容量。此外，旋转备用机组必须有能力在规定时间内增加其出力水平。在正常运行的系统中，旋转备用通常通过增加同步发电设备的出力或者降低抽水蓄能机组抽水工况下的负荷水平来提供。旋转备用也可以由需求侧资源（如可中断负荷）提供。

（2）非旋转备用是指处于停机状态，但在规定时间内可以迅速开机并带负荷的发电容量。

（3）替代备用指处于停机状态，但在 1 小时内可并网运行的发电容量。

黑启动是指整个电力系统因故障停运后，系统全部停电（不排除孤立小电网仍维持运行），处于全“黑”状态，不依赖别的网络帮助，通过系统中具有自启动能力的发电机组启动，带动无自启动能力的发电机组，逐渐扩大系统恢复范围，最终实现整个系统的恢复，这种具有自启动能力的机组所提供的服务称为“黑启动服务”。提供“黑启动服务”的机组可以是水电机组和柴油发电机组。

无功调节服务又称无功支持服务或电压控制服务，指发电机组（或无功补偿设备）向电力系统注入或吸收无功功率，以维持系统正常运行时节点电压在允许范围内，以及在电力系统故障后提供足够的无功支持以防止系统电压崩溃的服务。

六、电力系统安全分析

电力系统安全分析是指利用潮流和稳定分析程序等工具，对系列预想事故进行分析和计算，以分析系统的安全性，包括静态安全分析和动态安全分析。静态安全分析是研究元件有无过负荷及母线电压有无越限。动态安全分析是研究线路功率是否超过稳定极限。

七、天气对系统运行的影响

天气状况是影响电力需求最重要的因素，也是影响电网运行状况的重要因素。因此，系统运行机构倚重天气预报，以确保在合适的节点运行合适的机组，来保障电力系统的可靠运行。

天气状况也通过其他方式影响系统的运行状况，其中最主要的就是天气可以影响风电、光伏发电和水电等类型机组的出力。风电机组的出力随着风的可用性及风速的变化而变化，这也影响了电力批发市场的成本。水电机组依靠降水和降雪来提供其发电所需的水流量。

气温可以影响其他形式机组的输出能力并且影响输电线路的输电容量。具体来讲，使用涡轮机的热力机组（包括燃煤、燃气、燃油机组及核电机组）在高温天气时效率较低。由于生产过程中使用的电导性材料在环境温度升高时电阻性更加明显，因此，输电线路的输电容量受到温度的影响，随着气温的升高，输电能力会有所下降。

八、电力系统储能

电力系统储能是指将电力系统的电能转换成其他形式的能量储存起来，在需要时再转换成电能输入电力系统。电力系统储能在电力系统以及其他领域当中，都具有广泛的用途，尤其是随着可再生能源发电和分布式发电的发展，其在电力系统的能量管理中发挥重要的作用。

常见的电力系统储能技术包括抽水储能技术、电化学储能技术、飞轮储能技术、压缩空气储能技术、超导体储能技术、超级电容器储能技术等。

第六节　电力需求

一、电力负荷

电力用户用电设备所耗用的功率，简称为电力负荷。电力系统中所有电力用户的总负荷，简称为系统负荷，有系统有功负荷和系统无功负荷之分，常将系统有功负荷简称为系统负荷或电力负荷。

二、电力负荷曲线

按照用途不同，电力负荷曲线有日负荷曲线和年持续负荷曲线之分。

日负荷曲线是描述一日内负荷随时间（以小时或者更小的时间尺度为单位）变化的曲线。按负荷种类分为有功功率负荷曲线和无功功率负荷曲线，在没有特殊说明的情况下，日负荷曲线通常是指有功日负荷曲线；按计量地点分，分为个别用户、电力线路、变电所、发电厂乃至整个系统的负荷曲线，后者简称为系统负荷曲线。

年持续负荷曲线是根据一年内各时点系统负荷数据，从最大负荷到最小负荷，各个负荷值的累计持续时间排列出来的曲线称为持续负荷曲线，可直观描述系统高峰负荷的小时数，主要用于电源规划中分析需要建设什么类型（调峰、带基荷）的发电机组等。

三、电力负荷曲线特性

负荷特性一般都认为是指静态和动态特性或频率和电压特性。这里的内容可理解为对负荷的分类及对负荷曲线的解释。

电力负荷具有随时间变化的特性，主要体现为两方面：一是周期性，包括以日为周期的峰谷特性和以年为周期的季节特性；二是不确定性，难以准确预测各时点的电力负荷值。

随着人类生活和工作的规律性，电力负荷在一天内呈现夜间低谷、上午和傍晚以后高峰的周期性。由于周末的商业和工业活动减少，工作日和周末的负荷曲线有较大的差异。每一个不同工作日的负荷曲线也会有所不同。例如，周一和周五接近周末，其负荷曲线和周二到周四的可能会有所不同，这种情况在夏天更为明显。不同季节的工作日负荷曲线差异会更大。按地区而言，冬季或夏季会出现用电高峰，季节性的用电高峰在每个区域都有所不同。

电力用户或设备的负荷特性往往通过基荷和峰荷来表征。基荷即基础负荷，是一整天或一整年都在发生的需求，如电解铝厂的用电负荷。峰荷是只在日内或者年内的某一段时间同时出现的需求，例如照明、供暖或空调制冷等。

四、负荷预测

负荷预测是指通过数学模型和方法来预测特定区域或用户特定周期内的电力需求或电量需求。负荷预测可以分为 4 类：超短期预测（5 分钟至数小时），短期预测（次日 24 小时至 1 周），中期预测（次月至 1 年），长期预测（1 年以上）。对大电网而言，次日的负荷进行预测的误差可以控制在 3% 以内。短期内的负荷预测的准确度受天气预报的准确度和人类行为的不确定因素影响。同理，受限于长期天气预报的准确性，对下一年的高峰负荷预测并不能达到与短期预测相同的精确度。

针对不同时间跨度的预测对于电力系统运行非常重要。超短期和短期负荷预测实质上是电力负荷预测，能够用于估算输电系统中的电力潮流，并及时做出调整以避免网络中产生过载，从而提高网络可靠性、减少设备故障和停电事故。天气预报参数是短期负荷预测中最重要的影响因素，其中温度和湿度在预测负荷时最为常用。

中期和长期的负荷预测通常包括系统最大负荷、最小负荷和用电量预测。中期和长期的负荷预测虽然不够精确，但也考虑了历史负荷和天气数据、各类用户的数量、区域中使用的电器及其相应的特性、经济和人口统计数据等各种因素。对于下一年的高峰预测，基于历史的天气观测情况，也能够给出一个预计负荷。

中期负荷预测用于指导电网和机组检修计划、年/多年调节水电站发电计划、可中断负荷合同等的制定。长期负荷预测是通过研究国民经济和社会发展的各种相关因素与电力总体需求之间的关系，预测未来某一时段电力需求量和最大负荷，用于规划系统的基础设施建设，以保证系统资源能够满足将来的预期高峰需求。制定电力发展战略规划还需要对未来10~20年的电力需求进行预测。

五、需求侧响应

需求侧响应（Demand Side Response，DSR）由负荷控制系统信号或电价触发用户响应，使用户减少其预期的用电量。用户可以在短期内停止部分用电，将高耗能活动转移到其他时段，或使用自备发电机。

需求侧响应具有促进电力平衡和系统安全稳定运行以及降低全系统的电能供应成本的潜力。它能够在一定程度上替代部分发电容量，可以用于降低尖峰负荷、缓解输电阻塞以及促进低谷时段和丰水期的可再生能源消纳。不仅如此，由于峰荷机组往往高成本、高污染，推行需求侧响应还有益于节约化石能源和环保。

索引

E

F

G

H

I

J

K

L

M

N

O

P

Q

R

S

T

W

X

Y